느헤미야 성벽 지도

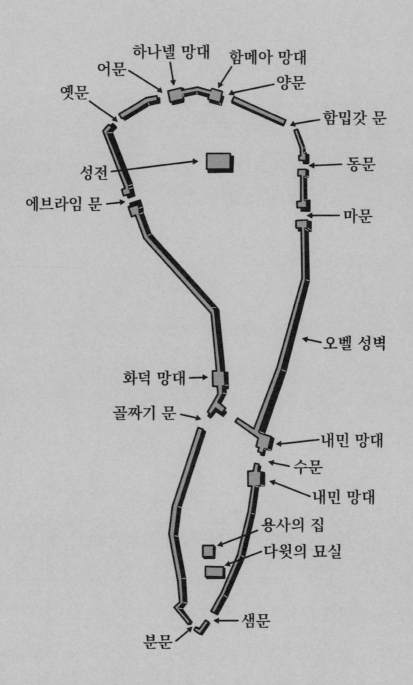

가정아 살아나라

김양재 목사의 큐티강해

느헤미야 1

가정아 살아나라

김양재 지음

QTM

 이 책을 펴내며

별다른 인생을 살려고 몸부림쳤습니다. 그런데 오직 은혜로 하나님의 소원이 영혼 구원임을 알게 하셨습니다. 그리고 구원의 하나님으로 인하여 기뻐하는 인생을 살게 하심으로 별 인생이 없다는 것을 고백하게 하셨습니다.

저의 인생은 기록할 만한 것이 못 됩니다. 그럼에도 책과 설교와 간증으로 저의 삶을 기록하게 하시고, 널리 알려지게 하시는 하나님의 목적을 두렵고 떨리는 마음으로 생각해 봅니다.

"오직 이것을 기록함은 너희로 예수께서 하나님의 아들 그리스도이심을 믿게 하려 함이요 또 너희로 믿고 그 이름을 힘입어 생명을 얻게 하려 함이니라"(요 20:31).

이 말씀처럼 성경의 기록 목적은 첫째가 '예수께서 하나님의 아들이심을 믿게 하기 위해서'이고, 두 번째는 '그 이름을 힘입어 생명을 얻게 하기 위해서'입니다.

제가 설교를 하고, 간증을 하고, 전도와 나눔을 하는 목적도 이

4

두 가지입니다. 저를 자랑하기 위해서가 아니라 예수께서 하나님의 아들이심을 믿고 그 이름을 힘입어 생명을 얻게 하려는 것이 하나님의 목적이고 저의 소망입니다.

그 소망을 담아 2007년 가정 회복을 주제로 설교한 느헤미야 강해를 책으로 출간하게 되었습니다. 한 사람의 구원을 위해 가정의 역할이 중요하기에 느헤미야서에 기록된 예루살렘 성벽 재건을 가정 재건의 모델로 삼았습니다.

'구약의 성전에 대한 기록들이 어떻게 지금 우리 가정의 문제와 연결되는가?' 하고 반문하는 분도 있을 것입니다.

그러나 창세기부터 요한계시록까지 하나님의 역사가 기록된 성경이야말로 우리 인생을 해석하는 교과서입니다. 성령이 스승이 되시고, 성경이 교과서가 되고, 우리의 환난이 주제가 되어서 내 인생을 통한 하나님의 뜻을 깨달아 가는 것입니다.

날마다 성경 말씀을 묵상하며 내 문제를 하나님께 올려드리면 하나님은 한량없는 지혜로 응답해 주십니다. 후히 주시고 꾸짖지 아니하시는 사랑으로 내 삶을 해석해 주십니다. 세상의 지혜로는 해석이 안 되는 사건을 영적으로 해석할 수 있도록, 내가 이해할 때까지 섬세하게 끊임없이 반복해서 가르쳐 주십니다.

이러한 관점에서 하나님의 뜻을 깨닫기 위해 꼭 필요한 것이 우리 각자의 환난입니다. 성령이 스승이 되시고 성경이 교과서가 되어도, 고난이 없으면 하나님의 뜻을 깨닫기 어렵기 때문입니다.

인간은 100퍼센트 죄인이기에 죄와 욕심으로 가득 찬 우리는 스스로의 힘과 능력으로는 성경을 깨닫지 못합니다. 성경은 성령의 감동으로 쓰였기에 성령께서 감동을 주지 않으시면 절대 깨달을 수 없습니다. 고난 가운데 하나님을 만나는 체험이 있어야 말씀이 들어오고, 성경의 구조, 인생의 구조가 깨달아집니다.

그러므로 내 힘으로 해결할 수 없는 고난 가운데 하나님을 찾고 만나는 것이 축복입니다. 당장 힘든 문제가 해결되는 것만이 응답이 아닙니다. 하나님의 말씀을 통해 육적인 사건을 영적으로 해석하는 것이 최고의 지혜이고 응답입니다.

성경을 묵상하며 하나님이 어떤 분인지를 알아 가고, 하나님의 명령과 약속을 찾고, 그 명령을 삶에서 적용하는 인생이야말로 가장 복된 인생입니다.

140여 년 동안 널브러져 있던 예루살렘 성벽처럼 집마다 내려오는 오랜 사연과 상처와 중독이 있을 것입니다. 그러나 느헤미야 한 사람으로 인해 52일 만에 성벽이 중수되었듯이 말씀을 듣고 순종하는 한 사람이 중요합니다. 그 한 사람이 중심을 잘 잡고 있으면, 집안에 대물림되는 악의 고리가 끊어지고 가정에 생명의 역사가 시작될 것입니다.

하나님을 경외하고 백성을 사랑했던 느헤미야의 인도로 성벽이 재건된 것처럼, 하나님을 경외하고 말씀대로 살고자 하는 그 한 사람으로 인해 무너진 가정이 회복될 것을 믿습니다.

끝으로 방송과 책을 통해 자신들의 삶을 나누고 하나님의 역사를 증거한 지체들과 책이 나오기까지 수고한 모든 이에게 감사와 사랑을 전합니다.

예수 그리스도의 구원과 생명을 전하는 우리의 기록들이 다른 무너진 가정을 살리는 데 귀하게 쓰임받을 것을 믿습니다. 이 책을 통해 많은 사람을 하나님의 성읍으로, 가정으로 돌아오게 하는 도전과 감동이 계속하여 일어나기를 기도합니다.

2009년 5월
우리들교회 담임목사 김양재

차례

이 책을 펴내며 _04

PART **1** 가정아, 살아나라

01 능력의 기도 (느 1:1~11) _12

02 왕의 허락 (느 2:1~10) _38

03 일어나 건축하자 (느 2:11~20) _62

PART **2** 거룩한 가정으로 살아나라

04 건축하여 성별하자 (느 3:1~13) _92

05 중수하여 성별하자 (느 3:14~25) _118

06 끝까지 성별하자 (느 3:26~32) _140

PART 3 가정을 위협하는 방해에 대처하라

07 방해와 대처 (느 4:1~14) _164

08 우리 하나님이 싸우시리라 (느 4:15~23) _188

09 이 백성을 위하여 (느 5:1~19) _212

PART 4 평안할수록 경계하라

10 음모를 이기는 길 (느 6:1~14) _236

11 하나님의 역사 (느 6:15~7:4) _260

PART 5 가정은 하나님 나라의 모형이다

12 내 마음을 감동하사 (느 7:5~38) _284

13 집으로! 하나님의 성읍으로! (느 7:39~73) _308

PART

1

가정아,
살아나라

01

능력의 기도

느헤미야 1장 1~11절

＿＿＿＿＿하나님 아버지,
무너진 개인과 가정의 소식이 곳곳에서 들려옵니다.
육이 무너진 만큼 영적으로 살아나서
하나님의 성전으로 세워지기 원합니다.
오랜 사연과 상처로 무너진 가정을
어떻게 다시 세울지 말씀해 주옵소서. 듣겠습니다.

"선교사의 자질은 좋은 교육과 건강한 체력과 언어 능력이라고 생각합니다. 저의 희망은 자신을 부인하는 능력으로 사역하는 것입니다. 3년 전에 헌신한 이후로 신중하고 진지하게 기도해 온 바, 이방인을 개종시켜 우상숭배를 무너뜨리는 선교 사역을 하고 싶습니다."

영국 출신인 로버트 저메인 토머스(Robert Jermain Thomas, 1840~1866) 선교사의 청소년 시절 기도 제목입니다.

그는 이 기도에 응답을 받아 14세에 옥스퍼드 대학 지저스 칼리지의 장학생이 되었습니다. 그리고 27세에 조선 선교의 꿈을 품고 제너럴 셔먼 호를 타고 우리나라에 왔습니다.

하지만 그는 이 땅을 밟아 보지도 못하고 대동강 변의 쑥섬에서 순교했습니다. 1866년 병인양요 때의 일입니다.

영국 교회는 토머스 선교사의 사역을 실패라고 평가했습니다. 무모하게 위험한 곳으로 가서 정작 들어가지도 못하고 죽었기 때문입니다.

그러나 영적인 일에 실패란 없습니다. 그의 순교 사건을 계기로 1882년 미국과 통상조약을 맺고, 우리나라에 선교의 자유가 보장되었습니다.

느헤미야서의 역사적 배경은 바벨론에 의해 예루살렘이 불타고 이스라엘 백성이 포로 생활을 한 지 140여 년이 지난 시점입니다. 이스라엘 민족은 애굽의 노예 생활 400년, 광야 생활 40년을 거쳐 약속의 땅 가나안에 들어갔습니다.

생각해 보세요. 그들은 오직 하나님만 섬기라고 많은 훈련을 받았건만 젖과 꿀이 흐르는 가나안 땅에 살면서 다시 우상숭배를 행했습니다. 그럼에도 이스라엘을 너무 사랑하신 하나님께서, 어떻게든 회개하고 돌아오라고 바벨론 포로로 가게 하셨습니다. 강대국 바벨론의 포로 생활을 하면서 하나님의 은혜가 있는 예루살렘을 기억하고 영적으로 회복하라는 뜻이었습니다.

그리고 하나님은 이스라엘이 포로로 잡혀가기 전, 망하기 직전에 이사야, 예레미야, 에스겔 같은 대단한 선지자들을 보내 회개의 메시지를 외치게 하셨습니다. 그래도 그들이 듣지 않았기에 어쩔 수 없이 포로 생활을 겪게 하신 것입니다.

이스라엘의 영적 중심지인 예루살렘 성전도 불타고, 바벨론에서의 포로 생활은 끝나지 않을 듯 고통스러웠지만 하나님은 그 기간이 70년이라고 미리 말씀해 주셨습니다(렘 29:10). 그리고 그 70년 사이에 바벨론은 망하고, 바사 왕국이 세워지면서 바사의 고레스 왕에 의해 이스라엘의 포로 생활은 마무리됩니다. 스룹바벨과 에스라의 주도로

1차, 2차 포로 귀환이 이루어지고 새로운 회복의 역사가 시작됩니다.

그런데 1차, 2차 포로 귀환 이후 다시 70년이 지나도록 이스라엘로 돌아가지 않은 사람들이 있었습니다. 느헤미야도 그중 한 사람이고, 에스더서에 나오는 에스더와 모르드개도 남아 있던 사람들입니다. 그들의 공통점은 무엇인가요?

모두 강대국에서 포로 생활을 하는 가운데 기득권을 누리던 사람들입니다. 느헤미야는 왕궁의 관원이고, 모르드개는 대궐 문을 지키는 관리로서 조카 에스더를 왕비로 만든 사람입니다. 그들은 비록 포로의 신분이지만 그 땅에서 잘살고 있으니까 고향에 돌아가기가 쉽지 않았을 겁니다.

육적인 환경이 무너지기 전에는 영적으로 회복되기 어려운 것은 그때나 지금이나 변함이 없습니다. 그러나 하나님은 바벨론에 남아 있는 그들에게도 비전을 갖고 계셨습니다. 그래서 모르드개와 에스더를 사용하셔서 이스라엘 민족을 위기에서 구하셨습니다. 왕궁에 있던 느헤미야에게는 훼파된 예루살렘의 소식이 들리게 하셔서 기도하게 하셨습니다. 그리하여 느헤미야의 기도를 통해 이스라엘 백성의 3차 포로 귀환이 이루어진 것입니다.

느헤미야의 기도는 참으로 능력 있는 기도였습니다. 1차, 2차 포로 귀환 때 돌아간 사람들은 140년이 지나도록 예루살렘 성벽을 복구하지 못했습니다. 그런데 140년 동안 무너져 있던 성벽이 느헤미야의 주도로 52일 만에 지어졌습니다.

우리 가정에도 140년이 지나도록 회복되지 못하는 고난이 있을 수 있습니다. 조상 대대로 끊지 못한 가난, 질병, 음란, 술 중독의 문제가 각자의 가정에 있을 것입니다. 예수님을 믿어도 해결되지 않는 제사와 미신, 우상의 문제도 있습니다.

그러나 140년 동안 해결하지 못한 문제도 느헤미야와 같이 능력의 기도를 드릴 때 52일 만에 끊어질 줄 믿습니다. 영적인 회복을 구하는 능력의 기도는 무너진 육의 성전도 회복시킵니다.

그렇다면 이 능력의 기도는 어떻게 드려야 할까요?

인생의 고난을 해석한 간증을 해야 합니다

하가랴의 아들 느헤미야의 말이라……_느 1:1a

'하가랴'라는 이름은 '어두워지다, 방해하다'라는 단어에 '여호와'가 합쳐진 말입니다. '여호와께서 어둡게 하시고, 여호와께서 방해하셨다'라는 뜻을 가지고 있습니다. 성경의 모든 이름에는 각각 의미가 담겨 있는데, '하가랴'에는 느헤미야 부모 세대의 암울했던 바벨론 포로상이 반영된 듯합니다. 어쩌면 아버지 하가랴가 아들 느헤미야의 인생을 어둡게 하고 방해했을 수도 있지요.

우리도 대부분 예수님을 만나기 전에는 부모가 무능력해서, 자녀가 문제를 일으켜서 내 인생이 어둡다고 생각합니다. 골치 아픈 가족이 내 인생을 방해하는 것으로 여깁니다. 하지만 그 어두움과 방해

16

때문에 우리가 하나님을 찾고 만나게 되었습니다.

느헤미야도 그렇습니다. 그의 앞길을 막는 힘든 환경 때문에 '여호와께서 위로하신다'는 그 이름의 뜻대로 하나님의 위로를 받는 인생이 되었습니다. 주님을 만나고 나서는 나의 힘든 환경이 나를 어둡게 한 것이 아니라, 모든 것이 하나님께서 계획하신 환경이었음을 깨닫게 됩니다. 그래서 환경을 탓하며 원망하고 투덜거리는 것이 아니라 '여호와께서 어둡게 하시고 방해하셨다'라고 믿음으로 고백하게 됩니다.

우리에게도 나를 어둡게 하고 방해하는 하가랴 같은 환경이 있습니다. 그 사람만 없으면 내 인생이 편할 것 같은 하가랴 부모, 하가랴 배우자, 하가랴 자녀가 있습니다.

그러나 하가랴 같은 그들이 내 인생을 어둡게 하고 방해한 것이 아닙니다. '여호와께서 어둡게 하시고 방해하셨다'는 것이 진정한 뜻입니다. 앞길이 어둡고 꽉 막힌 상황에서 여호와의 위로를 받는 '느헤미야'가 될 수 있도록 하나님께서 나의 '하가랴'를 허락하신 겁니다.

이 땅을 살아가는 우리에게는 별 인생이 없습니다. 다들 '이런 부모에게서 태어나지 않았더라면, 이런 배우자만 만나지 않았더라면 내 인생이 잘 풀렸을 것'이라고 말합니다. 그러나 힘든 부모와 배우자를 만나서 예수님을 믿게 되었다면 그들이 최고의 부모이고 최고의 배우자입니다.

예수님을 믿는 우리는 좋은 부모, 나쁜 부모, 좋은 배우자, 나쁜 배우자에 대한 가치관이 달라져야 합니다. 세상 사람들은 능력 있는 부모나 배우자, 친절하게 잘해 주는 부모나 배우자를 부러워합니다. 하루라도 그런 사람과 살아 보고 싶다고 합니다.

하지만 부모와 배우자가 너무 잘해 줘서 하나님 대신 부모나 배우자를 의지한다면 그것은 좋은 부모, 좋은 배우자라고 할 수 없습니다. 돈도 못 벌고, 알코올의존증에 걸리고 폭력을 휘둘러도 힘든 그 사람 때문에 내가 하나님만 의지하게 됐다면 그가 바로 좋은 부모이고 좋은 배우자입니다. 가장 좋은 부모, 가장 좋은 배우자는 나로 예수님을 찾고 믿게끔 해 준 사람입니다.

그러니 나의 하가랴는 원망의 대상이 아닌 자랑거리입니다. 나의 하가랴가 있어서 여호와의 위로를 받는 느헤미야가 되었다고, 하가랴에게 감사하시기 바랍니다. 하나님을 의지하는 느헤미야로 살게 한 '하가랴 간증'이 있으면 인생의 고난을 감사로 해석하며, 다른 사람을 살릴 수 있습니다.

† 내 인생에 방해만 되는, 차라리 없었으면 좋았을 하가랴 같은 환경은 무엇입니까?

† 나를 힘들게 한 가족 때문에 하나님을 만나고 위로받은 간증이 있습니까? 나의 간증으로 힘든 사람에게 위로자가 되고 있습니까?

영혼에 진실된 관심을 가져야 합니다

하가랴의 아들 느헤미야의 말이라 아닥사스다 왕 제이십년 기슬르 월에 내가 수산 궁에 있는데_느 1:1

바벨론의 4대 도시 중 하나인 수산 성은, 바벨론이 망하고 바사 왕국이 세워지면서 수도가 됐습니다. 교통이 발달하고 무역이 성행한 곳으로 고대 문서를 보관한 문화의 도시였습니다. 느헤미야는 그런 수산 궁에 거하고 있으니 소위 모두가 부러워하는 환경에 살고 있는 겁니다.

그리고 때는 기슬르 월입니다. 기슬르 월은 유대력에 의하면 농사를 위해 씨를 뿌리는 달입니다. 여호와의 위로를 받은 느헤미야는 복음의 씨를 뿌려야 할 사람입니다. 그런 사람이 왕궁에서 아닥사스다 왕과 교제하고 있으니 마냥 기쁠 수가 없습니다. 모든 것이 풍족한 왕궁에서 살며 최고 권력자로 행세하는 왕에게 복음이 잘 들어갈 리 있겠습니까? 이렇게 느헤미야가 복음의 씨를 못 뿌리고 있으니 왕궁에 있어도 기쁘지가 않은 겁니다.

내 형제들 가운데 하나인 하나니가 두어 사람과 함께 유다에서 내게 이르렀기로 내가 그 사로잡힘을 면하고 남아 있는 유다와 예루살렘 사람들의 형편을 물은즉_느 1:2

왕궁에서 살아도 느헤미야에게 기쁨이 되는 사람은 믿음의 형제 하나니입니다. '하나니'라는 이름은 '하나님은 은혜로우시다'라는 뜻입니다.

편한 환경에 살고 있는 느헤미야로서는, 유다 사람과 예루살렘의 형편에 굳이 관심을 안 가질 수도 있었습니다. 하지만 느헤미야는 동족의 형편에 관심이 많았습니다.

힘든 훈련을 거친 사람은 당연히 다른 힘든 사람들에게도 관심을 갖게 됩니다. 그래서 느헤미야가 자신의 도움이 필요 없는 수산 궁보다 내가 도와줄 수 있는 예루살렘의 소식을 더 궁금해한 것입니다.

그들이 내게 이르되 사로잡힘을 면하고 남아 있는 자들이 그 지방 거기에서 큰 환난을 당하고 능욕을 받으며 예루살렘 성은 허물어지고 성문들은 불탔다 하는지라_느 1:3

'사로잡힘을 면하고 남아 있는 자들'은 포로로 오지 않고 예루살렘에 남아 있던 이들과 1차, 2차 포로 귀환 때 돌아간 사람들입니다. '사로잡힘을 면하고 남아 있다'는 말은 수동태로 '하나님께서 사로잡힘을 면하게 하셨다'는 뜻입니다.

그렇습니다. 바사 왕 고레스가 사로잡힘을 면하게 해 준 것이 아닙니다. 하나님께서 미리 말씀하신 대로 70년 포로 생활을 끝내시고 면하게 해 주신 것입니다.

그런데 사로잡힘을 면하고 돌아간 예루살렘은 허물어지고 불에

탄 상태입니다. 포로 생활 70년 동안 버려지고 황무해져서 살 집도 없었지요. 포로 생활이 끝났으니 이제 '고생 끝, 행복 시작!'인 줄 알았는데, 무너지고 훼파된 환경에서 큰 환난과 능욕이 그들을 기다리고 있는 것입니다.

> 내가 이 말을 듣고 앉아서 울고 수일 동안 슬퍼하며 하늘의 하나님 앞에 금식하며 기도하여_느 1:4

느헤미야가 관심을 가지고 고향 소식을 물었는데 힘든 소식만 들리니 슬펐을 것입니다. 형제자매나 지체가 무너졌다는 소식을 들으면 도와주고 싶어도 방법이 없어서 슬프고, 그 사람의 아픔을 생각하니 더욱 슬퍼집니다. 내 힘으로 할 수 있는 것이 없기에 눈물로 기도할 수밖에 없습니다. 그렇게 가족이나 지체의 아픔을 내 아픔으로 여기고 함께 눈물 흘리는 것이 능력의 기도입니다.

돕고 싶어서 지체의 형편을 물었는데 "나는 암에 걸렸고, 남편 사업이 망해서 살 집도 없고, 아이들은 학비가 없어서 학교에도 못 보내요"라는 이야기를 들었다고 생각해 보세요. 처음에는 얼마쯤 도와줄 수 있어도 다시 소식을 묻기가 두렵지 않겠습니까?

제가 아는 선교사님의 자녀가 한국을 방문했다가 저희 집에 인사를 왔습니다. 선교사님 부부의 안부를 물으며 "너는 어떻게 지내니?" 하고 물었는데 이번에 대학에 합격했다고 합니다.

그런데 그 대답을 듣는 순간 '선교사님 형편에 등록금은 어떻게 하시려나?' 궁금해서 물었습니다.

그럴 때 도와줄 마음이 없다면 등록금 이야기는 아예 꺼내지 않고 그냥 축하만 해 줄 것입니다. 다행히 하나님께서 저에게 돕고 싶은 마음을 주셔서 등록금은 어떻게 마련할지 묻고 조금이나마 도울 수 있었습니다.

이처럼 무너지고 훼파된 곳에 관심을 갖고, 그 소식에 반응할 때 복음의 씨를 뿌릴 수 있습니다. 누군가의 형편에 관심을 갖고 묻는 것은 그를 도와줄 마음이 있을 때 가능한 일입니다. 물질로 돕고, 봉사로 돕고, 기도로 도우며 그것으로 복음의 씨를 뿌리는 것이 위로자 느헤미야가 할 일입니다. 느헤미야처럼 하나님의 위로를 받은 우리도 그 일을 해야 합니다.

저는 제가 담임하는 우리들교회가 무너지고 훼파된 사람들이 모이는 교회가 되기를 원합니다. 하나님 없이 자기 힘으로 성을 쌓았다가 그 성이 무너져서 갈 곳 없는 사람들이 찾아오기를 원합니다.

저는 큐티 사역을 시작할 때부터 '고난이 축복'이라고 외쳤습니다. 그러다 보니 "십자가 지라"는 말이 싫어서 떠나는 분들을 많이 보았습니다. 그러나 떠난 그들도 힘든 일이 생기면 생각나는 이름이 '김양재'라고 합니다. 배부르고 등 따뜻할 때는 생각나지 않다가 어려울 때 생각나는 사람이라며 저를 다시 찾아오기도 합니다.

제가 어쩌다 이런 인생을 사는지 모르겠습니다. 저처럼 부족한 사람이 힘들 때 생각나는 이름이 되었으니, 하나님의 은혜에 감사와 영광을 돌릴 뿐입니다.

† 복음의 씨를 뿌리는 기슬르 월에 복음을 받아들일 만한 힘든 사람들을 찾아가고 있습니까? 아닥사스다 왕처럼 세상에서 성공한 사람만 찾아다니며 시간을 낭비하지는 않습니까?

† 왕궁 같은 친정, 왕족 같은 사교 모임보다 믿음의 형제 하나니와의 만남을 더 기뻐합니까?

† 선교지의 형편과 지체의 형편에 관심을 갖고 소식을 물으며 중보기도를 드립니까?

† 나는 어려울 때 생각나는 사람입니까, 피하고 싶은 사람입니까?

하나님을 알고 나를 알아야 제대로 기도할 수 있습니다

이르되 하늘의 하나님 여호와 크고 두려우신 하나님이여 주를 사랑하고 주의 계명을 지키는 자에게 언약을 지키시며 긍휼을 베푸시는 주여 간구하나이다_느 1:5

우리가 기도드리는 대상은 '하늘의 하나님 여호와 크고 두려우신 하나님'입니다. 하나님을 사랑하고 계명을 지키는 자에게 언약을 지키시는 하나님입니다. 긍휼을 베푸시는 하나님입니다. 그리고 이 세상과 나를 주관하시는 하나님께 간구하는 것이 능력의 기도입니다. 돈과 사람은 내가 두려워하거나 간구할 대상이 아닙니다. 돈이나 사람이 나를 얽매고 있는 것이 아니라, 하나님께서 나를 붙잡고 계시기에 우리는 하나님의 긍휼을 구해야 합니다.

> 6 이제 종이 주의 종들인 이스라엘 자손을 위하여 주야로 기도하오
> 며 우리 이스라엘 자손이 주께 범죄한 죄들을 자복하오니 주는 귀
> 를 기울이시며 눈을 여시사 종의 기도를 들으시옵소서 나와 내 아
> 버지의 집이 범죄하여 7 주를 향하여 크게 악을 행하여 주께서 주의
> 종 모세에게 명령하신 계명과 율례와 규례를 지키지 아니하였나이
> 다_느 1:6~7

느헤미야는 주야로 기도합니다. "나와 내 아버지의 집이 범죄하
여 크게 악을 행하였다"고 끈질기게 고백합니다. 지금 수산 궁에서 잘
먹고 잘살고 있는 느헤미야가 무엇이 아쉬워서 "나와 내 아버지의 집
이 범죄했다"고 회개하겠습니까?

느헤미야에게는 1차, 2차 포로 귀환 때 돌아가지 않은 것에 대한
영적 부담이 있었을 것입니다. 아버지 하가랴도 똑똑한 아들 느헤미
야를 왕궁 관원으로 키우고 싶어서 돌아가지 못하게 막았을 겁니다.
훼파된 예루살렘에서 고생하는 동족과 달리 왕궁에 거하고 있는 자
신과 자기 집안을 생각하니 회개와 자복이 절로 나오는 것입니다.

2002년 여름, 저의 친정아버지께서 암 선고를 받으셨습니다. 저
는 몇 개월을 넘기기 어렵다는 진단을 받고 누워 계신 아버지께 매주
찾아가서 함께 예배를 드렸습니다. 당시 큐티 본문이 느헤미야 말씀
이었는데, 이 본문을 나누며 "아버지도 나와 내 아버지의 집이 범죄한

것을 회개하셔야 한다"고 말했습니다.

제가 찾아갈 때마다 "회개하실 것 없으세요?" 하고 물으니 어느 날은 친정아버지께서 이런 이야기를 하셨습니다. 제 친가가 이북의 양반 가문으로 소작을 부리는 지주였다고 합니다. 그런데 할머니께서 소작농들을 강퍅하게 대하셨다고 합니다. 아버지는 그 강퍅한 면이 자신에게도 남아 있는 것 같다고 회개하셨습니다.

내 죄만 회개하는 것이 아니라 조상의 죄까지도 회개할 수 있는 것, 그동안 죄라고 생각하지 못했던 것을 죄로 깨닫는 것은 능력 중의 능력입니다. 할머니, 아버지의 교만이 저에게는 없겠습니까? 뿌리 깊은 유교 집안에서 우상숭배와 교만의 죄가 저에게도 이어졌을 것입니다. 그런데 믿음의 어머니가 시집을 오셔서 아버지와 저희 딸들이 예수님을 믿게 되었습니다. 저와 저의 아버지 집에 있는 교만의 죄를 끊기 위해 이런저런 고난으로 믿음의 길을 가게 하셨습니다.

저를 만날 때마다 회개할 죄를 고백하시고, 마지막까지 "할렐루야"를 외치며 은혜를 끼치시던 친정아버지는, 2002년 10월 우리들교회 개척 준비 예배를 드린 그 주에 천국으로 가셨습니다. 돌아가시기 전 의식이 희미한 상태에서도 교회 개척을 얼마나 기뻐하셨는지 모릅니다. 말씀도 제대로 못 하시는데, 제가 교회를 시작한다고 하니 누워서 손을 흔들며 기뻐하신 모습이 아직도 눈에 선합니다.

능력의 기도를 드리려면 크고 두려우신 하나님, 긍휼을 베푸시는 하나님께 주야로 죄를 자복하고 회개하는 기도를 해야 합니다. 내 죄를 자복하며, 또 우리 집안에 어떤 죄가 있는지 그것을 알고 회개해야 합니다. 부모님이 마지막에라도 회개하고 가실 수 있도록 미리미리 기도로 준비하시기 바랍니다. 또 집안의 전통을 핑계로 내가 범하는 죄는 무엇인지 민감하게 돌아보시기 바랍니다.

† 내 눈앞의 문제보다 크신 하나님께 집중하며 하나님을 신뢰합니까? 새벽기도, 철야기도에서 주야로 기도하는 내용이 '~을 달라 달라' 하는 기복의 기도입니까, 죄를 자복하는 회개의 기도입니까?
† 가족이 함께 회개해야 할 '아버지 집'의 죄악은 무엇입니까? 회개와 자복의 시간을 가지며 은혜를 체험하시기 바랍니다.

말씀을 근거로 기도해야 합니다

주를 향하여 크게 악을 행하여 주께서 주의 종 모세에게 명령하신 계명과 율례와 규례를 지키지 아니하였나이다_느 1:7

주께서 명하신 계명과 율례와 규례를 지키지 않은 것은 주님 앞에서 크게 악을 행하는 일입니다. 가장 큰 악은 말씀을 보지 않고 지키지 않는 것입니다. 큐티도 안 하고, 성경도 안 읽고, 기도도 안 하는 것이 크게 악을 행하는 것입니다. 다시 말해, 도덕적인 죄가 아니라 하나님의 말씀을 모르고 내 마음대로 살아가는 것이 큰 죄입니다.

8 옛적에 주께서 주의 종 모세에게 명령하여 이르시되 만일 너희가 범죄하면 내가 너희를 여러 나라 가운데에 흩을 것이요 9 만일 내게로 돌아와 내 계명을 지켜 행하면 너희 쫓긴 자가 하늘 끝에 있을지라도 내가 거기서부터 그들을 모아 내 이름을 두려고 택한 곳에 돌아오게 하리라 하신 말씀을 이제 청하건대 기억하옵소서 10 이들은 주께서 일찍이 큰 권능과 강한 손으로 구속하신 주의 종들이요 주의 백성이니이다_느 1:8~10

옛적에 주께서 하신 말씀이 우리가 기도할 수 있는 근거입니다. 나와 내 아버지 집이 범죄했어도 주께서 택하신 백성이기에 약속을 기억해 달라고 기도할 수 있습니다. 나에게는 선한 것이 없기에 변치 않으시는 주의 말씀, 주의 약속에 의지해서 기도해야 합니다.

이사야 49장 15절과 16절에 "여인이 어찌 그 젖 먹는 자식을 잊겠으며 자기 태에서 난 아들을 긍휼히 여기지 않겠느냐 그들은 혹시 잊을지라도 나는 너를 잊지 아니할 것이라 내가 너를 내 손바닥에 새겼고 너의 성벽이 항상 내 앞에 있나니"라고 하였습니다.

그렇습니다. 하나님은 우리를 손바닥에 새기고 잊지 않으십니다. 내가 크게 악을 행해도 하나님은 나를 잊지 않고 성벽으로 보호하십니다. 우리가 하나님께 간구할 수 있는 힘은 이 언약의 말씀에 있습니다. 비록 내가 죄를 지었어도 약속의 말씀이 있기에 하나님께 기도할 자격이 있다는 겁니다.

그러므로 우리는 하나님께 "제가 악을 행했어도 돌아오게 하신다는 말씀을 기억해 주세요. 주님의 자녀이기에 하늘 끝에 있어도 돌아오게 하신다는 약속을 기억하시고 저를 붙잡아 주세요"라고 기도해야 합니다.

> 주여 구하오니 귀를 기울이사 종의 기도와 주의 이름을 경외하기를 기뻐하는 종들의 기도를 들으시고 오늘 종이 형통하여 이 사람 앞에서 은혜를 입게 하옵소서 하였나니 그 때에 내가 왕의 술 관원이 되었느니라_느 1:11

느헤미야는 자신의 형통을 구하면서 '이 사람' 아닥사스다 왕 앞에서 은혜를 입게 해 달라고 기도했습니다. 그러자 하나님은 느헤미야에게 왕의 술 관원이 되는 구체적인 응답을 주셨습니다.

말씀을 근거로 기도하다 보면 구체적인 기도를 드리게 됩니다. 막연하게 '은혜 주시옵소서. 용서해 주시옵소서' 하는 기도가 아니라 구체적으로 성경 말씀을 사용해서 기도할 수 있습니다.

예를 들어, 느헤미야 1장 본문을 묵상할 때 어떻게 기도드릴 수 있을까요? 1절 말씀을 가지고 "주님, 저에게도 하가랴 같은 부모님과 배우자가 있습니다" 하면서 구체적인 대상을 놓고 기도할 수 있습니다. 2절 말씀으로는 "저에게 믿음의 형제 하나니 같은 김 집사님을 붙여 주셔서 감사합니다. 오늘 목장 식구들의 형편을 묻기 위해 전화로 심방하겠습니다. 들어야 할 소식을 듣고 도울 힘을 주세요" 하고 기도할 수 있습니다.

이처럼 구체적인 기도를 드릴 때 우리 삶의 목적과 현재의 이유를 깨닫게 됩니다. 느헤미야가 기도의 응답으로 술 관원이 되었기에 그는 그 지위가 자신을 위한 것이 아니라 동족을 위한 것임을 알았습니다. 술 관원은 왕이 술을 마시기 전 독이 있는지 알아보기 위해 먼저 마셔 보는 직책입니다. 왕의 생명과 관련된 최측근으로 오늘날로 보면 '비서실장'입니다. 느헤미야는 자신이 그 자리에 오른 것이 3차 포로 귀환을 위한 하나님의 예비하심임을 깨달았습니다.

자기 삶의 목적과 현재의 이유를 깨달은 느헤미야는, 자신의 형통을 내려놓고 민족의 형통을 이루는 진정한 위로자가 되었습니다. 하나님의 역사는 비록 강대국의 노예로 있어도 느헤미야 한 사람을 통해 이루어집니다. 어떤 환경에 있든지 하나님을 믿고 그 말씀대로 살고자 하는 내가 세상의 주인공입니다.

하나님께서 나에게 돈과 학벌, 지위와 능력을 주신 이유가 무엇입니까? 그것으로 다른 사람들을 도우며 하나님의 일을 하도록 하기 위함입니다. 가진 것이 없다면, 없는 그 자리에서 다른 힘든 사람을 위로하는 것이 내 삶의 목적이자 현재의 이유입니다. 오히려 가진 것이 없을수록 하나님의 능력과 은혜가 더 크게 나타납니다.

저의 시집살이 간증, 제 남편의 구원 간증에 무슨 대단한 능력이 있겠습니까? 세상 사람들에게는 위로는커녕 무시당할 이야기입니다. 그러나 하나님이 때마다 말씀으로 저의 환경을 해석해 주셨기에 저의 간증이 다른 사람을 위로하고 살리는 능력이 되었습니다.

사명 없이 이 세상에 온 사람은 아무도 없습니다. 고난 속에서도,

기쁨 속에서도 거기에서 하나님의 역사를 이루도록 내 현재의 이유를 깨달아야 합니다. 내가 깨달은 사명으로 무너지고 훼파된 사람들을 찾아가서 위로할 때 구체적인 응답과 전도의 열매들이 우리 삶에 주렁주렁 열리게 될 줄 믿습니다.

† 나와 가족에게 해결되지 않은 죄의 문제가 있어도 '택한 곳에 돌아오게 하리라'는 약속의 말씀에 의지해서 끈질기게 기도합니까?
† 날마다 성경을 묵상하면서 내가 붙들고 기도할 언약의 말씀을 되새기고 있습니까?
† 민족의 고난, 가정의 고난에서 어떤 형통을 구하십니까?
† 진학의 은혜, 취직의 은혜, 승진의 은혜를 내게 입히신 것이 나의 형통이 아닌 공동체와 이웃을 위한 것임을 깨닫습니까? 입학, 취직, 승진에 실패했어도 실패한 그 자리에서 나의 사명을 깨달으며 더 큰 은혜를 입고 있습니까?

어떤 환경에 있든지
하나님을 믿고
그 말씀대로 살고자 하는 내가
세상의 주인공입니다.

140년 동안 무너져 있던 예루살렘 성벽이 느헤미야의 인도로 52일 만
에 중수되었습니다. 우리에게 140년간 끊지 못하는 죄와 중독이 있어
도 능력의 기도를 드릴 때 52일 만에 끊어질 것을 믿습니다.

인생의 고난을 해석한 간증을 해야 합니다(느 1:1a).

우리 집안에도 나를 어둡게 하고 방해하는 하가랴 같은 환경과 사
람이 있습니다. 그러나 '여호와께서 방해하셨다'는 하가랴의 간증이 있
었기에 '여호와의 위로를 받는' 느헤미야가 되었습니다. 인생의 고난을
해석한 간증을 통해 능력의 기도를 드릴 수 있도록 도와주옵소서.

영혼에 진실된 관심을 가져야 합니다(느 1:1~4).

능력의 기도를 드리기 위하여 힘든 사람들을 살리는 구원의 일
에 관심을 가지기 원합니다. 내 이웃의 질병, 가출과 외도, 실직 등으
로 훼파된 소식을 들으며 그들을 돕기로 결단합니다. 물질로 돕고, 봉
사로 돕고, 기도로 도우며 그것으로 복음의 씨를 뿌리는 일을 잘 감당
할 수 있도록 모든 여건을 허락하여 주옵소서.

하나님을 알고 나를 알아야 제대로 기도할 수 있습니다(느 1:5~7).

하늘의 하나님 여호와 크고 두려우신 하나님을 알고, 내가 죄인임을 알아서 날마다 나의 중독과 죄를 자복하는 능력의 기도를 드리기 원합니다. 내 죄만 회개하는 것이 아니라 조상의 죄까지도 회개하고, 그동안 미처 죄라고 생각하지 못한 것까지도 죄로 깨닫는 능력 중의 능력을 우리에게 더하여 주옵소서.

말씀을 근거로 기도해야 합니다(느 1:7~11).

막연하게 '은혜 주시옵소서. 용서해 주시옵소서' 하는 기도가 아니라 날마다 큐티와 예배를 통해 내게 주시는 약속의 말씀을 근거로 기도하기 원합니다. 입학, 취직, 승진에 실패했어도 실패한 그 자리에서 나의 사명을 깨달으며 공동체와 이웃의 영혼 구원을 위해 능력의 기도를 하는 큰 믿음을 허락하옵소서.

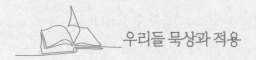

저는 어려서 주님을 만났지만, 대학에 진학하고 결혼한 후에는 예배를 소홀히 했습니다. 그러다가 어머니의 백혈병 투병과 함께 고난이 시작되었습니다. 2년간의 투병 끝에 어머니가 돌아가셨는데, 장례를 치르고 돌아오자마자 남편이 다른 여자가 있다며 집을 나가 버린 것입니다. 저는 상실감과 배신감으로 죽고 싶은 생각뿐이었습니다. 가장의 의무는 없고 제게 명령과 요구만 하는 남편이 저의 인생을 어둡게 하는 하가랴였습니다(느 1:1). 남편 없이 두 아들을 키우며 시댁, 친정과 얽힌 관계에 괴로워하면서 남편만 원망했습니다.

그러던 중 큐티를 시작하면서 고난이 해석되었습니다. 비록 집을 나간 남편으로 인해 여자로서, 아내로서의 자존심은 무너졌지만, 나의 하가랴 간증을 지체들에게 꺼내 놓으며 비로소 하나님께서 하신 일임을 인정하게 된 것입니다. 나를 힘들게 하는 남편 덕분에 제가 말씀을 사모하게 되었기에, 나 때문에 수고하는 남편의 구원을 놓고 눈물로 기도드릴 수 있었습니다. 이후 남편이 아니라 크고 두려우신 하나님께 호소하며, 세상의 안일함에 젖어 영혼 구원에 관심이 없던 저의 죄를 자복했습니다(느 1:5~6).

저는 "밤나무와 상수리나무가 베임을 당하여도 그 그루터기는 남아 있는 것같이 거룩한 씨가 이 땅의 그루터기니라"(사 6:13)는 이사야서 말씀을 우리 가정에 주시는 약속으로 받았습니다. 그리고 육적으로는 베임을 당해 무너져도 영적으로 거룩한 씨가 남아 회복될 것을 믿으며, 이 말씀을 붙잡고 기도했습니다. 그런데 기도한 지 얼마 되지 않아 남편의 사업이 부도가 났습니다. 유능하고 강심장인 남편도 어찌할 바를 몰라 당황했지만, 저는 이 일이 남편을 구원하시기 위한 하나님의 역사임이 인정되었습니다. 그러니 하루하루 요동하지 않고 평강 가운데 살아갈 수 있었습니다.

그러면서 남편 앞에서 입을 다물고 살던 제가 비로소 입을 열고 복음을 외치게 됐습니다. 그러자 하나님은 도저히 교회에 올 것 같지 않던 남편이 교회에 오는 역사를 허락해 주셨습니다. 남편은 양육을 받으면서 끊을 수 없다던 여자를 끊었습니다. 그뿐만 아니라 부도로 인한 소송 끝에 남편이 구속되던 날에는 남편과 함께 말씀을 나누는 은혜를 입었습니다. 남편의 수감 생활을 지켜보면서 힘들고 어려운 사람들에게 관심이 없던 제가 힘든 지체들의 소식에 관심을 갖고 기도하게 되었습니다(느 1:2~3). 남편 역시 감옥에서 말씀을 묵상하며 수감자들을 전도했습니다. 우리 가정에 고난의 간증을 주셔서 위로자 느헤미야로 살게 하시고, 내 삶의 목적과 현재의 이유를 깨닫게 하신 하나님께 감사드립니다.

 영혼의 기도

하나님 아버지, 하나님께 상달되는 능력의 기도를 드리기 원합니다. 느헤미야처럼 하가랴 간증을 소개하며 하나님의 위로를 받았다고 증거하게 하옵소서. 내 인생을 방해하고 어둡게 하는 나의 하가랴 때문에, 힘든 부모와 배우자 때문에 되는 일이 없는 줄 알았습니다.

그러나 느헤미야가 여호와의 위로를 받은 것처럼 나의 하가랴로 인해 주님을 찾고 만났음을 인정하기 원합니다. 하가랴 같은 어둡고 힘든 환경을 원망하여 낙심하는 악을 범치 않고 내 죄를 깨닫고 회개하게 하옵소서.

복음의 씨를 뿌려야 할 기슬르 월에 나의 안락을 좇아 왕궁에 머물지 않게 하시고 능욕과 훼파의 소식이 있는 곳으로 찾아가게 하옵소서. 하나니 같은 믿음의 형제들과 교제하며 능욕당하는 사람들에 대해 진실된 관심을 갖기 원합니다.

긍휼히 여김을 받을 자격이 없는 저이지만 말씀을 붙잡고 주야로 기도하게 하옵소서. 나와 내 아버지의 집이 크게 악을 행하였다고 죄를 자복하며 언약의 말씀을 근거로 기도하게 하옵소서. 내가 말씀에 의지해서 드린 기도를 기억하시고 저를 인도하셨듯이, 우리의 가족을 돌아오게 하실 것을 믿습니다. 정말 불쌍한 사람은 예수를 만나지 못한 사람입니다. 그들을 위해 창자가 끊어지는 아픔으로 기도하게 하옵소서.

날마다 하나님의 말씀을 묵상하며 구체적인 적용과 실천으로 구체적인 은혜를 입게 하옵소서. 말씀으로 내 인생을 해석받고 내 삶의 목적과 현재의 이유를 깨닫기 원합니다.

그리하여 나의 고난과 간증으로 다른 사람의 구원을 위해 나아가는 사명의 인생을 살게 하옵소서. 영혼 구원이 최우선이 되어 개인의 형통을 버리고, 가정과 교회와 나라의 형통을 구하는 능력의 기도를 드리게 인도하옵소서. 예수님 이름으로 기도하옵나이다. 아멘.

02

왕의 허락

느헤미야 2장 1~10절

_____ 하나님 아버지,
우리 인생에 각자의 왕이 있고,
그 왕의 허락을 받아야만 가능한 일들이 있습니다.
어떻게 허락을 받아 낼지 지혜와 용기 주시기를 원합니다.
말씀해 주옵소서. 듣겠습니다.

느헤미야가 섬기는 아닥사스다 왕은 변덕스럽고, 배반자들과 쉽게 손을 잡을 정도로 의리도 없으며 나약한 사람입니다. 그래서 매사에 확실한 기준이 없고 자기 기분대로 일을 결정합니다.

가정이나 직장마다 아닥사스다 같은 존재가 한 사람은 있을 겁니다. 가정에서는 배우자나 부모님이 아닥사스다처럼 변덕스럽고 나약한 사람일 수 있습니다.

그런 사람에게 중요한 허락을 받아 내려면 무엇이 필요할까요? 제대로 대화가 통하지 않는 사람의 마음을 얻으려면 우리에게 어떤 지혜가 필요할까요?

인간적인 근심을 영적 근심으로 바꾸어야 합니다

아닥사스다 왕 제이십년 니산월에 왕 앞에 포도주가 있기로 내가

그 포도주를 왕에게 드렸는데 이전에는 내가 왕 앞에서 수심이 없었더니_느 2:1

느헤미야는 예루살렘 성전이 훼파된 소식을 건물이 무너진 사건으로만 보지 않고 영적인 일로 보았습니다. 니산 월은 씨 뿌리는 기슬르 월로부터 4개월이 지나 결실을 맺는 달입니다. 이스라엘의 소식을 들은 느헤미야가 슬퍼하며 금식하고, 죄를 자복하고, 말씀에 의지하는 기도를 드렸습니다. 하지만 그 후로 넉 달 동안 아무 일도 일어나지 않았습니다.

하지만 나의 근심을 영적인 근심으로 바꿔서 기도하면 하나님께서 지혜를 주십니다. 그중에 가장 좋은 것은 기다리는 지혜입니다. 넉 달 동안 응답이 없어도 지속적으로 기도하며 기다리는 사람은 니산 월이 되어 결실을 맺게 됩니다.

그런데 하나님께서는 왜 기다리게 하셨을까요? 아마도 기슬르 월은 겨울이기 때문에 성전을 재건할 목재들을 운반하기 어려웠던 것 같습니다. 혹은 아닥사스다 왕이 수산 궁에 없었거나, 느헤미야가 왕에게 나갈 기회가 없었을 수도 있습니다. 이유가 무엇이건, 급하고 간절한 상황에서도 느헤미야가 나서지 않고 기다렸다는 것이 중요합니다. 술 맡은 관원으로 왕의 신임을 얻었어도 기회가 주어질 때까지 기다려야 합니다. 우선은 질서에 순종하며 예의 바르고 겸손한 모습을 왕에게 보여야 합니다. 그래야 왕을 감동시켜서 허락을 받아 낼 수 있습니다.

아내가 남편에게 순종하고(벧전 3:1), 자녀가 부모에게 순종하고 (골 3:20), 종이 상전에게 순종하라(골 3:22) 하신 성경 말씀은 인격이 아닌 역할에 순종하라는 뜻입니다. 남편, 부모, 상사의 인격이 순종할 만해서가 아니라 하나님께서 허락하신 질서이기에 순종해야 한다는 것입니다. 아무리 똑똑한 부하라도 상사에게 순종하지 않으면 그 조직은 흔들립니다. 주어진 질서 속에서 언제나 예의를 지키고 겸손하게 행하는 것이 개인과 공동체를 살리는 지혜입니다.

하나님은 예루살렘 성전을 재건하기 위해 먼저 왕의 허락을 얻게 하십니다. 물론 왕이 허락하지 않아도 하나님께서는 그분의 일을 이루실 것입니다. 하지만 하나님은 질서를 거스르고 상식을 파괴하면서 일하지 않으십니다. "믿음으로 하는 일인데 왕이 무슨 상관이고, 부모나 상사가 무슨 상관이냐!" 하는 것은 잘못된 태도입니다. "믿음으로!"를 부르짖으며 무조건 밀어붙이는 것이 아니라 질서에 순종하며 기다리는 훈련을 거쳐야 합니다. 그래서 하나님은 먼저 나를 겸손하게 하십니다. 내가 순종의 본을 보임으로써 안 믿는 부모, 상사의 마음까지도 움직이기 원하시기 때문입니다.

1 아닥사스다 왕 제이십년 니산월에 왕 앞에 포도주가 있기로 내가 그 포도주를 왕에게 드렸는데 이전에는 내가 왕 앞에서 수심이 없었더니 2 왕이 내게 이르시되 네가 병이 없거늘 어찌하여 얼굴에 수심이 있느냐 이는 필연 네 마음에 근심이 있음이로다 하더라 그 때에 내가 크게 두려워하여_느 2:1~2

왕 앞에서 수심을 보이지 않던 느헤미야가 수심을 보였다고 합니다. 수심(愁心)에는 '무거운 짐, 쓰라린 상처'라는 뜻이 있습니다. 왕의 비서실장으로 근무하면서 감히 수심을 보이는 것은 중죄에 해당합니다. 사형을 당할 수도 있는 죄입니다. 느헤미야는 철저한 자기 관리, 표정 관리를 하며 그동안 수심을 보이지 않았습니다. 그랬던 그가 처음으로 그 마음의 근심을 드러냈습니다. 자기 유익을 위해서가 아니라 영적 중심지인 예루살렘의 회복을 위해 수심을 보인 것입니다. 사도 바울은 복음을 전하면서 강도의 위험을 당하고, 잠을 못 자고, 주리고 목마르며, 굶고, 춥고, 헐벗었다고 했습니다. 그러나 그런 모든 일보다 그의 마음에 눌림이 되는 것은 교회를 위한 염려라고 했습니다(고후 11:26~28).

우리가 나타내야 할 근심은 하나님의 뜻대로 하는 근심, 영적인 근심입니다. 구체적으로 어떤 근심입니까? 죄로 인한 근심, 영적인 성숙을 위한 근심, 교회를 위한 근심입니다. 그러므로 우리는 내가 저주를 받아 그리스도에게서 끊어질지라도(롬 9:3) 형제 골육의 구원을 원하는 근심으로 수심을 보여야 합니다.

† 직장이 없어서 경제가 무너지고, 병에 걸려서 육체가 무너졌습니까? 그 문제를 구원의 일로 보고 육적 근심이 아닌 영적 근심으로 기도합니까?
† 믿지 않는 가족, 동료보다 더 수심을 보이면서 "예수 믿는 사람이 왜 그러냐?"는 소리를 듣고 있습니까? 믿는 사람으로서 육적인 고난에는 평안을 보이고, 전도와 복음을 위해서는 수심을 보입니까?

솔직하되 무례하지 않은 태도를 보여야 합니다

왕께 대답하되 왕은 만세수를 하옵소서 내 조상들의 묘실이 있는
성읍이 이제까지 황폐하고 성문이 불탔사오니 내가 어찌 얼굴에 수
심이 없사오리이까 하니_느 2:3

느헤미야가 영적인 근심으로 수심을 보였지만, 아닥사스다 왕에
게 들키고 나니 그도 크게 두려웠습니다. 아닥사스다 왕이 그를 도와
줄 마음으로 "네가 어찌하여 수심이 있느냐"고 물어본 것이면 좋겠지
만, 그 속을 알 수 없기 때문입니다. 진정 구원을 위해 근심하며 기도
했어도 아닥사스다 왕 같은 상사, 부모, 배우자라면 두려운 마음이 들
것입니다. 그러나 왕의 마음을 하나님께서 쥐고 계시기에 우리는 두
려워할 필요가 없습니다.

영적 근심으로 기도할 때 하나님께서는 온유한 마음, 솔직하되
무례하지 않은 마음을 주십니다. "만세수를 하옵소서"라고 한 느헤미
야의 대답은 아첨이 아닙니다. 구원을 위해 근심하는 사람은 말 한마
디, 표정 하나까지도 조심스럽게 표현합니다. 상대방의 마음을 움직
이기 위해서 최선을 다하려는 태도가 저절로 나타나는 것입니다.

느헤미야는 "내 조상들의 묘실이 있는 성읍이 황폐하고 성문이
불탔으니 근심할 수밖에 없다"라며 지혜로운 대답을 합니다. 이것이
왜 기막힌 지혜인지 에스라서 4장을 보면 알 수 있습니다.

이때로부터 십수 년 전, 스룹바벨이 1차, 2차 포로 귀환 때 예루

살렘으로 돌아간 사람들을 데리고 성전 재건을 추진합니다. 그 소식을 들은 대적들이 성전 짓는 것을 방해하고, 방백 르홈과 서기관 심새는 예루살렘 성전 재건이 바사 왕에 대한 반역이라고 고소합니다. 그래서 아닥사스다 왕이 예루살렘 성전 건축을 중단시킵니다(스 4장).

여러분, 예루살렘 성전 건축을 중단시킨 장본인인 바로 아닥사스다 왕입니다. 느헤미야가 예루살렘 성전 때문에 근심한다고 말했다가는 당장 반역자로 몰려 죽임을 당할지도 모릅니다. 그래서 느헤미야는 예루살렘이라는 말 대신 '내 조상들의 묘실'이라고 표현함으로써 왕의 심기를 건드리지 않은 것입니다. 느헤미야가 이스라엘의 자손이니까 그의 조상의 묘실은 곧 예루살렘 성전을 뜻합니다. 그러니 거짓말을 한 것도 아닙니다. 더욱이 바사의 문화가 조상의 묘와 효를 중시했기 때문에 '조상의 묘실 때문에 근심한다'고 한 것은 왕의 마음을 얻는 효과적인 표현이었습니다.

이처럼 같은 말을 해도 어떻게 표현하느냐에 따라 사람을 살릴 수도, 죽일 수도 있습니다. 느헤미야는 하나님의 일꾼이기에 거짓을 말하지 않고, 상대방에게 걸맞은 표현을 함으로써 왕의 마음을 얻었습니다. 전도와 선교를 할 때도 그렇습니다. 상대방의 가치관과 문화를 알고, 그에 알맞게 접근해야 합니다. 솔직하되 무례하지 않은 지혜가 이것입니다.

느헤미야는 "어찌 근심하지 않겠습니까"라고 당당하게 이유를 말했습니다. 예수님은 "너희를 넘겨 줄 때에 어떻게 또는 무엇을 말할까 염려하지 말라 그 때에 너희에게 할 말을 주시리니"(마 10:19)라고 하셨습니다. 언제나 영혼 구원을 삶의 중심에 두고 사는 사람에게는 하나님께서 지혜를 예비해 주십니다. 온유하되 당당하고, 솔직하되 무례하지 않은 지혜가 느헤미야를 살리고 이스라엘을 살렸습니다.

† 상대방에게 알맞은 언어와 태도로 전도를 위한 허락을 구합니까? 나는 옳고 너는 틀렸다는 말투와 표정으로 거부감을 주고 있지는 않습니까? 상대의 마음을 움직이는 분이 하나님이시기에 날마다 말씀을 묵상하며 지혜를 구합니까?

철저한 기도와 준비로 정확한 것을 구해야 합니다

왕이 내게 이르시되 그러면 네가 무엇을 원하느냐 하시기로 내가 곧 하늘의 하나님께 묵도하고_느 2:4

영적 근심을 갖고 기도할 때 하나님께서는 생각지 못한 기적을 보여 주십니다. 죽음을 각오하고 근심을 표현했는데 왕의 마음을 움직여서 원하는 것을 얻게 하십니다. 드디어 느헤미야에게 성전 재건의 소망을 이야기할 기회가 왔습니다.

구원을 위해 깨어 있는 사람은 기회를 놓치지 않습니다. 전도의 기회, 용서의 기회, 사랑의 기회를 놓치지 않고 정확하게 반응합니다. 앞으로 기회가 없을 수도 있기에 오늘이 마지막인 것처럼 구원의 기회를 잡아야 합니다.

　기회를 잡는 첫 번째 자세가 무엇입니까? "곧 하늘의 하나님께 묵도"하는 것입니다. 느헤미야는 왕이 나를 도와주려 한다고 왕을 붙잡고 매달리지 않았습니다. 생각지도 않은 도움을 받게 됐다고 사람에게 줄 서고, 돈에 줄 서지 마십시오. 상대방의 마음을 주관하는 분이 하나님이시기 때문에 급할수록, 중요할수록 기도부터 해야 합니다.

　가장 급할 때, 가장 중요한 순간에 즉시 기도하는 것이 느헤미야의 실력입니다. 어떻게 하면 이런 실력이 생길까요? 매일의 묵상과 기도가 그 비결입니다. 하루아침에 되는 것이 아닙니다. 날마다 말씀을 묵상하고, 말씀으로 기도하는 경건의 연습이 쌓여서 정확한 기회에 정확한 기도를 드리게 되는 것입니다.

　큐티가 어렵다고 하는 분들이 많은데 큐티는 쉬운 것도, 어려운 것도 아닙니다. 큐티는 매일 하나님과 대화하고 교제하는 시간입니다. 사랑하는 사람과 교제하면서 그것이 '쉽다, 어렵다' 말하는 사람은 없을 것입니다.

　날마다 하나님이 나에게 어떤 말씀을 하시는지 집중해서 듣는 시간이 큐티(QT, Quiet-Time)입니다. 이 시간은 곧 '하나님께 질문하며 답을 구하는 시간'(Question Thinking)이기도 합니다. 하나님의 말씀인 성경에서 내게 주시는 음성을 듣고, 그대로 적용하고 실천하는 것이 큐티의 원리입니다. 그리고 적용하는 첫 단계가 말씀 한 절, 한 절을 가지고 기도하는 것입니다.

　예를 들어 느헤미야 2장을 묵상했다면, "아닥사스다 왕 제이십

년 니산 월에 왕 앞에 포도주가 있기로 내가 그 포도주를 왕에게 드렸
는데 이전에는 내가 왕 앞에서 수심이 없었더니"(느 2:1)라는 말씀으로
이렇게 기도할 수 있습니다.

"하나님, 아닥사스다 왕처럼 변덕스럽고 하나님을 안 믿는 남편
이 있습니다. 그 남편을 전도하기 위해 돈을 염려하는 수심은 없게 하
시고, 오직 구원을 위한 수심을 나타내게 해 주세요."

우리가 성경의 내용이 모두 이해되지 않을 수도 있습니다. 그래
도 본문에 쓰인 단어를 이용해서 기도하면 성경 전체가 내 삶에 들어
오는 것을 경험하게 될 것입니다.

그리고 기도가 습관이 된 사람은 시간이 있든 없든 매 순간 기도
를 드리며 하나님의 음성을 들을 수 있습니다. 그러나 기도가 습관이
되지 않으면 시간이 아무리 많아도 중요한 일에서 하나님의 응답을
받지 못합니다.

프로 골퍼인 최경주 선수는 미국 PGA 투어에서 여러 차례나 우
승컵을 손에 쥐었습니다. 물론 수많은 연습을 했겠지만 그는 한 샷 한
샷 공을 치는 순간마다 하나님께 기도하는 것을 잊지 않았다고 합니
다. 우리는 어떤 일을 해도 이처럼 기도가 습관이 되어야 합니다. 어려
서부터 기도를 습관화해야 합니다. 아침의 큐티와 식사 기도, 잠자리
기도는 물론, 순간순간 묵도하면서 하루를 살아가도록 자녀에게 가
르쳐야 합니다. 종일 하늘의 하나님을 부르며 기도드릴 때, 가정과 학
교와 직장에서도 성실한 삶을 살 수 있습니다.

5 왕에게 아뢰되 왕이 만일 좋게 여기시고 종이 왕의 목전에서 은혜를 얻었사오면 나를 유다 땅 나의 조상들의 묘실이 있는 성읍에 보내어 그 성을 건축하게 하옵소서 하였는데 6 그 때에 왕후도 왕 곁에 앉아 있었더라 왕이 내게 이르시되 네가 몇 날에 다녀올 길이며 어느 때에 돌아오겠느냐 하고 왕이 나를 보내기를 좋게 여기시기로 내가 기한을 정하고_느 2:5~6

느헤미야가 계속 "왕이 좋게 여기시고" 하며 겸손한 태도를 보이니까 왕의 마음도 녹았습니다. 아닥사스다 왕이 "어느 때에 돌아오겠느냐"고 물음으로써 느헤미야에 대한 애정을 보여 줍니다. 가서 안 돌아와도 상관없는 사람이 아니기 때문에 먼저 언제 돌아올지를 묻고 있습니다. 그리고 마침 왕후가 곁에 앉았습니다. 왕과 느헤미야, 두 사람만 있으면 공적인 자리가 아니고 사적인 자리가 됩니다. 그런데 입김이 센 바사의 왕후가 곁에 있음으로써 사적이면서도 공적인 자리가 됐습니다. 함부로 약속을 변개할 수 없습니다. 왕의 약속에 공증이 된 것입니다.

7 내가 또 왕에게 아뢰되 왕이 만일 좋게 여기시거든 강 서쪽 총독들에게 내리시는 조서를 내게 주사 그들이 나를 용납하여 유다에 들어가기까지 통과하게 하시고 8 또 왕의 삼림 감독 아삽에게 조서를 내리사 그가 성전에 속한 영문의 문과 성곽과 내가 들어갈 집을 위하여 들보로 쓸 재목을 내게 주게 하옵소서 하매 내 하나님의 선

한 손이 나를 도우시므로 왕이 허락하고_느 2:7~8

느헤미야가 처음으로 왕 앞에서 근심을 표현했다고 했습니다. 그런데 왕이 질문을 던지자 기다렸다는 듯이 구체적인 요청을 합니다. 자유로이 오갈 수 있는 통행증을 요구하고, 예루살렘 성전 재건에 필요한 목재까지 요구합니다. 왕의 삼림 감독이 아삽이라는 것까지 미리 조사해서 그에게 조서를 내려 달라고 합니다.

이렇게 철저한 준비가 있었기에 느헤미야는 기회를 놓치지 않고 하나님의 역사를 진행합니다. 대충 생각만 하고 있다가 언제 돌아오느냐는 왕의 질문에 "글쎄요, 가 봐야 알겠는데요"라고 했다면 왕이 허락을 했겠습니까? 뭐가 필요한지 몰라서 통행증도 없이 갔다가 오해받아 죽을 수도 있습니다. 예루살렘이 다 허물어졌는데 목재도 없이 가서 무슨 일을 하겠습니까. 그냥 기도만 해서 되는 게 아닙니다. 쉬지 않고 기도드리되 공부도 철저하게 하고, 일도 철저하게 해야 주어진 기회를 100퍼센트 활용할 수 있습니다.

느헤미야는 "내 하나님의 선한 손이 나를 도우심으로 왕이 허락했다"고 고백했습니다. 아닥사스다 왕이 하나님을 모른다고 해서 "믿음도 없는 왕의 허락을 왜 받아야 해? 그냥 믿음으로 밀어붙여!" 하면 안 됩니다. 그렇게 해서는 평생이 걸려도 일을 못 합니다. 믿음이 있건 없건 하나님이 허락하신 질서이기에 지금은 왕의 허락을 받아야 하는 겁니다. 아닥사스다 왕의 허락이 있어야 방해받지 않고 성벽을 재건할 수 있습니다. 허락도 없이 밀어붙였다가는 쓸데없는 오해와 방해로 시간이 더 지체될 뿐입니다. 그래서 급할수록, 중요할수록 철저하게 준비하고 기다릴 줄 알아야 합니다.

구원을 위해 한결같이 기도하고 준비하는 사람은 어쩌다 한 번 수심을 보여도 기회가 찾아옵니다. 예상 문제를 몰랐어도 무엇을 원하느냐는 질문에 구체적인 대답이 전자동으로 나옵니다. 그래서 한결같은 태도가 중요합니다. 정욕대로 하는 근심이 아니라, 구원을 위한 근심으로 말 한마디도 신중히 할 때 하나님의 선하심으로 상대방의 허락을 받아 낼 수 있습니다.

남편이 떠난 후, 저는 교회 구역 모임과 재수생 모임을 인도하며 몇몇 사람들에게 큐티를 전하고 있었습니다. 그런데 1991년 봄, 고난 주간 집회에 평신도들이 강사로 세워지면서 저에게도 강사 요청이 들어왔습니다. 저 자신이 아직 부족하다고 생각해서 거절했는데 그때 집회에 오신 강사님들마다 유난히 큐티를 강조하셨습니다. 제가 드러나지 않았어도 '큐티' 하면 '김양재'라는 인식이 있었는지, 고난 주간 집회가 끝나자 담임목사님이 제게 전화를 하셔서 큐티 세미나를 인도하라고 하셨습니다. 고난 주간 집회로 큐티의 중요성이 알려졌으니 본격적으로 큐티를 접목할 기회라면서 강사는 미리 광고하지 않을 테니 부담 없이 해 보라고 하셨습니다.

담임목사님의 권고에 저는 교회 예배와 공식 프로그램에 겹치지 않는 시간을 주시면 해 보겠다고 했습니다. 되도록 적은 사람이 모이는 것이 저에게 알맞다고 생각했습니다. 그래서 평소 교회가 비어 있는 수요일 오후 2시에 저의 첫 큐티 세미나를 열었습니다. 당시 담임목사님의 계획으로는 일회적인 세미나였습니다. 그런데 그 세미나에 오신 분들이 한 주에 한 번씩 하게 해 달라고 목사님께 요청했습니다. 그렇게 저의 공식적인 큐티 사역이 시작됐습니다. 목사님은 저에게 "주중 어느 요일에, 얼마 동안 하면 좋겠냐"고 물으셨습니다. 그러면서 "전 교인이 강의를 다 듣게 10회 정도 하면 어떻겠느냐"고 하셨습니다. 저에게 욕심이 있었다면 그때 "네" 했을 것입니다.

하지만 큐티는 10회, 20회 모여서 방법만 가르쳐서는 지속되기가 어렵습니다. 초급, 중급, 고급반이 따로 있는 것도 아닙니다. 평생 해야 하는 것입니다.

목사님께 그런 저의 생각을 말씀드리며 기간이나 대상을 정하지 않은 상태에서 오고 싶은 사람 오고, 가고 싶은 사람 갈 수 있는 모임이 되기를 바란다고 했습니다. 그리고 교회 구역 예배와 중보기도, 양육 프로그램이 평일에 있었기 때문에 저는 수요일 오전 예배가 끝나고 오후 2시쯤 하겠다고 했습니다. 수요일에 오전 예배와 저녁 예배가 있는데, 그사이 오후 2시에 누가 오겠는가 싶어 저의 주제를 알고 겸손하게 요청한 것입니다.

저의 그런 대답은 정확한 기회에 정확한 응답을 구한 것이었습니다. 모이기 힘든 시간에 모임을 갖고 보니 정말 큐티를 하고 싶은 사람, 사모하는 사람들이 모였습니다. 평신도가 인도하는 모임인데도 워낙 말씀을 사모하는 마음이 뜨거운지라 비판이나 오해 없이 모임이 정착될 수 있었습니다. 처음부터 모이기 좋은 시간에 많은 사람과 시작했다면 오해도 있었을 것이고, 연약한 저는 금세 모임을 그만뒀

올지도 모릅니다. 그런 저를 아시고 보호해 주신 하나님의 선하신 손 길이 있었기에 지금까지 사역을 이어 올 수 있었습니다.

구원의 관점은 이타적인 것이고 언제나 자기 주제를 아는 것입니다. 제가 나서지 않아도 목사님과 다른 성도들의 허락을 얻어 큐티 모임을 시작했기에 사역을 지속할 수 있었습니다. 제가 잘나서 된 것이 아니라 날마다 영혼 구원에 관심을 두고 기도했기에 하나님이 거절할 때와 요청할 때를 분별하게 하셨습니다.

† 구원을 위해 평소에 철저한 준비를 하고 있습니까? 가장 중요한 순간에 즉시 기도합니까? 상대방이 원하는 섬김과 순종으로 그의 마음을 녹여서 "원하는 걸 들어주겠다"는 대답을 얻어 낸 적이 있습니까?

한 번 허락을 받았어도 시기마다 방해가 있습니다

8b……내 하나님의 선한 손이 나를 도우시므로 왕이 허락하고 9 군대 장관과 마병을 보내어 나와 함께 하게 하시기로 내가 강 서쪽에 있는 총독들에게 이르러 왕의 조서를 전하였더니 10 호론 사람 산발랏과 종이었던 암몬 사람 도비야가 이스라엘 자손을 흥왕하게 하려는 사람이 왔다 함을 듣고 심히 근심하더라_느 2:8b~10

느헤미야는 하나님의 도우심으로 왕의 허락을 받고 군대 장관과 마병까지 얻었습니다. 그런데 이스라엘 자손의 흥왕을 기뻐하지 않는 산발랏과 도비야가 있습니다. '도비야'는 '주는 선하시다'라는 뜻이고, '산발랏'은 '월신(月神)이 생명을 준다'라는 뜻입니다. 하나님도 믿고 우상도 믿는 다원론자들이 믿음의 자손이 흥왕하게 되는 것을 심히 근심합니다. 믿지 않는 사람들보다 힘든 것이 다원론적인 사람입니다. 교회를 다니면서도 하나님이 한 분이신 것을 믿지 않고, 이것도 좋고 저것도 좋다는 다원론자들 때문에 복음이 훼방받습니다.

유수한 신학대학을 나온 어느 목사님이 사모님과 함께 우리들교회에 오셨습니다. 정식 사역자로 오신 것이 아니라 말씀으로 양육을 받고 싶어 왔다고 하셨습니다. 개척 초기에 오셔서 함께 나눔도 갖고, 목사로서 하기 힘든 중독의 죄를 고백하며 지체들에게 은혜를 끼치셨습니다. 그런데 갑자기 문화 사역을 하겠다며 교회를 떠나셨습니다. 그리고 얼마 후 사모님에게서 연락이 왔습니다.

사모님은 문화 사역이 전도의 수단이라고 생각했는데 목사님은 전도보다 문화 사역이 먼저였다고 합니다. 처음에는 주민들의 반응도 호의적이었지만 차츰 한 명의 성도도 모이지 않게 되고, 건물 앞 공사로 결국 교회 문을 닫았다는 것입니다.

사모님은 문화 사역이라는 명분으로 하나님의 허락을 얻었다고 생각했는데 교회도, 사명도 잃고 위기에 처했습니다. 다시 공동체로 돌아오기 위해 남편의 허락을 얻어야 할 상황입니다.

이럴 때 경제적인 손실이나 실패를 근심해서는 안 됩니다. 사모님이 먼저 영혼 구원에 대한 관심이 없었던 것을 인정하고 회개하며

'구원을 위한 수심'을 목사님에게 나타내야 합니다.

교회를 소홀히 하고, 복음을 소홀히 하면서 어떻게 사역을 할 수 있겠습니까. 세상에서 무너진 일을 영적 근심으로 바꾸어야 왕의 허락을 얻을 수 있습니다. 우리가 영적 근심을 할 때 하나님의 선하신 손길이 때마다 우리를 도우십니다.

아닥사스다 왕 같은 부모, 배우자의 허락을 받아서 신앙생활을 시작했어도 시기마다 믿음을 훼방하는 산발랏과 도비야 같은 존재가 기다리고 있습니다. 그럼에도 하나님의 선하심이 나를 도우실 것이기에, 날마다 나의 근심을 영적 근심으로 바꾸며 기도와 묵상으로 철저히 준비하면 됩니다. 아닥사스다 왕도, 산발랏과 도비야도 하나님이 허락하신 일을 막을 수 없습니다. 그렇다고 무조건 밀어붙이면 안 됩니다. 한 사람이라도 더 구원하기 위해서는 내가 한 단계, 한 단계 질서에 순종하는 모습을 보여 줘야 합니다. 질서를 무너뜨리고 내 방법대로 하면 이스라엘의 회복의 길이 열리지 않습니다. 나로 인해 도리어 그 길이 막힐 수 있습니다.

우리 가족과 공동체의 구원의 길이 열리기 위해서 매일 큐티와 기도로 준비하며 기회를 기다리십시오. 가정의 구원을 위해서는 부모님의 마음을 열어야 하고, 직장의 구원을 위해서는 지도자의 마음을 열어야 합니다. 내 욕심은 내려놓고 온유하되 당당한 태도, 솔직하되 무례하지 않은 태도로 믿음의 본을 보일 때 각자 왕의 허락을 얻을 수 있습니다. 산발랏과 도비야의 방해가 있을지라도, 오늘 내가 주님으로 인해 기뻐하며 내 역할에 순종할 때 주님께서도 나를 기뻐하십니다. 구원을 위한 나의 근심을 기쁨으로 갚아 주시며 필요한 모든 허락을 얻게 하십니다.

† 하나님의 도우심으로 나의 믿음이 성장하고 전도의 열매가 맺힐 때 그것을 근심하는 배우자, 부모가 있습니까? 그럴 때 내 믿음을 훼방한다고 '사탄아 물러가라' 하면서 더 심한 방해를 자초합니까? 그들의 구원을 위해 더 온유하게 섬기며 십자가 지는 순종을 합니까?

아닥사스다 왕처럼 변덕스럽고 자기 마음대로인 사람이 지도자로, 배우자와 부모로, 직장 상사로 자리 잡고 있습니다. 하나님의 일을 위해서 그들의 허락이 필요할 때 어떻게 허락을 얻어야 할지 알기 원합니다.

인간적인 근심을 영적 근심으로 바꾸어야 합니다(느 2:1~2).

아닥사스다 왕처럼 변덕스럽고 자기 마음대로인 내 가족, 내 이웃의 구원을 위해 그들에게 허락을 얻기 원합니다. 그러기 위해 인간적인 근심을 영적 근심으로 바꿀 수 있도록 지혜를 더하여 주옵소서. 육신이 무너진 일에는 평안을 보이고 구원을 위한 근심만 보이며 살아갈 수 있도록 도와주옵소서.

솔직하되 무례하지 않은 태도를 보여야 합니다(느 2:3).

진정 구원을 위해 근심하며 기도했어도 정작 아닥사스다 왕 같은 상사, 부모, 배우자 앞에서는 두려운 마음이 듭니다. 그들의 마음을 쥐고 계신 하나님께서 우리의 마음을 강건하게 지켜 주옵소서. 영적 근심으로 기도할 때 온유한 마음, 솔직하되 무례하지 않은 마음과 지혜도 더하여 주옵소서.

철저한 기도와 준비로 정확한 것을 구해야 합니다(느 2:4~8).

내 가족, 내 이웃의 구원을 위해 나아갈 때 철저한 준비와 기도로 정확한 기회에 정확한 것을 구하기를 원합니다. 사람이나 돈에 줄 서지 않고, 사람의 마음을 주관하시는 하늘의 하나님께 묵도하오니 전도의 기회, 용서의 기회, 사랑의 기회를 놓치지 않도록 도와주옵소서.

한 번 허락을 받았어도 시기마다 방해가 있습니다(느 2:8b~10).

한 번 허락을 받아도 시기마다 방해가 있다는 것을 알았습니다. 하나님을 모르는 배우자, 부모 형제가 믿음을 핍박해도 순종과 섬김의 본을 보이며 구원의 사명을 잘 감당할 수 있도록 모든 필요를 허락해 주옵소서.

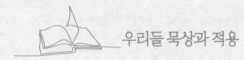

저는 3대째 모태신앙인으로 태어났습니다. 그러나 대학 진학 후 교회를 떠났다가 힘들게 하나님께 돌아왔습니다. 결혼 후 다시 교회에 나가긴 했지만, 구원의 확신이 없는 '무늬만 성도'였습니다. 게다가 25년 간 영업 일을 하다 보니 국내외를 안 가리고 술 접대, 성 접대를 했고, 직급이 높아지고는 골프 접대를 핑계로 주일 성수를 번번이 어겼습니다. 그렇게 사회에서 인정받으며, 저의 영육의 성전이 무너지는 것도 모른 채 일을 우상 삼으며 살았습니다.

그러던 중 저는 거래처 사람과 동업으로 조그만 공장을 시작했습니다. 다니던 회사도 그만두지 않고 철저한 준비도 없이 동생을 대표로 세워 급하게 추진한 일이었습니다. 그 사정을 알게 된 아내가 당장 공장을 접어야 한다고 종용했습니다. 그런데 설상가상으로 다니던 회사가 매각되면서 저는 정리해고 1순위가 되어 회사를 그만두게 되었습니다. 일이 우상이던 저에게, 불과 몇 달 사이 육의 성전이 무너지고 갈 길이 보이지 않는 사건이 터진 것입니다.

아내는 이 무너진 사건을 영적 근심으로 바꾸어야 한다며 제게 큐티 모임에 함께 나가자고 했습니다(느 2:1). 저는 그곳에서 말씀을 들으며 회사를 속이고 또 다른 공장을 세운 것, 그래서 정리해고를 당한 것이 제 욕심의 결과임을 인정하게 되었습니다. 그러나 저 때문에 공장 대표가 된 동생이 직장을 잃을까 봐 걱정이 되었습니다. 그래도 저와 동생의 구원을 위한 길이라 생각하고, 힘들어하는 동생을 위로하며 1년 만에 사업을 접는 적용을 했습니다.

이후 저와 아내는 초신자의 마음으로 교회에서 모든 양육을 받았습니다. 그렇게 말씀에 순종하여 공동체에 속해 있었더니, 하나님은 나이도 많은 저에게 분에 넘치는 좋은 직장을 허락해 주셨습니다. 그리고 제가 다시 교만해질까 봐 인생의 때에 맞는 산발랏과 도비야도 허락해 주셨습니다(느 2:10). 저는 전에 다니던 직장과 같은 거래처에 납품을 하게 됐는데, 이제부터는 모든 접대에서 손을 떼기로 결단했습니다. 그랬더니 영업 책임자가 "그래서야 수주를 할 수 있겠나" 불평하며 저를 비난한 것입니다. 하지만 하나님의 선한 손이 저를 도우실 것이 믿어지니(느 2:8) 그들의 비난을 감수할 수 있었습니다. 지금은 하나님의 도우심으로 여러 건의 수주가 이루어지고 있습니다. 내 뜻대로만 행하던 제가 하나님의 허락을 구하며, 영적인 형통을 구하게 된 것이야말로 제 인생의 기적임을 고백합니다. 앞으로도 순종과 섬김의 본을 보이며 구원의 사명을 잘 감당할 수 있기를 기도합니다.

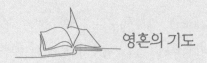

하나님 아버지, 저의 인생에도 아닥사스다 왕 같은 부모, 배우자, 상사가 있습니다. 그런데 가정과 직장에서 영적 성전을 짓기 위해 변덕스럽고 무서운 그들의 허락을 얻어야 할 때가 있습니다. 그러기 위해 돈이나 건강에 대해 근심하지 않고 오직 구원을 위한 근심을 그들에게 나타내게 하옵소서.

하나님의 자녀로서 언제나 솔직하되 무례하지 않고, 온유하되 당당한 태도를 보이기 원합니다. 언제나 상대방을 높이고, 상대방에게 맞는 표현으로 허락을 얻어 낸 느헤미야처럼 저희도 그러한 겸손과 담대함을 갖기 원합니다.

날마다 말씀과 기도로 철저한 준비를 하며 정확한 기회에 정확한 것을 구하는 지혜를 허락해 주옵소서.

인생의 시기마다 나를 힘들게 하는 산발랏과 도비야가 있지만, 하나님의 선하신 손길이 나를 도우시기에 내게 필요한 모든 것을 채우실 줄 믿습니다.

하나님이 주신 것들을 나의 형통을 위해 쓰지 않고 가족과 이웃의 구원을 위해 쓰도록 인도해 주옵소서.

제 삶의 모든 것이 구원을 위해 쓰임받게 하시고, 날마다 말씀으로 내 현재의 이유를 깨달아 영혼 구원을 위해 헌신하게 하옵소서. 예수님 이름으로 기도하옵나이다. 아멘.

03

일어나 건축하자

느헤미야 2장 11~20절

지방에 사는 한 집사님에게 메일을 받았습니다. 남편의 중독적인 흡
연과 음주, 간음과 폭력으로 힘들었는데 얼마 전 남편이 주식 투자에
실패하면서 물질 고난까지 겪는다고 했습니다. 그 와중에도 여전히
외도를 일삼던 남편이 어느 날 한 여자를 데리고 집으로 들어왔답니
다. 그 여자도 유부녀이고 대학생 자녀가 있다고 했습니다. 집사님의
가정에도 청소년 자녀들이 있습니다. 집사님은 엄마가 아닌 다른 여
자를 데리고 안방을 차지한 아버지의 모습을 자녀들에게 뭐라고 설
명할 수가 없었습니다. 여자는 반복적으로 집안을 들락거렸고, 남편
은 대놓고 아이들에게 "이 아주머니는 오늘 자고 간다"고 말하더랍니
다. 여자에게 제발 나가 달라고 사정해 봤지만, 집사님은 도리어 "남
편 단속도 못하고 껍데기만 같이 사는 여자!"라는 험한 말을 들어야
했습니다.

　　동네 사람들의 시선을 견딜 수 없어서 이사까지 했지만 남편은
이사한 집에도 여자를 데려오겠다고 했습니다. 마침내 집사님은 남

편에게 "더는 못 참겠으니 집에서 나가라"고 했고, 집을 나간 남편은 그 여자와 살림을 차렸습니다.

집사님은 평생 하나님을 믿으며 아이들을 신앙으로 열심히 키웠건만 가정이 무너지는 힘든 사건을 겪고 있습니다.

이렇게 무너진 자리에서 우리는 어떻게 일어나야 할까요? 무너진 부부의 성전, 가정의 성전을 어떻게 재건해야 할까요?

잠잠히 있어야 할 시간이 필요합니다

내가 예루살렘에 이르러 머무른 지 사흘 만에_느 2:11

왕의 허락을 얻어 어렵게 예루살렘에 돌아온 느헤미야는 사흘 동안 별다른 일을 안 하고 있습니다. 당시 성벽을 재건하는 데 걸린 기간이 52일이니까, 그중 3일은 아무것도 안 하고 지내기에는 긴 시간입니다. 성전을 재건하러 왔으면 서둘러야 하는데 이 바쁜 때 느헤미야는 왜 아무 일도 안 하고 있었을까요?

예수님을 믿고 달라져야 하는 첫째 모습이 '시간 사용'입니다. 수고하며 열심히 살아도 우리에게 주어진 인생의 시간은 짧고 허무한 것입니다.

부와 지혜의 상징인 솔로몬도 "헛되고 헛되며 헛되고 헛되니 모든 것이 헛되도다 해 아래에서 수고하는 모든 수고가 사람에게 무엇이 유익한가"(전 1:2~3)라고 했습니다.

참된 것은 오직 예수 그리스도뿐이기에, 예수님과 상관없는 시간은 모두 헛된 것입니다. 시간은 생명이고 생명은 예수 그리스도이기에, 시간을 함부로 쓰는 것은 예수님을 천히 여기는 일입니다.

'3일이 긴가, 짧은가', '3일 동안 무슨 일을 얼마나 할 수 있는가'가 문제가 아닙니다. 이타적인 하나님의 일에 쓰임받는 것이 시간을 참되게 쓰는 것입니다. 자신을 위해, 자기 목적대로 쓰는 시간은 아무리 유익한 일을 해도 허무할 수밖에 없습니다.

느헤미야가 3일 동안 아무 일을 하지 않은 것 같아도 예수 안에서는 창조적인 시간입니다. 진짜 중요한 구원의 일을 위해서는 잠잠히 있어야 할 시간이 필요합니다.

그렇다면 느헤미야는 왜 3일을 기다렸습니까? 앞서 2장 10절에 기록되었듯이 느헤미야가 왕의 허락을 받아 예루살렘으로 간다는 소식을 듣고는 산발랏과 도비야가 심히 근심했습니다. 바사 왕의 조서를 가지고 군대 장관과 마병을 거느리고 고향에 돌아왔지만 그를 환영하는 분위기가 아니었습니다. 느헤미야는 그런 분위기를 파악하고 3일 동안 성전 재건을 위한 작전을 짰을 것입니다. 그래서 이 3일은 아무 일 없이 버려진 시간이 아니라 꼭 필요한 시간이었습니다.

내 하나님께서 예루살렘을 위해 무엇을 할 것인지 내 마음에 주신 것을 내가 아무에게도 말하지 아니하고 밤에 일어나 몇몇 사람과 함께 나갈새 내가 탄 짐승 외에는 다른 짐승이 없더라_느 2:12

3일을 잠잠히 기도하며 작전을 짠 결과, 하나님께서는 성전 재건의 계획을 아무에게도 알리지 말라고 하십니다. 하나님께서 허락하신 일이고, 누가 봐도 옳은 일이며, 반드시 해야 하는 일인데도 그 일을 알리지 말라고 하십니다. 왕의 허락을 받고 성전 건축에 필요한 재목까지 얻은 간증을 누구에게도 하지 말라는 것입니다.

하나님이 허락하신 일이라고 무조건 밀어붙이는 것이 믿음이 아닙니다. 타지에 선교를 가서 그곳 분위기와 상관없이 무조건 전도한다는 것은 사역자의 만용입니다. 잠잠할 때와 외칠 때를 분별하며 때에 맞는 순종을 해야 하는데, 그렇지 않은 선교와 목회는 실패할 수밖에 없습니다. 어떤 사람, 어떤 문화도 함부로 여기지 말고 그곳의 질서를 존중해야 합니다.

느헤미야는 신중하게 상황을 파악하며 하나님의 뜻을 따랐습니다. 포로로 살다가 왕궁의 관원이 됐으니 금의환향한 것이지만, 환한 낮도 아니고 밤중에 조용히 두어 사람만 데리고 탐색했습니다. 하나님의 일을 한다고, 하나님께서 나를 밀어주신다고 요란 떨지 않았습니다.

13 그 밤에 골짜기 문으로 나가서 용정으로 분문에 이르는 동안에 보니 예루살렘 성벽이 다 무너졌고 성문은 불탔더라 14 앞으로 나아가 샘문과 왕의 못에 이르러서는 탄 짐승이 지나갈 곳이 없는지라_느 2:13~14

13절에서 '보니'는 '면밀히 조사하다'라는 뜻입니다. 무너진 성벽을 재건하고, 무너진 사람들을 도와주기 위해서는 면밀한 조사가 필요합니다. 힘든 사람과 상담할 때도 전후 상황과 배경을 면밀히 조사하고 이야기해야 합니다. 상담과 목회 경력이 쌓였다고 '그냥 척 들으면 다 안다'는 자세로 상담하면 안 됩니다.

그렇다면 느헤미야는 무엇을 면밀히 조사했습니까? 골짜기 문과 용정, 분문에 이르며 무너지고 타 버린 성전의 모습을 조사했습니다. 그리고 샘문과 왕의 못에 이르러 길이 막힌 것을 보았습니다.

골짜기 문은 삶의 굴곡을 나타내는 눈물 골짜기로 표현할 수 있습니다. 용정은 힌놈의 골짜기와 기드론 시내가 만나는 곳입니다. 힌놈의 골짜기는 역대 이스라엘 왕들이 자식을 우상의 제물로 불태운 곳입니다. 기드론 시내는 다윗이 아들 압살롬에게 배반당한 후 눈물로 건넜던 곳이고, 예수님이 가룟 유다에게 배반당하고 건너신 곳입니다. 분문은 배설물과 쓰레기를 처리하는 더러운 곳입니다. 지금 이스라엘 백성이 그렇습니다. 배반당하고, 버림받고, 쓰레기 같은 인생이 되어 널브러진 상태입니다.

샘문과 왕의 못은 깨끗하고 경건한 곳입니다. 그런데 그곳에 지나갈 길이 없다고 합니다. 경건하게 신앙생활을 하는 사람, 왕 같은 지위를 가진 사람도 길이 없어 막혔습니다. 겉모습이 대단해도 길이 없는 사람들이 느헤미야에게 보였습니다.

성벽의 북쪽은 심하게 파괴되지 않았기 때문에 느헤미야가 따로 가 보지 않았습니다. 저도 파괴가 심하지 않은 사람보다는 파괴가 심한 사람에게 더욱 관심이 있습니다. 기회가 될 때마다 문제가 없는 사람들보다는 많은 것을 잃고 무너진 사람들을 찾아다녔습니다. 그랬더니 눈물 골짜기의 인생이 보이고, 배신의 상처로 힘들어하는 사람들이 보이고, 분문처럼 수치와 멸시를 당하는 사람들이 보였습니다. 샘문과 왕의 못처럼 경건하고 대단한 사람에게도 앞길이 막힌 각자의 고난이 있다는 것을 알게 됐습니다.

> 그 밤에 시내를 따라 올라가서 성벽을 살펴본 후에 돌아서 골짜기 문으로 들어와 돌아왔으나_느 2:15

무너진 사람들을 탐색하면서 교양 있게 다니며 살필 수 없습니다. 이미 지나갈 곳이 없고 길이 없기 때문에 교양과 체면을 다 내려놓고 밤중에라도 올라가서 살펴봐야 합니다.

몇 년 전, NGO 단체를 통해 인도의 12세 소녀에 대한 소식이 알려졌습니다. 성냥 공장에서 일하는 그 소녀는 아침 8시부터 저녁 6시까지 아교풀로 성냥을 만들었습니다. 3년 동안 그 일을 하다가, 어느 날 중크롬산이 들어 있는 녹말풀을 마시고 자살을 기도했습니다. 아홉 살 때 일을 시작해서 열두 살이 될 때까지, 온종일 일하고 번 돈이 한국 돈으로 450원입니다. 부모의 빚 때문에 성냥 공장에서 일한 것인데, 자살 시도로 부상을 입는 바람에 병원비로 또 빚을 졌습니다.

인도에서는 1,250만 명의 어린이 노동자가 착취당하고 있고, 천만 명 정도의 어린이는 교육의 기회도 없이 노동에 시달린다고 합니다. 그런 사람들을 돕기 위해 탐색을 잘하고 계획을 세워야 합니다. 2006년 아프가니스탄 피랍 사건 때도 한국 사람들이 그곳에 가서 교육을 하고 병원을 세웠기 때문에 현지인들이 피랍자들을 풀어 주라고 시위를 했습니다. 복음을 전하되 힘든 곳에 찾아가서 그들과 눈을 마주치고 아픈 곳을 치료해 줘야 합니다. 세계 곳곳의 힘든 사람들, 어둡고 척박한 골짜기들을 탐색하며 구체적인 실천을 해야 합니다.

> 방백들은 내가 어디 갔었으며 무엇을 하였는지 알지 못하였고 나도 그 일을 유다 사람들에게나 제사장들에게나 귀족들에게나 방백들에게나 그 외에 일하는 자들에게 알리지 아니하다가_느 2:16

작전을 진행하면서 느헤미야가 하지 않은 것이 있습니다. 자신이 어디에 가고 무엇을 탐색했는지 '제사장과 귀족과 방백들'에게 알리지 않은 것입니다. 도움이 필요한 사람들은 찾아가서 살폈지만 지도자급인 제사장과 귀족과 방백들에게는 알리지 않았습니다. 왜 그랬을까요?

아닥사스다 왕의 조서를 받고 온 느헤미야를 마중 나온 사람이 아무도 없는 걸 보면서 분위기가 긍정적이지 않다는 걸 알았기 때문입니다. 아직은 이야기할 때가 아님을 탐색을 통해 알았습니다. 항상 구원을 위한 탐색을 하면 하나님께서 때를 분별하게 하시고, 해야 할 말과 하지 말아야 할 말을 분별하게 하십니다.

또 다른 이유를 생각해 보면, 느헤미야가 수산 궁에 있다가 그들보다 늦게 예루살렘에 왔기 때문입니다. 그러니 1차, 2차 포로 귀환 때 먼저 돌아와서 고생하는 사람들 앞에 쉽게 나서기가 어려웠을 겁니다. 그동안 수산 궁에서 잘 먹고 잘살다가 이제야 돌아왔는데 먼저 고생한 지도자들에게 이래라저래라 말할 입장이 못 되는 것입니다.

저는 4대째 모태신앙인으로 대학생 선교단체에서도 활동했지만 믿음이 없는 남편을 만나 결혼했습니다. 그래서 늘 죄인의 마음이 있었습니다. 믿음 없는 남자를 선택해서 교회도 마음대로 못 다니는 것이 누구를 탓할 수 없는 저의 죄로 여겨졌습니다. 그런 마음이 있었기 때문에 저를 통해 은혜받는 사람들이 있어도 함부로 나서지 못했습니다. 제가 전도한 사람들이 변화되고 힘든 사람들이 살아나도 알려질까 봐 조심스러웠습니다. 불신자와 결혼을 하고, 부잣집 며느리로 잘 먹고 잘살다가 갑자기 나타나서 영혼 구원이 최고라고 외치는 것이 감사하면서도 죄송스러웠습니다.

† 전도의 허락, 신앙생활의 허락을 받았다고 '믿음으로!' 무조건 밀어붙입니까? 사람과 상황을 탐색하고, 하나님의 말씀을 탐색하며 '영혼 구원 작전'을 신중하게 펼치고 있습니까?
† 무너지고 아픈 사람들에게 위로의 복음을 들고 찾아갑니까? 복음을 잘 받아들이지 않는 세상의 귀족들을 전도한다고 시간 낭비, 체력 낭비를 하고 있지는 않습니까?

고난에 동참해야 합니다

후에 그들에게 이르기를 우리가 당한 곤경은 너희도 보고 있는 바라 예루살렘이 황폐하고 성문이 불탔으니 자, 예루살렘 성을 건축하여 다시 수치를 당하지 말자 하고_느 2:17

느헤미야는 예루살렘 백성이 당한 곤경을 '너희의 곤경'이라고 하지 않고 '우리가 당한 곤경'이라고 합니다. 하나님께서 우리들교회에 힘든 사람들을 계속해서 보내 주시는 이유는 수십 년을 한결같이 힘들고 어려운 사람들과 함께하며 그들의 고난을 우리가 함께 당한다는 마음을 주셨기 때문이라고 생각합니다.

느헤미야는 무너진 성전을 재건해야 한다는 도전을 주기 위해 '우리가 당한 곤경'이라며 고난에 동참하는 모습을 보입니다. 모든 것이 무너지고 모든 사람이 널브러져 있어도 그 환경을 영적인 시선으로 보는 한 사람이 이렇게 도전하게 할 수 있습니다.

그리고 느헤미야는 '후에', 즉 한참 지나고 나서 백성에게 성벽 중건 계획을 알립니다. 입을 다물어야 할 때가 있는가 하면 이렇게 도전을 줘야 할 때가 있습니다. 귀족과 방백들에게는 입을 다물어야 하지만 무너진 사람들에게는 도전을 줘야 합니다.

그런데 우리가 이것을 거꾸로 하기 때문에 전도의 열매가 없는 것입니다. 사회적으로 귀족, 방백에 해당하는 사람만 전도하려고 찾아다니면 그들이 잘 받아들이지도 않을뿐더러 그들에게 무시받기 십상입니다. 그러고는 전도의 은사가 없다는 둥, 다시는 전도를 안 한다는 둥 미련한 소리를 합니다.

피를 나눈 내 식구도 세상의 귀족과 방백으로 잘나갈 때는 복음을 받아들이지 못합니다. 그럴 때는 잠잠히 순종하고 기다리면서 그저 삶으로 보여 줘야 합니다. 육적인 성전이 무너져야 영적인 성전이 세워진다는 것은 불변의 진리입니다.

그래서 하나님의 때가 될 때까지 잠잠히 있다가 그들의 육이 무너졌을 때 복음을 전하는 것이 지혜로운 방법입니다. 귀족, 방백이 아니라 무너진 사람들을 찾아가서 성전을 재건하자고 도전을 주는 것이 성도의 역할이고, 느헤미야처럼 지도자 된 사람의 역할입니다.

얼마 전 한 가족이 우리들교회에 와서 식구대로 자신의 삶을 간증했습니다. 그런데 그 집의 며느리가 집안 이야기를 드러내 놓고 간증했으니 나중에 아이들 결혼시키기가 어렵겠다고 말했습니다. 집안 사정을 다 드러냈으니 사람들이 수군거리지 않겠느냐고 걱정한 것입니다.

하지만 그런 걱정은 하지 마십시오. 육적인 것이 무너진 간증은 수치가 아닙니다. 육이 무너진 만큼 영이 세워지기 때문에 무너진 간증이야말로 자랑거리입니다. 망하고 아프고 무너진 사건이 구원으로 이어져야 하는데, 육이 무너진 것에만 낙심하여 영적 성전을 재건하지 못하기 때문에 수치로 생각하는 것입니다.

미국의 교포 2세로 학교에서 장학금과 상장을 휩쓸던 청년이 다국적 기업에 취직했습니다. 어려서부터 인재로 주목받은 청년은 부모에게도 자랑거리였습니다.

그런데 직장에서 갑작스레 파면을 당하자 그것을 견디지 못해 자살했습니다. 어려서부터 영적 성전을 지어 가야 하는데, 영으로 세워지지 못하면 육적인 것이 조금만 무너져도 죽음을 생각합니다. 그래서 어려서부터 말씀을 심어 주는 것, 성경적인 가치관을 심어 주는 것이 너무나 중요합니다.

우리들교회는 미취학부 아이들부터 장년들까지 모두 같은 본문으로 큐티를 하고, 말씀으로 다음 세대를 양육합니다.

또 방학 때에는 큐티 페스티벌을 엽니다. 환난당하고 빚지고 원통한 사람들이 모인 우리들교회의 특징 때문인지 큐티 페스티벌에 오는 아이들도 가정이 어렵거나 문제가 있는 아이들이 많습니다. 그런 아이들이 와서 성경 말씀으로 찬양을 만들어 부르고, 말씀으로 기도하고, 큐티가 무엇인지 배웁니다. 그 아이들이 큐티를 지속할 수 있도록 최선을 다해 교회에서 돕다 보니 매년 부모와 함께 아이들이 회복되는 역사가 일어나고 있습니다.

부모는 자녀가 어릴 때, 아직 부모 품 안에 있을 때 어떻게든 말씀을 심어 줘야 합니다. 그런데 교회를 다니는 부모들도 영어 캠프는 목숨 걸고 보내면서 교회학교나 성경캠프에 참가하는 시간은 아까워합니다. 그러다가는 조금만 힘든 일이 생겨도 고난을 해석할 능력이 없어서 쉽게 무너집니다. 영적 기초를 제대로 세워 두지 않으면 육이 무너질 때 영적인 것도 같이 무너져 버립니다. 여러분, 영어만 잘한다고 성공합니까? 내 자녀가 영어가 아니라 하나님 나라 말씀과 친해지게 하는 것이 자녀를 진짜 성공시키는 비결입니다.

또 그들에게 하나님의 선한 손이 나를 도우신 일과 왕이 내게 이른 말씀을 전하였더니……_느 2:18a

"내가 예루살렘의 훼파된 소식을 듣고 금식하며 기도했더니 하나님께서 왕의 마음을 움직여 주셨다. 아닥사스다 왕이 조서를 주고, 성벽을 지으라고 재목도 줬다." 느헤미야가 이런 간증으로 백성의 마음을 움직입니다. 그동안 아무에게도 알리지 않았는데, 이제는 하나님이 도우신 일을 간증합니다. 간증은 이럴 때 하는 것입니다. 성전 재건에 도전을 주기 위해서는 나 자신의 간증이 꼭 필요합니다.

저는 아픈 환자를 찾아가건, 장례식장에 가건, 유명한 박사님이나 사장님을 만나건 '나의 간증'이 있어서 할 말이 있습니다. 특히 장례식장이나 병원에서 힘든 사람들을 만나면 누가 자리를 마련해 주지 않아도 말씀을 전하고 그들을 위해 기도합니다. 구원의 간증을 가진 사람은 언제 어디서나 사람들에게 감동과 도전을 줄 수 있습니다. 목사라서, 신학을 하고 직분이 있어서 이렇게 하는 것이 아닙니다. 성경 지식이 부족해도 '하나님의 선한 손이 나를 도우신 이야기', 그것만 전하면 됩니다.

……그들의 말이 일어나 건축하자 하고 모두 힘을 내어 이 선한 일을 하려 하매_느 2:18b

느헤미야는 "일어나 건축하자"고 말하지 않았습니다. 느헤미야의 간증을 들은 그들이 "일어나 건축하자"고 한 것입니다. 성전이 불타고 무너졌다고 널브러져 있던 사람들에게 느헤미야의 간증은 도전이 되었습니다. 그래서 그들 스스로 "더는 널브러져 있지 말고 일어나 건축하자" 하며 선한 일을 도모하게 되었습니다.

우리들교회에는 환난당하고 빚지고 원통한 분들이 많이 모이니 교회 분위기가 우울하고 무기력할 것 같지만 실상은 전혀 그렇지 않습니다.

제가 말씀을 통해 살아난 간증을 하면 죽을 것 같던 사람들이 '나도 일어나서 가정을 건축해야지. 나도 살아나야지' 하고 힘을 냅니다.

"나도 이혼하고 싶었다. 그런데 말씀을 보면서 배우자보다 내가 더 죄인인 것을 알았다"고 하면 이혼하려던 분들이 회개하고 무너진 가정을 건축하겠다고 힘을 냅니다.

"남편이 하루 만에 떠났어도 말씀으로 해석을 받으니 내가 살아났다. 남편 잃은 것이 슬프지만 구원받고 천국 갔기 때문에 최고의 축복이다"라고 하면 슬픔에 빠져 있던 분들이 살아납니다. 그분들이 또 다른 사람들에게 도전을 주고 힘든 사람들을 찾아갑니다.

우리들교회의 목회는 이렇게 이루어지고 있습니다. 제가 처음부터 목회를 하고 싶었던 것은 아닙니다. 오랫동안 평신도 사역을 하면서 "누구를 전도했다", "누가 나한테 은혜받았다"고 함부로 말하고 다니지 않았습니다. 담임목사님을 찾아가 제 간증을 하거나 사역을 맡겨 달라고 하지도 않았습니다. 오히려 직분이나 드러나는 일에는 늘 조심하고 말을 삼갔습니다. 그런데 힘든 사람만 보면 내가 이렇게 살아났다고 진심으로 전했습니다. 가정이 깨어진 분들만 보면 처음 만나는 사람이라도 저의 간증을 하며 "같이 일어나서 가정을 건축하자"고 간절하게 전했습니다.

느헤미야는 왕궁 관원으로서 백성과는 신분이 다른 사람입니다. 그러나 신분의 차이를 뛰어넘어서 백성에게 간증을 했습니다. 신분에 관계없이 도전받을 만한 사람들을 찾아가 간증을 한 것입니다.

그러니 내가 전도를 못하는 이유가 '힘들고 외로운 사람은 외면하고 편하고 배부른 사람만 찾아가기 때문'은 아닌지 생각해 봐야 합니다.

어떤 분은 날마다 힘든 사람들에게 오라고 외치다가 우리들교회에 망한 사람만 모이면 어쩌냐고 걱정합니다. 그래도 괜찮습니다. 하나님이 함께하시기 때문에 저는 자신이 있습니다. 한 영혼이라도 구원하는 게 가장 중요하기 때문입니다.

누구는 오면 좋고, 누구는 오면 안 되는 게 어디 있습니까? 사람을 따져 가면서 어떻게 전도를 하겠습니까. 외모로 사람을 판단하면서 '어느 정도 수준이 돼야 교회에 데리고 가지' 이런 마음으로는 전도할 수 없습니다. '망한 사람 전도했다가 자꾸 도와달라고 하면 어떻게 해' 하는 생각 때문에 여러분이 전도가 안 되는 것입니다.

느헤미야에게 도전받은 백성은 힘을 내어 선한 일을 도모했습니다. 감동을 주는 리더십이 사람을 움직입니다. 리더가 감동을 주면 따르는 사람들이 자진해서 선한 일을 하자고 합니다. "큐티를 해야 한다", "헌금은 반드시 해야 한다"고 가르쳐서 되는 게 아닙니다. 내가 큐티한 간증, 내가 헌금을 드린 간증, 내가 살아난 간증으로 공감을 일으키면 사람들이 자발적으로 따라옵니다. 감동 없이 가르치고 강요만 하기 때문에 불평과 비판이 생기는 것입니다. 더구나 큐티야말로 힘을 내어 도모해야 할 선한 일입니다.

그리고 성벽을 재건하기 위해서 재목보다 필요한 것이 사람들의 헌신입니다. 성전 건축은 주의 일이니 무조건 동참하라고 하면 성도들이 헌신합니까? 목사인 제가 건축이 중요하다, 건축헌금을 드려라, 그렇게 해서 성전이 지어집니까?

유형의 성전보다 무형의 성전이 먼저 지어져야 합니다. 성도 개개인이 '일어나서 건축하자'는 비전을 가지고, 자발적으로 선한 일에 헌신하도록 먼저 내 안의 무형의 성전을 잘 지어 가야 합니다.

† 느헤미야는 예루살렘 백성의 곤경을 '너희'가 아닌 '우리'가 당한 것이라고 말했습니다. 경제적, 정신적으로 무너진 사람들의 고통을 나의 고통으로 공감합니까?

† 내가 인정받기 위해서가 아니라 무너진 사람들을 살리기 위해서 하나님께서 도우신 일을 간증합니까?

† 나의 간증을 듣고 "일어나 건축하자, 깨어진 가정을 합치자, 신앙을 회복하자"며 살아난 사람이 있습니까?

† 자녀에게 강요가 아닌 감동을 줘서 큐티와 예배의 선한 일에 동참하게 합니까?

나의 도전과 헌신을 하나님께서 형통하게 하십니다

호론 사람 산발랏과 종이었던 암몬 사람 도비야와 아라비아 사람
게셈이 이 말을 듣고 우리를 업신여기고 우리를 비웃어 이르되 너
희가 하는 일이 무엇이냐 너희가 왕을 배반하고자 하느냐 하기로
_느 2:19

산발랏과 도비야는 느헤미야가 아닥사스다 왕의 허락을 받고 예
루살렘으로 돌아올 때, 이스라엘 자손이 흥왕하게 될까 봐 근심했던
자들입니다.

호론 사람 산발랏은 사마리아 총독이고 도비야는 암몬에서 이주
해 와서 산발랏의 부하가 된, 간에 붙었다 쓸개에 붙었다 하는 인물입
니다. 게셈은 애굽 북동쪽에서 팔레스타인 남부까지 광활한 지역을 다
스리는 왕입니다.

예루살렘 환경은 황폐하고 인구도 적은데, 지도자에 해당하는 사
람들은 느헤미야가 하는 일을 업신여기고 비웃습니다. 성벽 재건을 하
찮게 여기고, 느헤미야가 왕의 허락을 받은 줄 뻔히 알면서도 왕을 배
반하느냐고 조롱합니다.

그들이 이러는 이유가 뭡니까? 그동안에는 이스라엘이 너무 미
약해서 너그럽게 대했는데 느헤미야 같은 강한 지도자가 나타나니까
가만히 있을 수 없었던 것입니다.

내가 그들에게 대답하여 이르되 하늘의 하나님이 우리를 형통하게 하시리니 그의 종들인 우리가 일어나 건축하려니와 오직 너희에게는 예루살렘에서 아무 기업도 없고 권리도 없고 기억되는 바도 없다 하였느니라_느 2:20

지도자들이 반발하고 나설 때 느헤미야는 낙망하거나 슬퍼하지 않았습니다. 왕이 허락한 일인데 너희가 왜 반대하냐고 싸우지 않았습니다. 하나님의 뜻을 알지 못하는 미련한 사람들과 싸우는 건 시간 낭비, 감정 낭비일 뿐입니다. 산발랏과 도비야, 게셈이 하나님과 상관없는 사람들이기 때문에 "하나님의 일을 하나님의 백성인 우리가 하려고 하니까 너희는 상관 말라"고 당당하게 말합니다.

느헤미야가 감정적으로 이런 말을 한 것이 아닙니다. "암몬 사람과 모압 사람은 여호와의 총회에 들어오지 못하리니 그들에게 속한 자는 십 대뿐 아니라 영원히 여호와의 총회에 들어오지 못하리라"(신 23:3)는 말씀에 근거해서 정확하게 대응한 것입니다.

여호와의 총회에 들어오지 못한다는 것은 영혼 구원과 상관이 없다는 뜻입니다. 구원에 관심이 없는 사람들은 하나님의 일에도 당연히 관심이 없습니다. 그러면서 자신들의 기득권이 침해당할까 봐 전도와 선교를 훼방합니다.

집안의 기득권을 빼앗기기 싫어서 가족 전도를 훼방하고 "부모님이 안 믿으시는데 네가 뭐라고 전도를 하냐. 나중에 돌아가시면 전도를 하든지 말든지 해라" 합니다. 주일에 쉬는 시간을 침해당하기 싫어서 "왜 사생활을 간섭하냐. 너나 잘 믿어라" 하면서 아이들도 교회에 못 가게 합니다.

가정과 직장에서 지도자에 해당하는 사람들이 내가 전도하는 것을 비웃고 훼방하면 낙심이 될 수 있습니다. 하나님과 상관없는 사람들은 당연히 하나님의 일을 대적하게 마련입니다. 그러므로 그런 사람들 때문에 낙심하거나 슬퍼할 필요도 없고, 일일이 설명하면서 싸울 필요도 없습니다.

느헤미야가 감정을 개입시키지 않고 말씀에 근거해서 대답한 것처럼, 우리도 말씀에 의지해서 당당하고 지혜롭게 대답해야 합니다. "내가 전도하려고 얼마나 공을 들였는데 그걸 몰라주느냐" 호소하는 것은 어리석은 일입니다. 언제나 말씀에 근거해서 때에 맞는 말과 행동을 할 때 하나님께서 하나님의 일을 형통하게 하십니다.

이 장의 서두에 남편이 다른 여자를 데리고 들어와서 안방까지 차지했다는 집사님 이야기를 했습니다. 하나님은 그분을 어떻게 형통하게 하셨을까요?

집사님은 우리들교회 교인도 아니고 지방에서 인터넷으로 제 설교를 듣고 있습니다. 어느 날 제 설교를 듣다가 '고난 가운데 자기 죄를 보는 것이 해결'이라는 말에 이분의 마음이 움직였습니다. 간통죄로 고소하고 싶었지만 말씀을 들으면서 남편과 상대 여자에게 어떤 요구나 협박을 하지 않았습니다. 여자가 가정을 가진 유부녀이니 그 남편에게 알릴 수도 있었습니다. 그러나 그 가정의 자녀들을 생각해서 잠잠히 있었습니다.

그렇게 6개월간 설교를 들으며 구원을 위해서는 억울한 일도 분한 일도 없다는 것을 깨달았다고 합니다. 용서의 기회를 놓치지 말라는 설교를 들은 날에는 남편에게 전화를 걸어 내 잘못이라고, 당신을 용서한다고 말했습니다.

그러자 남편도 곧 정리하고 돌아오겠다고 하면서 아이들과 저녁 약속을 했습니다. 무너진 가정을 건축하기 위해서 이런 마음을 가져야 합니다. 상대 여자가 아무리 미워도, 그 가정의 자녀들을 생각해서 잠잠히 지내는 집사님의 마음 때문에 하나님께서 반드시 이 가정을 회복시키실 것입니다.

신뢰가 무너지고, 경제가 무너지고, 망하고 무너진 모든 사건은 영혼 구원의 영적 성전을 짓기 위해 하나님께서 주신 사건입니다.

날마다 말씀으로 나 자신을 탐색하고 무너진 상황을 탐색하며 어디에서 잠잠해야 하고, 어느 때 나서야 할지를 아는 것이 지혜 중의 지혜입니다. 그 지혜를 가지고 무너진 가족, 지체들에게 도전을 주는 느헤미야가 되어야 합니다.

나의 도전과 헌신으로 죽도록 미운 그 한 사람이 돌아올 수 있습니다. 그 한 사람이 돌아와서 가정을 살리고 교회를 살리고 나라를 살릴 수 있습니다. 각자의 무너진 자리에서 일어나 선한 일을 도모하는 우리가 있어서 무너진 가정과 교회와 나라가 재건되는 것입니다.

† 가정 중건 계획, 영혼 구원의 계획을 비웃는 산발랏과 도비야, 게셈은 누구입니까? 내 지식이나 감정을 앞세워서 그들을 설득하려고 수고합니

까? 느헤미야처럼 하늘의 하나님이 형통하게 하셨다고, 하나님이 형편없는 나를 변화시키셨다고 당당하게 선포합니까?

† 무너진 환경을 영적 시선으로 바라볼 때, 무너진 가정과 무너진 사업이 구원의 통로가 될 것을 믿습니까?

날마다 말씀으로 나 자신을 탐색하고
무너진 상황을 탐색하며
어디에서 잠잠해야 하고,
어느 때 나서야 할지를 아는 것이
지혜 중의 지혜입니다.

140년 동안 무너져 있던 예루살렘 성벽처럼 무너져서 황폐한 가정, 무너진 사업이 있습니다. 술을 못 끊고, 도박을 못 끊어서 오랫동안 무너져 있는 내 식구들이 있습니다. 그들을 일으키기 원합니다. 그러기 위해 내가 할 일을 알기 원합니다.

잠잠히 있어야 할 시간이 필요합니다(느 2:11~16).

하나님의 말씀을 탐색하며 '영혼 구원 작전'을 신중하게 펼치기 원합니다. 잠잠할 때와 나설 때를 분별하며, 특별히 무너지고 아픈 사람들의 구원을 위해, 또 그 가정을 일으키기 위해 그들의 형편을 잘 탐색하도록 지혜와 능력을 더하여 주옵소서.

고난에 동참해야 합니다(느 2:17~18).

모든 것이 무너지고 모든 사람이 널브러져 있어도 그 고난을 '우리가 당한 곤경'으로 받아들이기 원합니다. 그들의 구원을 위해 그 고난에 동참하는 우리 모두가 되도록 지혜를 허락해 주옵소서. 무너진 이웃에게 "일어나서 건축하자" 하며 격려하고 도전을 심어 주는 성도의 역할도 잘 감당하게 하옵소서.

나의 도전과 헌신을 하나님께서 형통하게 하십니다(느 2:19~20).

나의 삶을 간증하며 전도하는 것을 비웃고 훼방하는 이가 있어
도 낙심하거나 슬퍼하지 않도록 도와주옵소서. 언제나 말씀에 근거
해서 때에 맞는 말과 행동을 할 때 하나님께서 하나님의 일을 형통하
게 하신다고 하셨사오니 나의 도전과 헌신을 형통하게 해 주옵소서.

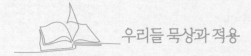

저는 불교와 유교를 숭상하는 집안에서 여섯 자매의 막내로 태어났습니다. 친정아버지는 아들을 낳지 못한 죄를 친정어머니에게 물으며 첩에게서 아들을 낳으셨습니다. 이 일로 괴로워하던 어머니는 제가 고3 때 암으로 돌아가셨습니다. 저는 엄마처럼 불행하게 살지 않겠다며 믿는 남편을 만나 행복을 꿈꾸며 자녀를 우상으로 삼고 살았습니다.

그런데 아들이 고등학교에 가더니 저의 강요와 억압에서 벗어나겠다며 놀기만 했습니다. 당연히 성적은 바닥으로 떨어졌습니다. 남편은 아들의 상태를 방관하고 오히려 집에 늦게 들어오니 부부간에 늘 다툼이 있었습니다. 그런 상황에서 저는 교회에서 더 열심히 봉사하며 각종 성경 공부와 선교 훈련까지 받았습니다. 하지만 육체적, 정신적 고통만 더해 갈 뿐이었습니다. 하나님의 일이라고 열심을 냈건만 하나님의 진짜 목적인 구원에는 관심이 없었기에 지혜도 평안도 없었습니다.

그런데 큐티를 시작하면서 제 삶이 왜 이리 힘들고 어려운지 깨달았습니다. 구원이 아닌 내 행복을 위해서 가족을 우상으로 삼았던 저의 죄를 회개하게 된 것입니다. 그 후 남편이 교수가 되고 아들도 4수 끝에, 딸도 3수 끝에 대학에 갔습니다. 그러나 기쁨도 잠시, 사건은 계속 찾아왔습니다. 군 복무 중이던 아들이 불신자인 여자 친구와 외박을 해서 여자 친구를 임신시킨 것입니다. 그래도 그동안 말씀으로 가르친 것이 기억났는지, 아들은 낙태하지 않고 저에게 고백했습니다. 대학에 들어가서 세상의 귀인처럼 살 때는 들리지 않던 말씀이 육적으로 무너지는 사건이 생기니 기억난 것입니다. 저는 날마다 들은 말씀을 적용해서 "아이는 하나님의 생명이니 무조건 낳아야 한다. 그러나 불신결혼은 안 되기 때문에 여자 친구가 예수님을 믿고 영접할 때까지 결혼은 안 된다. 아이는 대학 졸업 때까지 엄마가 기르겠다"고 말했습니다.

저는 아들의 여자 친구를 산부인과에 데리고 가서 특진으로 진찰을 받게 한 다음 함께 기도를 드렸습니다. 그러나 다음 날 새벽에 태중의 아이는 유산되었습니다. 아들은 여자 친구의 임신과 유산을 지켜보며 자기 죄를 깨달았다고 했습니다. 또한 엄마인 제가 인간적으로 자신을 정죄하지 않고 여자 친구를 보살피는 모습에 감동을 받았다며 앞으로는 교회에 잘 다니겠다고 약속했습니다. 내 열심으로 다 그칠 때는 엇나가기만 하더니, 아들이 제가 말씀으로 적용하는 모습에 도전을 받고 스스로 선한 일을 도모하게 된 것입니다(느 2:18).

아이들의 입시 실패와 아들의 사건으로 저의 자녀 우상을 깨뜨리시고, 진정 구원을 위한 삶이 어떤 것인지 가르쳐 주신 하나님, 감사합니다. 저의 살아난 간증으로 다른 사람에게 도전과 감동을 주며 한 사람이라도 더 구원으로 인도할 수 있기를 간절히 소망합니다.

 영혼의 기도

하나님 아버지, 힘들고 어려운 자리, 허물어지고 불탄 자리에서 일어나서 건축하기 원합니다. 느헤미야가 사흘 동안 아무것도 하지 않은 것 같아도 그것이 꼭 필요한 시간이었던 것처럼, 잠잠히 있는 시간 동안 구원을 위해 저 자신을 돌아보고 상황을 잘 탐색하여 주님이 주시는 지혜와 분별을 쌓기 원합니다. 그래서 헛된 인생이 아니라 참되고 후회 없는 삶을 살 수 있도록 은혜 내려 주옵소서.

우리에게 맡겨 주신 영혼이 많은데 찾아가기 싫은 골짜기 문, 생각하기도 싫은 더러운 분문이 각자 있습니다. 게으름과 이기심 때문에 찾아가지 못하는 것을 주여, 불쌍히 여겨 주옵소서. 힘들고 무너진 자리야말로 복음이 필요한 자리임을 알고 부지런히 탐색하고 찾아다니며 제가 살아난 간증을 외치게 하옵소서. 나의 간증과 믿음의 본을 통해 다른 사람들이 선한 일을 도모하도록 힘을 더하여 주옵소서. '일어나 건축하자' 하며 사람들에게 도전과 감동을 줄 수 있는 영적인 리더십을 갖게 해 주옵소서.

나를 업신여기고 비웃는 산발랏, 도비야가 있어도 그들은 여호와의 회중에 들어올 수 없는, 구원과 상관없는 사람들임을 기억하기를 원합니다. 인간적인 것에 눌려서 낙심하거나 상처받지 않게 하시고 쓸데없는 싸움으로 시간과 감정을 낭비하지 말게 하옵소서.

　　오직 하나님께서 형통하게 하신다는 고백만 하기 원합니다. 내가 하나님의 자녀이기에 하나님께서 나를, 우리 가정을 형통하게 하신다는 믿음의 고백을 하게 인도하옵소서. 예수님 이름으로 기도하옵나이다. 아멘.

PART

2

거룩한 가정으로 살아나라

04

건축하여 성별하자

느헤미야 3장 1~13절

_____하나님 아버지,
우리 인생의 목적이 거룩이고 성별입니다.
각자의 환경에서 어떻게 성별된 인생을 살아야 할지
깨닫기 원합니다. 말씀해 주옵소서. 듣겠습니다.

매주 힘든 소식을 많이 듣고 있습니다. 어쩌면 그리도 무너진 가정이
많은지 우리들교회에 찾아온 새가족의 이야기, 또 곳곳에서 보내오
는 이메일을 통해 날마다 무너진 가정의 이야기를 듣습니다. 그래서
저의 설교는 늘 가정을 소재로 삼고 있습니다. 그것을 이해 못 하는 분
들도 있겠지만 제 설교로 인해 한 가정이라도 회복된다면 그 한 사람
을 위해 설교하고 싶습니다.

제가 전하는 하나님의 말씀 때문에 한 가정이라도 이혼을 철회
한다면 그 일을 향해 끊임없이 도전하는 것이 저의 비전입니다. 왜냐
하면 우리 인생의 목적도, 가정의 목적도 오직 거룩이기 때문입니다.

그렇다면 우리가 어떻게 해야 내 가정의 거룩을 이루어 갈 수 있
을까요?

양문(羊門), 예배가 회복되어야 합니다

그 때에 대제사장 엘리아십이 그의 형제 제사장들과 함께 일어나
양문을 건축하여 성별하고 문짝을 달고 또 성벽을 건축하여 함메아
망대에서부터 하나넬 망대까지 성별하였고_느 3:1

양문은 예수 그리스도를 의미합니다. 구약 시대에는 제사를 드
릴 때 하나님께 제물로 바쳐질 양들이 이 문을 통해 들어갔습니다. 그
리고 어린 양이신 예수님께서 대속물로 십자가에 못 박히심으로 속
죄의 제사가 드려졌습니다. 내 죄를 위해 죽으신 예수님이 내 인생의
시작이고 끝이 됩니다.

어떤 사건도 예수님으로 시작하고 끝날 때 거룩하게 구별됩니
다. 악하고 더러운 사람, 힘든 환경도 예수 그리스도를 통해 바라보면
거룩하게 구별되는 겁니다. 그래서 예루살렘 성벽 재건 공사는 양문
으로 시작해서 양문으로 끝을 냅니다.

양문 건축은 곧 예배의 회복입니다. 고난 중에도 예배가 회복되
면 저절로 거룩의 과정에 놓이게 됩니다. 아침에 눈을 뜨면 말씀 보고
기도하고, 하루를 마치는 시간에도 말씀으로 기도하고 감사로 끝내
는 것이 날마다 드리는 삶의 예배입니다. 하루를 예배로 시작하고 예
배로 끝낼 때 내 인생 전체를 성별하여 드릴 수 있습니다. 가정의 거룩
을 이루어 갈 수 있습니다.

예배의 중심인 예루살렘이 훼파된 이때, 예배의 회복을 위해 대

제사장 엘리아십과 형제들이 일어납니다. 가정에서도 예배가 회복되려면 지도자인 부모가 솔선수범해야 하고, 교회에서는 목사인 저부터 솔선수범해야 합니다. 그래서 느헤미야는 대제사장부터 일깨웠습니다. 지도자의 마음을 움직여야 따르는 사람들도 그 비전에 동참하기 때문입니다.

양문은 성벽의 가장 북쪽에 위치해서 대적의 침입이 잦은 곳입니다. 하나님을 사모함으로 예배를 드리려고 하면 대적들이 방해합니다. 예배에 집중하려 하면 할수록 사탄의 공격도 심해집니다. 그래서 함메아 망대, 하나넬 망대에 올라가 대적을 감시하고 공동체를 보호해야 합니다.

이 구절에 쓰인 '성별(聖別)하였고'라는 동사는 '거룩하게 하다', '성결하게 하다'라는 뜻을 지녔지만, 여기에서는 '봉헌'의 의미를 내포하고 있습니다. 거룩하게 구별된 인생은 하나님께 드려진 인생, 섬기는 인생입니다. 어떻게 섬깁니까? 망대에서 백성의 형편을 살피고 돕는 것이 거룩한 섬김입니다.

매주 모이는 목장이나 구역 모임이 서로를 살피는 망대가 됩니다. 매일 가정예배를 드리면서 가족 간에 삶을 나누는 것이 가정의 망대입니다. 매일 큐티를 하면서 말씀으로 자신을 살피는 것이 개인의 망대입니다. 그리고 가정의 지도자인 가장으로서, 목장의 목자로서 망대에서 잘 살피고 넘어진 사람들을 도와야 합니다.

망대에 올라가서 공동체를 섬기고 지키며, 양문 건축, 즉 예배의 회복을 위해 힘쓰는 것이 지도자가 할 일입니다. 예배만 회복되면 무너졌던 인생의 성벽이 다시 세워집니다. 무너진 가정이 회복됩니다. 건강한 교회를 잘 만나면 성공한 인생이라는 말이 그래서 하는 말입니다.

> 그 다음은 여리고 사람들이 건축하였고 또 그 다음은 이므리의 아들 삭굴이 건축하였으며 _느 3:2

본격적인 성벽 건축에 들어가면서 3장 본문에는 '그다음은'이라는 표현이 계속해서 나옵니다. 양문을 건축하고 그다음은, 또 그다음은……. 하나님은 언제나 이렇게 한 걸음씩 인도해 가십니다. 예배만 회복되면 내일도, 그다음 날도 주님이 말씀으로 인도해 주시고 책임져 주십니다. 그러니 내일, 또 그다음을 염려하지 말고 오늘 주신 말씀대로 하루씩 적용해 가면 됩니다.

그리고 먼 곳에 사는 여리고 사람들이 와서 건축에 동참하고 있습니다. '이므리'는 '말이 많다'는 뜻입니다. 먼 데서 온 사람들, 말 많고 사연 많은 사람이 교회에 모여 있습니다. 그 아들 '삭굴'은 '기억한다'는 뜻입니다. 먼 데 이방 출신이어도, 말 많고 사연이 많아도 하나님은 우리를 기억하시고 성별되게 하십니다.

† 성전 건축은 예수 그리스도를 뜻하는 양문으로 시작해서 양문으로 끝이 납니다. 나의 사건을 예수님으로 시작해서 예수님으로 끝내며, 구원의 사건으로 해석하고 있습니까?

† 큐티로 하루를 열고, 말씀을 나누고 기도하는 가정예배로 하루를 마무리합니까? 예배에 목숨을 거는 사모함이 있습니까?

어문(魚門), 마무리를 잘해야 합니다

3 어문은 하스나아의 자손들이 건축하여 그 들보를 얹고 문짝을 달고 자물쇠와 빗장을 갖추었고 4 그 다음은 학고스의 손자 우리야의 아들 므레못이 중수하였고 그 다음은 므세사벨의 손자 베레갸의 아들 므술람이 중수하였고 그 다음은 바아나의 아들 사독이 중수하였고_느 3:3~4

양문에서 두 번째 어문까지는 "건축했다"고 하고, 그다음부터 분문까지는 "중수했다"고 합니다. 중수는 건축한 것을 강하고 견고하게 하고 틈과 구멍을 보수하는 것입니다.

어문은 예루살렘 성 북쪽에 위치한 성문으로 각지에서 모인 생선 상인들이 이곳을 출입하거나 생선 시장을 개설한 데서 붙여진 이름입니다.

우리는 예수님께 낚인 물고기입니다. 예수님이 제자들에게 "내가 너희를 사람을 낚는 어부가 되게 하리라"(마 4:19) 말씀하신 것처럼 나도 복음으로 다른 사람을 낚는 어부가 되어야 합니다. 그런데 물고기를 잡아서 넣어 두고 어문을 제대로 단속하지 않으면 잡은 물고기들이 모두 달아납니다. 양문을 잘 건축하여 예배가 회복되어도 그렇습니다. 들보와 문짝, 자물쇠와 빗장을 사소하게 여기고 중수하지 않으면 회복된 사람들을 놓칠 수 있습니다.

많은 사람이 교회에 찾아와도 정착이 잘 안 되는 교회가 있습니다. 교회는 매주 찾아오는 사람들이 잘 정착할 수 있도록 섬김과 양육으로 문짝을 달고, 생명력 있는 조직으로 자물쇠와 빗장을 갖춰야 합니다.

시작만 요란하고 마무리를 잘못하면 실속 없는 인생입니다. 사소한 것부터 마무리를 잘하고 빗장을 잘 질러야 수고한 모든 것이 헛되지 않습니다. 조그만 구멍이 둑을 무너뜨릴 수 있음을 잊으면 안 됩니다.

2절에서 양문은 먼 곳에 사는 여리고 사람과 말이 많다는 뜻의 '이므리'가 건축하고, 3절의 어문은 '하스나아'의 자손이 중수하고 있습니다. '하스나아'는 '가시가 많다'는 뜻입니다. 상처가 많아서 남을 찌르기도 잘 하고 자신도 쉽게 상처를 받는 사람들이 있습니다. 왠지 이름만 봐도 문제가 많을 것 같은 자손들이 모여서 성벽을 중수합니다. 그러나 하나님은 이런 사람들을 일꾼으로 사용하십니다.

가시 많은 배우자와 자녀라고 해도, 사연 많은 집안이라고 해도 언젠가 하나님께 쓰임받을 것을 소망하며 가십시오. 사람에게 인정받지 못해도 주님을 사랑해서 쓰임받고자 하면 이므리의 아들 삭굴처럼 하나님께서 우리 자손을 기억하시고 영적 성전을 지어 가게 하십니다.

또한 어문에서부터 옛문까지의 벽을 여러 사람이 중수하고 있습니다. 기록된 이름 중 '우리야'는 아하스 때의 제사장으로 그다지 신실하지 못한 사람입니다. 그래도 제사장 가문의 아들들이 성벽 중수에 동참하고 있습니다.

보통은 제사장이라는 신분을 내세워 강단에 올라 가르치고 지시하려 들기 쉽습니다. 또 제사장의 아들이라고 힘든 일은 안 하려고 할 수 있습니다. 그런데도 그들은 성벽 중수에 동참했습니다. 이것이 중요합니다. 이어지는 본문에서 알 수 있듯이 소위 '귀족'들은 공사를 분담하지 않았기 때문입니다.

그 다음은 드고아 사람들이 중수하였으나 그 귀족들은 그들의 주인들의 공사를 분담하지 아니하였으며_느 3:5

드고아는 선지자 아모스의 고향입니다. 믿음 좋은 아모스를 배출한 ˙드고아가 하나님이 주시는 복을 받고 귀족이 됐습니다. 그런데 귀족이 되니까 하나님의 공사를 분담하지 않았습니다. 느헤미야를 방해했던 도비야, 산발랏 같은 사람과 한편이 돼서 어문 중수 공사에서 자기 몫을 분담하지 않은 것입니다.

직분이 높고 가진 것이 많은 귀족이라도 하나님의 공사를 분담하지 않는 사람은 수치를 당하게 돼 있습니다. 느헤미야 3장에 등장하는 성벽 중수의 공로자들, 하나님께서 인정하시는 38명의 공로자 명단에서 빠지고 수치스러운 이름이 되는 것입니다.

우리들교회 휘문 채플은 학교 체육관에서 예배를 드리기 때문에 매주 수요일과 주일마다 카펫을 깔고 치우고, 수천 개의 의자를 놓고 치우고 합니다. 평일에 남학생들이 사용하던 화장실을 교인들이 사용하기 위해 자기 집 화장실보다 더 열심히 청소합니다. 여름에는 냉방도 안 되고, 겨울에는 난방도 안 되는 환경에서 매주 수요일과 주일마다 그 일을 하고 있습니다.

그런데 그 힘든 일을 귀족들이 하겠습니까?

본문 말씀 그대로 세상에서 귀족일수록 주님의 공사를 분담하지 않습니다. 돈도 명예도 하나님께서 은혜로 주신 것인데 조금만 높아지면 귀족주의에 빠져서 힘든 일은 무조건 안 하려고 합니다.

교회 안에도 귀족주의가 있습니다. 장로가 되기 전에는 신실하게 교회 일을 잘하던 사람이 막상 장로가 되면 일을 하지 않고 남들에게 지시만 합니다. 그래서 교회의 골칫거리가 된다는 말을 자주 듣습니다. "장로, 권사가 되어서 어떻게 주차 봉사나 화장실 청소를 할 수 있겠냐" 하며 말도 안 되는 귀족주의에 빠진 사람들이 너무 많습니다. 그러나 직분만 내세우면서 주님의 공사를 분담하지 않는다면 하나님께서 자손에게 주실 복을 빼앗는 엄청난 과오를 저지르는 것입니다.

† 복음으로 사람을 낚는 어부가 되어 전도에 힘쓰고 있습니까? 전도한 사람이 잘 정착하도록 내가 힘써야 할 일은 무엇입니까?
† 공동체에 들어가 문짝을 달고, 말씀의 자물쇠와 기도의 빗장을 갖추며 나의 믿음을 끊임없이 중수합니까?

옛문, 고정관념을 버리고 새로운 가치관을 가져야 합니다

옛 문은 바세아의 아들 요야다와 브소드야의 아들 므술람이 중수하여 그 들보를 얹고 문짝을 달고 자물쇠와 빗장을 갖추었고_느 3:6

앞서 말한 귀족주의처럼 신앙생활을 하면서 버려야 할 옛것이 있고, 인정해야 할 옛것이 있습니다. 옛문을 중수한다는 것은 공동체의 가치관을 다시 세우는 것을 말합니다. 지켜야 할 전통은 잘 살리고 고정관념은 버리는 것이 옛문의 중수입니다.

또한 버릴 것과 지킬 것을 잘 분별하기 위해서는 들보를 얹고 문짝을 달고 빗장과 자물쇠를 갖추는 사소한 일부터 잘 살펴야 합니다. 사소한 편견과 고정관념이 신앙생활에 걸림돌이 될 수 있기 때문입니다. 대표적으로 어떤 고정관념이 있을까요?

첫째, 출신에 대한 고정관념입니다.

그 다음은 기브온 사람 믈라댜와 메로놋 사람 야돈이 강 서쪽 총독의 관할에 속한 기브온 사람들 및 미스바 사람들과 더불어 중수하였고_느 3:7

옛문 중수에 동참하고 있는 기브온이 어떤 민족입니까? 여호수아가 가나안을 정복했을 때 자기들의 출신을 속이고 이스라엘에 복속된 민족입니다. 하나님께서 가나안의 모든 족속을 멸하라고 하셨는데 기브온 사람들이 가나안 출신이 아닌 것처럼 거짓말을 하고 살아남았습니다. 이후 이스라엘의 종이 되어서 나무를 패며 물을 긷는 자들로 살았습니다(수 9:3~27).

그러니 드고아 귀족들이 기브온 사람들을 무시했을까요, 무시하지 않았을까요?

출신에 대한 고정관념으로 당연히 무시했을 것입니다.

그래도 기브온 사람들은 강 서쪽 총독의 관할에 속해 있습니다. 사회적으로 무시받는 신분이지만 자기 힘으로 노력해서 실력을 갖추었던 것입니다. 그 실력으로 미스바 사람들과 더불어 힘을 합해 느헤미야의 개혁에 동참하고 있습니다.

나의 학력과 권력, 재력이 오래된 가치관을 무너뜨리고 다시 세워 가는 옛문 건축에 걸림돌이 될 수 있습니다. 그러므로 '내가 어떤 사람인데, 내가 어디 출신인데' 하는 고정관념을 버리고 내 안에 진정한 개혁이 일어나야 합니다.

> 그 다음은 금장색 할해야의 아들 웃시엘 등이 중수하였고 그 다음은 향품 장사 하나냐 등이 중수하되 그들이 예루살렘의 넓은 성벽까지 하였고_느 3:8

금장색과 향품 장사는 당시 최고의 직업입니다. 돈을 잘 벌던 그들이 생업을 놓고 성벽 중수에 동참하고 있습니다. 더구나 이들이 중수한 구역이 예루살렘의 넓은 성벽까지라고 합니다. 이 성벽은 히스기야 왕 때 쌓았던 것으로 그 두께가 6.7m나 될 만큼 넓습니다. 그것을 중수하려면 돈이 많이 드니 경제적인 뒷받침이 필요했을 것입니다. 그래서 특별히 돈이 많은 사람들이 여기에 동참했습니다.

드고아의 귀족들은 성벽 중수를 분담하지 않았지만, 하나님은 부자인 금장색과 향품 장사를 보내셔서 개혁에 힘을 실어 주십니다. 아무리 세상에서 무시당해도 하나님은 하나님의 교회를 위해 가난한 사람, 부유한 사람, 배운 사람, 못 배운 사람을 다 보내 주십니다. 필요한 일꾼들을 하나님께서 다 채워 주십니다. 그러니 우리는 걱정할 것이 없습니다.

> 그 다음은 예루살렘 지방의 절반을 다스리는 후르의 아들 르바야가 중수하였고_느 3:9

예루살렘 지방의 절반을 다스리는 후르는, 느헤미야가 아닥사스다 왕의 허락을 받고 올 때 같이 데리고 온 인물로 추정됩니다. 그런데 생각지도 않은 바사 출신의 이방인 후르가 그 아들을 성벽 공사에 내보냅니다.

사회의 공인이고 지도자일수록 자녀를 잘 가르쳐야 하는데, 내 자식 고생시키기 싫어서 군대에 안 보내는 사람도 많습니다. 몸무게를 조정하고 진단서를 조작하며 온갖 비리를 저지릅니다. 보통 사람이 그래도 욕을 얻어먹을 일인데 사회 지도층이 그런 짓을 하면 반감이 더 커질 수밖에 없습니다.

나 자신을 성별하는 것보다 어려운 일이 자녀 문제의 성별입니다. 나는 세상과 구별된 삶을 살면서 돈도 명예도 다 내려놓을 수 있지만 자식에게 손해 보는 인생을 살라고 하기는 너무 어렵습니다. 그래서 종교 지도자들도 자녀 문제에 걸려 넘어지는 경우가 많습니다. 우리가 가장 벗어나기 힘든 옛문은 이 자녀 문제가 아닌가 싶습니다.

> 그 다음은 하루맙의 아들 여다야가 자기 집과 마주 대한 곳을 중수
> 하였고 그 다음은 하삽느야의 아들 핫두스가 중수하였고_느 3:10

여리고 사람들은 먼 곳에서 와서 양문을 건축한 반면, 하루맙의 아들 여다야처럼 자기 집과 마주 대한 곳, 가까운 곳을 중수하는 사람도 있습니다. 먼 곳에 살아도 모든 예배에 빠지지 않고 열심히 다니는 사람이 있는가 하면 교회 가까운 곳에 살면서도 주일예배 한번 드리는 것조차 부담스러워하는 사람도 있습니다. 각자 믿음의 분량에 따라 "주일예배라도 잘 드리라, 집 앞이나 잘 중수하라" 하고 배려해 줄 수 있습니다.

또 아무 설명 없이 '중수하였다'고만 하는 핫두스 같은 사람도 있습니다. 특별히 드러나는 일을 하지 않았어도 하나님은 주의 성전을 짓는 사람들 속에 그의 이름을 올려 주셨습니다. 내가 아무것도 하지 않고 예배만 참석한 것 같아도 하나님 나라 생명책에 들어갈 수 있습니다. 그리고 모든 구성원이 열심히 참석해야 지도자가 일을 해 나갈

수 있습니다. 교회 일이나 목장 모임에 착실하게 참석하는 것이 성전을 지어 가는 귀한 일입니다.

> 하림의 아들 말기야와 바핫모압의 아들 핫숩이 한 부분과 화덕 망대를 중수하였고_느 3:11

말기야와 핫숩은 '한 부분'을 중수했다고 합니다. 구체적인 이름도 없이 그저 한 부분이라고 기록되어 있습니다. 아마도 '뭐라고 말하기 힘든 한 부분이 있어서가 아닐까' 생각해 봅니다. 우리에게도 신앙생활을 하면서 말하기 힘든 '한 부분'이 있을 수 있습니다. 하나님과 나만이 아는 한 부분, 하나님 나라의 유익을 위해 드러낼 수 없는 한 부분이 있습니다.

저는 큐티 사역을 하면서 자기 삶을 오픈하는 것이 살아나는 방법이라고 강조합니다. 그러나 어쩔 수 없이 오픈하지 못하는 한 부분도 있습니다. 저도 평신도 시절에는 오픈하지 않은 부분이 많았습니다. 제 유익을 위해서가 아니라 복음에 해가 되지 않기 위해서 그랬습니다. 어떤 부분은 오픈하고, 어떤 부분은 하지 말아야 할지 분별이 필요합니다.

쉽게 드러낼 수 없는 한 부분 때문에 우리는 화덕 망대를 중수하게 됩니다. 빵을 굽는 화덕은 항상 뜨거운 열을 품고 있습니다. 뜨거운 연단을 받는 풀무불과 같습니다.

그러나 하나님께서 나의 옛문 중수를 위해 풀무불 같은 화덕 망대를 거치게 하십니다. 그 뜨거운 망대에서 하나님만 바라보며 말로 할 수 없는 고난을 감당하게 하십니다. 얽매인 가치관과 고정관념을 버리고 새로운 가치관을 세워 가라고, 말할 수 없는 한 부분의 연단을 거쳐 정금으로 나오게 하십니다. 그러한 연단을 통하여 다른 사람을 분별하고 통찰하는 망대가 될 줄 믿습니다.

둘째, 성별(性別)에 대한 고정관념입니다.

> 그 다음은 예루살렘 지방 절반을 다스리는 할로헤스의 아들 살룸과 그의 딸들이 중수하였고_느 3:12

옛문 중수를 위해 버려야 할 또 한 가지는 성별에 대한 고정관념입니다. 앞의 9절에서 보면, 예루살렘 절반을 다스리는 후르가 아들을 성벽 중수에 내보냈습니다. 그런데 또 다른 예루살렘 절반을 다스리는 자 할로헤스는 아들과 딸을 모두 내보내서 일을 하게 합니다. 남녀 차별이 심했던 시대에 여자들도 성벽 중수에 동참하고 있습니다. 화덕 망대에 이어서 이 본문이 나오는 걸 보니, 풀무불처럼 뜨거운 화덕 망대의 훈련까지 거쳐야 철폐되는 것이 남녀 차별인 것 같습니다.

본문에서 볼 수 있듯이 하나님은 신분, 혈통, 직업을 따지지 않고 다양한 사람을 골고루 사용하십니다. 여러분, 우리가 서로 비교하고 차별하라고 하나님이 빈부, 신분, 성별의 차이를 주신 게 아닙니다. 각자의 부족한 부분을 발견하면서 서로를 세워 가라고 차이를 주셨습니다. 서로가 돕고 돌보면서 상대방을 통해 내 모습을 보고, 학벌과 조건을 떠나서 서로를 양육하는 것이 차별 없는 공동체의 모습입니다.

† 교회 직분이 있어서, 헌금을 많이 해서 귀족처럼 특혜를 누리려 합니까? 이스라엘의 종이었던 기브온, 부자인 금장색과 향품 장사, 지도자의 자녀가 모두 성벽 중수에 참여한 것처럼 우리 교회도 빈부귀천, 남녀노소 차별 없이 섬기는 공동체입니까?

골짜기 문에서 분문까지 낮아져야 합니다

골짜기 문은 하눈과 사노아 주민이 중수하여 문을 세우며 문짝을 달고 자물쇠와 빗장을 갖추고 또 분문까지 성벽 천 규빗을 중수하였고_느 3:13

뜨거운 연단의 화덕 망대를 지나고 나니 골짜기 문이 기다리고 있습니다. 눈물의 골짜기 문에서 더럽고 비참한 분문까지 일천 규빗이나 되는 긴 성벽을 중수해야 합니다. 내가 고난의 화덕 망대, 풀무불을 지나면서 옛것을 다 내려놓고 성별된 줄 알았는데 하나님은 더 낮아지라고 하십니다.

골짜기 문을 중수하는 하눈은 '은혜롭다'는 뜻이고 사노아는 '역겹고 혐오스럽다, 평판이 나쁘다'는 뜻입니다. 역겹고 혐오스럽고 평판이 나쁘다는 뜻의 사노아와 함께 가면서 은혜로운 하눈이 됩니다. 음란과 거짓말로 역겹고 혐오스러운 배우자, 평판이 나쁜 문제아 자녀, 그들과 함께하면서 저절로 하나님의 은혜를 사모하게 됩니다.

그리고 분문까지 중수한다는 것은 내 힘으로 할 수 있다는 교만과 의로움, 돈과 학벌과 출세에 매어 있던 고정관념을 내려놓도록 남이 나를 배설물로 여기기까지 낮아져야 한다는 것을 뜻합니다. 그것이 성별의 과정입니다. 골짜기 문에서 분문까지 끝날 것 같지 않은 일천 규빗이 나를 성별되게 하는 축복의 길입니다.

결혼과 이혼을 두 차례나 경험한 한 여집사님이 계십니다. 대학 1학년 때 사고(?)를 쳐서 일찍 결혼했는데 남편은 엘리트 교사였습니다. 그런데 결혼하고 보니 심한 우울증을 앓고 있었습니다. 아들딸을 낳고 10년을 살았지만, 우울증을 앓는 남편이 너무 힘들어서 결국 이분이 이혼했습니다.

그러고 얼마 후에 자신을 너무나 사랑해 주는 부자 남자를 만나 재혼했습니다. 그런데 돈이 많은 그 남편은 알코올의존증 환자였습니다. 겪어 보니 우울증보다 훨씬 더 힘든 것이 알코올의존증이었습니다. 돈이 아무리 많아도 이런 사람하고는 도저히 못 살겠다고 하면서 두 번째 남편과도 이혼했습니다.

그런데 하나님은 깨어진 결혼으로 방황하던 이 집사님을 자녀의 사건으로 만나 주셨습니다. 엄마의 이혼과 재혼을 고스란히 겪어야 했던 첫째 딸이 엄마와 같은 길을 걸어서 어린 나이에 임신하고 결혼을 한 것입니다. 그러더니 결혼 1년 만에 '사네, 안 사네' 하면서 엄마의 속을 태웠습니다. 아들도 툭 하면 사고를 쳐서 문제가 끊이지 않았습니다. 이분이 가사도우미를 하며 겨우겨우 살아가는데 얼마 전에는 아들 때문에 200만 원 카드 대출을 받았습니다. 그리고 그 빚을 갚기 위해 치매 노인 간병 일을 시작했습니다. 노인 환자들의 대소변을 받아 내며 문자 그대로 분문까지 낮아지는 경험을 하고 있습니다.

이 집사님은 평소 비위가 약해서 역한 냄새가 조금만 나도 못 견뎠다고 합니다. 그런데 웬일인지 치매 환자를 간병하면서 대소변을 받아 내는 일이 전혀 힘들지 않다고 합니다. 냄새도 더러움도 안 느껴진다고 합니다. 왜냐하면 이제 이 집사님에게는 하나님의 말씀이 있고 예배가 있기 때문입니다. 돈 만 원이 아쉬운 처지이지만 목장예배를 드리는 금요일엔 일을 쉬고 예배에 참석합니다. 속 썩이는 아들딸도 어떻게든 예배 시간에 데리고 와서 말씀을 듣게 합니다.

만일 집사님에게 진작부터 말씀이 있었다면 첫 번째 결혼 때 이혼하지 않았을 것입니다. 집사님은 우울증을 앓던 첫 남편이 그래도 낫다고 합니다. 하지만 괜찮습니다. 두 번의 이혼이 힘들었어도 그것을 겪었기에 집사님과 자녀들에게 믿음이 들어가지 않았습니까? 딸도 주일예배, 목장예배를 꾸준히 드리면서 자신의 이혼 결심을 돌이켰습니다. 아들도 청소년 큐티캠프에 자발적으로 참석하고 엄마에게 고마워합니다. 엄마가 간병인을 하면서 눈물 골짜기에서 분문까지 성벽을 중수하고 있으니 자녀들이 엄마를 귀히 여기게 된 것입니다. 이 얼마나 감사한 일이고 성별된 일입니까!

우울증, 알코올의존증 배우자가 아무리 힘들어도 우리는 하나님께서 허락하신 처음 십자가를 잘 지고 가야 합니다. 그 배우자가 싫어서 이혼하면 다른 어떤 사람을 만나도 못 견디고 또 헤어지게 됩니다. 황금 십자가가 화려해 보여서 나무 십자가를 내려놓고 황금 십자가로 바꿔 지면 무거워서 쓰러집니다. 향기가 아름답다고 장미 십자가로 바꿔 지면 가시에 찔려 피를 흘리게 됩니다.

재혼이 새로운 행복을 줄 것 같아도 각자 상처로 만난 두 사람이기에 '불행한 나'와 '불행한 너'가 만나 '불행한 우리'밖에 안 됩니다. 이미 이혼과 재혼을 했더라도 이제 말씀을 들었다면 가정을 지키기로 결단하는 것이 거룩하게 구별되는 성별입니다. 돈이 없고 외롭다고 다른 사람 찾아다니지 말고 돈 없고 외로운 그 환경에서 나에게 허락된 일천 규빗을 잘 중수해야 합니다. 그 과정을 거쳐서 하나님의 가치관으로 성별된 사람들, '거룩한 나'와 '거룩한 너'가 만나야 '행복한 우리'가 될 수 있습니다.

† '역겹고 혐오스럽다'는 뜻을 가진 사노아 같은 배우자, 자녀 때문에 눈물 마를 날이 없습니까? 폭언과 욕설을 받아 내며, 문자적으로 대소변을 받아 내는 비참한 분문에 있습니까? 그 눈물과 낮아짐 때문에 내가 은혜로운 하눈이 되는 것을 알고 있습니까?

† 골짜기 문에서 분문까지 가장 긴 거리인 일천 규빗이 나와 내 가족을 성별하는 은혜의 통로임을 믿습니까?

110

고난 중에도 예배가 회복되면
저절로 거룩의 과정에 놓이게 됩니다.
아침에 눈을 뜨면 말씀 보고 기도하고,
하루를 마치는 시간에도 말씀으로 기도하고
감사로 끝내는 것이
날마다 드리는 삶의 예배입니다.

하나님의 자녀로서 거룩하게 구별되는 것이 인생의 목적인데, 거룩이 아닌 행복을 좇아 살기 때문에 무너짐을 경험하게 됩니다. 우리 인생의 목적, 성전 건축의 목적은 성별(聖別)임을 알게 하여 주옵소서.

양문(羊門), 예배가 회복되어야 합니다(느 3:1~2).

성전 건축이 예수 그리스도를 뜻하는 양문으로 시작해서 양문으로 끝이 나는 것을 봅니다. 내 인생의 모든 사건도 예수님으로 시작해서 예수님으로 끝나기 원합니다. 삶이 무너지고 가정이 무너져도 구원의 사건으로 해석하며 예배가 회복될 수 있도록 지켜 주옵소서.

어문(魚門), 마무리를 잘해야 합니다(느 3:3~5).

사람 낚는 어부가 되라고 하셨으니 맡기신 전도의 사명을 잘 감당하기 원합니다. 전도한 후에도 말씀의 자물쇠와 기도의 빗장으로 그들의 믿음을 지키며 사명을 잘 마무리하기 원합니다. 공동체 안에서 들보를 얹고 문짝을 다는 주님의 공사도 잘 분담할 수 있도록 모든 여건을 허락해 주옵소서.

옛문, 고정관념을 버리고 새로운 가치관을 가져야 합니다(느 3:6~12).

나의 옛문 중수를 위해 화덕 망대를 거치게 하시니 감사합니다. 풀무불 같은 화덕의 고난을 통해 저의 얽매인 가치관과 고정관념을 버리기 원합니다. 사람을 분별하고 통찰하는 망대가 될 수 있도록 말할 수 없는 저의 한 부분을 고쳐 주옵소서. 비교하고 차별하지 않고, 각자의 부족한 부분을 발견하면서 서로를 세워 가는 믿음의 공동체로 중수하여 주옵소서.

골짜기 문에서 분문까지 낮아져야 합니다(느 3:13).

고난의 화덕 망대, 풀무불을 지나면서 옛것을 다 내려놓고 성별된 줄 알았는데 골짜기 문, 더럽고 비참한 분문까지 일천 규빗이나 되는 긴 성벽을 중수하라고 하십니다. 남이 나를 배설물로 여기기까지 더 낮아지라고 하십니다. 골짜기 문에서 분문까지, 끝나지 않을 것 같은 기나긴 일천 규빗 성벽이, 나와 내 가족을 성별하는 은혜의 통로가 되게 하옵소서.

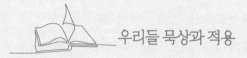

믿지 않는 가정에서 자란 저는 대학에서 피아노를 전공하고 의사 남편을 만나 결혼했습니다. 당시 저는 '어떻게 하면 교수의 꿈을 이룰까?' 하는 생각으로 가득했습니다. 그래서 아직 엄마의 보살핌이 필요한 아이들을 두고 대학원 공부를 시작했습니다. 드고아의 귀족들이 공사를 분담하지 않은 것처럼(느 3:5) 대학 강사로 나가게 되면서 남편의 외조만 기대했을 뿐 정작 남편이 겪는 어려움에는 아랑곳하지 않았습니다.

그렇게 육적 귀족주의에 빠져 있던 저를 하나님은 남편의 사건으로 불러 주셨습니다. 치과 의사인 남편이 어느 날 "여보, 나 주식으로 쫄딱 망하게 됐어"라고 고백한 것입니다. 결국 살고 있던 집과 전 재산을 정리하고도 빚이 해결되지 않아 저희 가정은 아이들을 데리고 오피스텔로 이사해야만 했습니다.

그러나 하나님은 주식으로 쫄딱 망하는 화덕 망대를 지나가게 하심으로 저를 깨어나게 하셨습니다(느 3:11). 저는 이때가 바로 구원의 때라고 남편을 위로하며 큐티 모임으로 인도했습니다. 그러나 제가 양문 건축만 하고 매일 말씀으로 자물쇠와 빗장을 채우는 어문 중수를 소홀히 했기에, 남편은 다시 주식을 시작했습니다. 나중에는 아예 치과를 정리하고 주식에만 몰두했습니다. 하나님은 이 일 또한 그냥 두지 않으시고 다시 남편을 망하게 하셨습니다.

결국 남편은 시동생이 인수한 치과에서 월급 의사를 하는 수준까지 몰락했습니다. 하지만 제가 아직도 골짜기 문에서 분문까지 낮아지지 못하기에 저와 남편의 성별이 더디 이루어지고 있습니다. 남편은 사명보다는 돈을 벌어 육적인 회복에 전념하겠다며 교회의 직분도 내려놓았습니다. 아직도 망했다는 것을 인정하기 싫고 수치와 조롱의 자리인 분문에 안 가려고 발버둥 치는 저 때문에 남편이 수고하고 있습니다. 저는 남편에게 말씀을 못 알아듣는다며 이제 그만 주식을 끊어야 한다고 말했습니다. 그러나 그것은 치과 의사의 본분에 충실해서 육적으로 회복되기를 바라는 저의 욕심이었습니다.

알량한 자존심 때문에 낮아지지 못한 채 무뚝뚝하고 애교도 없이 늘 야단만 치는 저를 데리고 살아 주는 남편에게 늘 고맙고 미안합니다. 주님이 연약한 저를 인도하사 낮아짐의 분문을 잘 중수할 수 있기를 기도합니다(느 3:13).

하나님 아버지, 성전 건축의 목적, 인생의 목적이 성별이라고 하십니다. 행복하기 위해서가 아니라 거룩하기 위해서 무너진 가정의 성전, 영적 성전을 건축하라고 하십니다. 거룩하게 구별되어 하나님께 드려지는 성별된 삶을 살라고 하십니다.

성별을 위해 먼저 양문의 예배가 회복되기 원합니다. 아침에 주님과 더불어 눈을 뜨고 저녁에 주님과 더불어 눈을 감는 개인 큐티 예배, 생활 예배, 공예배가 회복되게 하옵소서. 사람을 낚는 어부가 되어 복음을 전하며, 전도한 후에도 말씀으로 양육하고 중보함으로 빗장과 자물쇠를 달며 어문을 중수하기 원합니다.

먼 데서 온 여리고 사람, 말 많고 사연 많은 사람이 모이는 교회 공동체를 축복하여 주시고 아직도 사람을 가리고 판단하는 저의 귀족주의와 고정관념을 무너뜨려 주옵소서.

편견과 집착을 버리고 옛문을 중수해야 하는데 아직도 내려놓지 못하는 것이 많아서 뜨거운 화덕 망대를 지나게 하십니다. 고난의 화덕 망대에서 영적 통찰력을 얻어 신분과 출신과 성별을 넘어서는 구원의 공동체를 이루게 하옵소서.

그 일을 감당하라고 골짜기 문에서 더럽고 비참한 분문까지 낮아지게 하심을 알았습니다. 끝날 것 같지 않은 일천 규빗의 긴 시간을 낮아지고 또 낮아지며, 내가 무시당하고 밟힐 때마다 더욱 성별되게 하시는 은혜를 알았습니다. 여전히 구원을 위한 눈물보다 자존심 때문에 흘리는 눈물이 많은 우리이지만, 오늘 내게 주신 결혼의 십자가, 환경의 십자가를 잘 짐으로써 성별되기를 원합니다. 힘든 환경이 나와 내 가족까지 성별되게 하는 은혜의 통로인 것을 믿습니다. 나를 성별하사 하나님께 드려지는 인생을 살게 하신 주님의 은혜를 찬양합니다. 예수님 이름으로 기도하옵나이다. 아멘.

05

중수하여 성별하자

느헤미야 3장 14~25절

_____ 하나님 아버지,
날마다 말씀대로 우리의 모든 틈과 구멍을 중수하여
성별된 인생을 살기를 원합니다.
중수하여 성별하는 과정이 힘들어도 하나님이 원하시는
그 자리까지 도달할 수 있도록 은혜 내려 주옵소서.
말씀해 주옵소서. 듣겠습니다.

『여성 그대의 사명은』이라는 책을 쓴 폴 투르니에(Paul Tournier)는 스위스의 내과 의사이자, 유명한 저술가입니다. 심리학을 기독교와 통합시키는 데 크게 공헌한 그는 이 책에서 여성의 역할 문제를 다루기 전에 먼저 자신의 생애에 대해 이야기합니다.

투르니에의 아버지는 일흔에 그를 낳고, 그로부터 두 달 후에 돌아가십니다. 그리고 여섯 살 되던 해에 그는 어머니마저 여읩니다. 졸지에 고아가 된 그는 그때부터 극심한 상실감과 암흑 속에 빠져 지냈습니다. 또래들과 잘 어울리지 못했고, 학교에서는 문제아로 낙인찍혔습니다.

그런데 열여섯 살 때 그의 생애에 큰 변화가 일어납니다. 고전을 담당한 한 선생님이 그의 상처를 발견하고, 마음을 열고자 집으로 그를 초대한 것입니다. 고전 선생님은 그를 문제아가 아닌 하나의 인격체로 대해 주었고, 그는 선생님의 지도와 격려로 자신감을 회복할 수 있었습니다. 그 결과는 상당했는데요, 그다음 해 그는 학생회를 조직하여 회장으로 선출되었습니다.

이후 사회 활동에도 활발하게 참여했을 뿐만 아니라, 교회의 핵심 기관인 당회의 일원이 되어 교회 일에도 깊이 관여했습니다. 그런데 문제는 그가 굉장한 열심으로 성실히 모든 일을 수행할수록 교회에 덕을 세우기는커녕 도리어 분열을 일으키는 결과를 낳았다는 점입니다. 그는 왠지 모르게 불안해졌습니다. 그에게 왜 이런 일이 왔을까요?

> 1 그 때에 대제사장 엘리아십이 그의 형제 제사장들과 함께 일어나 양문을 건축하여 성별하고…… 2 그 다음은 여리고 사람들이 건축하였고…… 3 어문은 하스나아의 자손들이 건축하여 그 들보를 얹고 문짝을 달고 자물쇠와 빗장을 갖추었고 4 그 다음은 학고스의 손자 우리야의 아들 므레못이 중수하였고…… _느 3:1~4

지난 3장 1절과 2절에서 양문은 전부 '건축하였다'고 했고, 3절에서 첫 번째 어문도 '건축하였다'고 했습니다. 그런데 4절에 나오는 두 번째 어문부터 3장 마지막까지는 계속하여 '중수하였다'고 나옵니다. '중수(重修)하다'는 원어로 '강하게 하다', '견고하게 하다'는 뜻으로, 건축물의 틈과 구멍을 계속 보수해 나가는 것을 말합니다.

처음에 예수를 믿으면 하나님이 우리의 인생을 건축해 주십니다. 그런데 우리가 벌어진 틈과 구멍을 날마다 보수하지 않으면, 결국 그로 인해 인생이 무너지고 맙니다. 아무리 교회에서 열심히 봉사해도 그렇지요. 정작 무엇을 중수해야 하는지 알지 못해서 교회에 덕을 세우지 못하는 경우가 얼마나 많은지 모릅니다. 그래서 저는 날마다 말씀대로 '중수하여 성별하는 것'이야말로 말씀 묵상의 핵심이라고 생각합니다.

그런데 우리가 큐티를 해도 느헤미야 3장처럼 사람 이름만 쭉 나오고, 지루해 보이는 본문은 그냥 읽기조차 버겁지요. 그래도 어떤 말씀이든 성령님의 의도를 무시하지 않고 차례대로 쭉 묵상하다 보면 성경이 재미있어지고, 우리 인생도 재미있어질 줄 믿습니다. 그럴 때 어떤 힘든 환경도 넉넉히 통과하게 될 줄 믿습니다.

우리가 말씀대로 중수하여 성별된 인생을 살려면 어떻게 해야 할까요?

분문(糞門), 낮아짐의 훈련을 잘 받아야 합니다

분문은 벧학게렘 지방을 다스리는 레갑의 아들 말기야가 중수하여 문을 세우며 문짝을 달고 자물쇠와 빗장을 갖추었고_느 3:14

분문은 예루살렘 성내의 쓰레기나 오물, 분뇨 등을 성 밖으로 버리기 위해 이용하던 성문입니다. 그야말로 가장 천한 문, 소위 '똥문'입니다. 가장 밑바닥까지 내려간 문입니다. 여기서 벧학게렘 지방은 '포도원'입니다. 예루살렘의 지형이 북쪽부터 역삼각형인데 거기에서 가장 아랫부분, 가장 좁은 지역입니다. 그곳의 통치자 레갑의 아들 말기야가 가장 더러운 분문을 중수합니다. 포도주가 극상품이 되려면 밟혀야 하듯이, 포도원의 통치자 아들이 분문에서 밟히는 훈련을 받고 있습니다.

아무리 분문이라 하더라도 문을 세우고, 문짝을 달고, 자물쇠와 빗장도 갖추어야 합니다. 그런데 남들이 무시하는 분문이기에 거기에 문짝을 달고 중수하는 것이 쉬운 일이 아닙니다. 그 일을 하기 위해서 얼마나 낮아져야 하는지 모릅니다.

그런데 여러분, 우리가 이 분문의 훈련을 '반드시' 거쳐야 하는 이유가 무엇입니까? 땅끝까지 내려가 보지 않은 사람은 인생을 논하기가 어렵기 때문입니다. 인간은 100퍼센트 죄인이기에 분문에서 낮아져 보지 않은 사람은 주님을 위해서도, 다른 사람을 위해서도 도저히 살 수 없습니다. 그래서 가난한 마음으로 주님만 바라볼 수밖에 없는 이 분문이야말로 나의 구원을 위한 가장 좋은 환경입니다. 그런데도 왜 우리는 분문에서 감사하지 못하고, 힘들어하는 것입니까? 내가 지금 분문에 있기 때문이 아닙니다. 다른 사람과 나 자신을 자꾸 비교하기 때문입니다. 나를 향한 하나님의 계획하심을 믿고 분문에서 낮아짐의 훈련을 잘 받으십시오. 그럴 때 다른 사람의 아픔에 함께 울어주는 이타적인 인생을 살게 될 것입니다.

여러분은 어떤 집안이 가장 좋은 집안이라고 생각하십니까?

정답은 한 아버지와 한 어머니가 사는 집입니다.

제 딸은 자신이 육신의 아버지가 안 계신 것에 열등감이 하나도 없다고 생각했답니다. 그런데 결혼 적령기가 되고 보니 '아버지가 없다'는 것이 얼마나 안 좋은 결혼 조건인지 알았다는 겁니다. 그 이야기를 듣고, 제가 딸에게 "그걸 이제 알았니?" 그랬습니다. 딸이 어릴 때 남편이 천국에 갔기 때문에, 제가 남편에게 순종하고 인내하는 모습을 딸이 별로 본 일이 없잖아요. 그러니 아버지가 없는 것이 안 좋은 조건이 맞습니다.

우리 중에는 돈도 못 벌고, 온종일 신경질만 내는 아버지 때문에 온 집안 식구가 숨죽이고 사는 집들이 많이 있습니다. 이럴 때 그 집안에 느헤미야 같은 한 사람이 말씀으로 상황을 딱 해석해 주면서, 어떻게 순종해야 하는지 보여 준다면 이야말로 최고의 가정교육 아니겠습니까? 힘든 그 한 사람 때문에 온 가족이 얼마나 거룩해지는지 모릅니다. 분문 같은 환경에서 낮아지고 무시당해도 우리 가족이 예수 믿고 구원받는 것이 더 중요하지, 내가 잠깐 행복하게 사는 것이 뭐 그리 대수겠습니까? 도저히 사랑할 수 없는 배우자와 사는 것이 힘들어도 이 세상에 더럽혀지지 않은 호적보다 더 좋은 유산은 없습니다.

† 날마다 말씀대로 중수해야 할 나의 벌어진 틈과 구멍은 무엇입니까?
† 더럽고 비참한 분문이야말로 나의 구원을 위한 가장 좋은 환경임을 믿습니까? 그 분문에서 주님을 인격적으로 만났습니까?
† 무너진 우리 가정을 중수하기 위해 내가 순종하고 인내해야 할 일은 무엇입니까?

샘문, 사명으로 나아가야 합니다

샘문은 미스바 지방을 다스리는 골호세의 아들 살룬이 중수하여 문을 세우고 덮었으며 문짝을 달고 자물쇠와 빗장을 갖추고 또 왕의 동산 근처 셀라 못 가의 성벽을 중수하여 다윗 성에서 내려오는 층계까지 이르렀고_느 3:15

샘문은 예루살렘 남동쪽의 왕의 못, 곧 실로암 못 근처에 있는 문입니다. 힘든 골짜기 문에서 분문까지 천 규빗을 중수하고 나면 샘문이 딱 기다리고 있습니다(느 3:13). 생명의 물이신 예수님, 생수가 퐁퐁 솟아나는 샘문에 이르게 됩니다. 마르지 않는 생수이신 예수님으로 인해 다른 사람들에게 생명을 나눠 주는 사명자로 세워집니다.

그 다음은 벧술 지방 절반을 다스리는 아스북의 아들 느헤미야가 중수하여 다윗의 묘실과 마주 대한 곳에 이르고 또 파서 만든 못을 지나 용사의 집까지 이르렀고_느 3:16

사명자로서 최고의 목표는 '다윗의 묘실'에 이르는 것입니다. 화려한 성전을 지은 솔로몬이 아니라 살인과 간음, 배신을 경험하고 눈물의 시편을 남기고 간 다윗의 삶이 우리의 목표가 돼야 합니다. 누구보다 하나님을 사랑한 다윗을 따르는 것이 곧 예수님을 따르는 것입니다.

15절에서 셀라 못가의 성벽을 중수하러 갔을 때는 그냥 가만히만 있어도 주님이 샘물을 퐁퐁 솟아나게 해 주셨습니다. 그런데 16절을 보니 내 힘으로 '파서 만든 못'을 지나게 하십니다. 사명으로 나아가려면 의지적인 노력도 필요하다는 것입니다.

그다음은 '용사의 집'까지 이르렀습니다. 사명자는 용사가 되어야 합니다. 누가 용사입니까? 힘이 세고 강한 사람이 용사입니까? 용사는 육신이 연약해도 영적으로 강한 자입니다. 죽어도 사는 사람, 부활과 영생을 믿는 사람이 진정한 용사입니다.

그런데 교회 직분자 중에도 죽음에 대한 이야기를 싫어하고, 영안실이나 중환자실에는 가기 싫다고 하는 분들이 있습니다. 저는 영안실, 중환자실 심방이 전공입니다. 장례식이야말로 영생과 부활을 선포할 최고의 기회이기 때문입니다.

> 17 그 다음은 레위 사람 바니의 아들 르훔이 중수하였고 그 다음은 그일라 지방 절반을 다스리는 하사뱌가 그 지방을 대표하여 중수하였고 18 그 다음은 그들의 형제들 가운데 그일라 지방 절반을 다스리는 헤나닷의 아들 바왜가 중수하였고 19 그 다음은 미스바를 다스리는 예수아의 아들 에셀이 한 부분을 중수하여 성 굽이에 있는 군기고 맞은편까지 이르렀고_느 3:17~19

미스바는 사무엘 선지자 때 신앙 회복을 위해 모인 곳이고(삼상 7장), 베냐민 자손이 레위 사람의 첩을 범한 사건으로 베냐민과 다른 열한 지파 간에 전쟁이 일어난 곳이기도 합니다(삿 19~20장). 가장 영적인 곳이자 음행의 문제가 있었던 곳이 바로 이 미스바입니다. 그곳을 다스리는 예수아의 아들 에셀이 샘문의 한 부분을 중수했습니다. 히브리어로 '예수아'는 예수 즉, '구원하실 자'이고, '에셀'은 돕는 자를 뜻합니다. 그런데 왜 그냥 중수했다고 하지 않고, 굳이 '한 부분'을 중수했다고 기록했을까요? 아마도 하나님 나라의 유익을 생각했을 때, 구체적으로 말하기 어려운 부분이 있지 않았을까 싶습니다.

이렇게 사명자로서 함부로 드러내기 힘든 한 부분을 중수하려니 군기고가 필요합니다. 고난을 의미하는 분문 중수는 고작 두 절, 13절과 14절로 지나가지만, 사명자로서의 샘문 중수는 15절부터 25절까지 무려 열한 절에 이르러 설명합니다. 왜 그런 겁니까? 사명자로 살다 보면 별의별 일을 다 겪을 수밖에 없지 않겠습니까? 그래서 성령의 검과 믿음의 방패와 의의 흉배인 말씀을 무기로 삼고, 때마다 시마다 그 무기를 잘 꺼내 써야 사명을 감당할 수 있습니다.

† 가족 구원을 위한 사명자로서 화려한 솔로몬보다 눈물로 자기 죄를 고백한 다윗의 묘실을 사모합니까? 하나님 때문에 두렵지 않은 용사가 되어 힘든 사람들을 위로합니까?

† 사명자로서 함부로 말할 수 없는 '한 부분'을 중수하고자, 하나님의 군기고에 가득한 말씀을 무기 삼아 영적 싸움을 하고 있습니까?

힘써 중수해야 할 관계들이 있습니다

20 그 다음은 삽배의 아들 바룩이 한 부분을 힘써 중수하여 성 굽이
에서부터 대제사장 엘리아십의 집 문에 이르렀고 21 그 다음은 학
고스의 손자 우리야의 아들 므레못이 한 부분을 중수하여 엘리아십
의 집 문에서부터 엘리아십의 집 모퉁이에 이르렀고_느 3:20~21

샘문을 중수하는 38명 중에 바룩에게만 '힘써' 중수했다는 표현
을 쓰고 있습니다. 느헤미야가 바룩에게는 너무 수고했다는 말을 꼭
해 주고 싶었던 것 같습니다. 바룩이 대제사장도 아닌데 무슨 일을 했
기에 그랬을까요?

역시 구체적으로 말할 수 없는 한 부분인데, 힘써 중수하여 성 굽
이, 성곽 모퉁이에서부터 대제사장 엘리아십의 집 문, 집 모퉁이에 이
르렀다고 합니다. 엘리아십은 대제사장으로서 이 시대의 목회자라고
할 수 있습니다. 저는 바룩이 힘써 중수한 한 부분이 목회자 엘리아십
에 관한 것이 아니었을까 생각합니다.

지난 3장 1절에서 느헤미야가 140년 동안 중단된 성벽 공사를
위해 엘리아십을 깨웠습니다. 느헤미야는 바사의 총독으로서 언젠가
떠날 몸이기에, 이스라엘 백성은 엘리아십을 중심으로 성벽을 재건
할 필요가 있었기 때문입니다.

하지만 그동안 엘리아십이 일을 제대로 하지 않았으니, 리더십
이 하나도 없었을 것 아니겠습니까? 그래서 이때 엘리아십을 세워 주

는 일이 느헤미야에게 중요했습니다. 그런 와중에 바룩이 느헤미야에게 순종하여 엘리아십을 이렇게 섬겨 주니, 느헤미야가 너무 고마운 겁니다. 그래서 '힘써 중수했다'는 말을 바룩에게만 썼습니다. 지도자가 그만큼 중요하기 때문입니다.

교회에서도 목회자를 섬기는 일은 가장 중요하고도 힘든 부분입니다. 알아도 모른 척해야 하고 알수록 입을 다물어야 합니다. 평신도가 아무리 성숙해도 목회자가 무너지면 교회가 무너지기 때문입니다. 인정받기 힘든 역할이지만 바룩처럼 공동체의 지도자인 목회자를 잘 섬길 때 '힘써' 중수했다고 주께 칭찬받는 일꾼이 될 것입니다.

그런데 말입니다. 느헤미야가 샘문을 중수하는 38명의 공로자를 언급하면서 자신의 이름을 밝히지 않았습니다. 자기 영광을 포기하고, 하나님께만 영광을 돌린 것입니다.

반면에 바벨론의 느부갓네살 왕은 예루살렘을 정복하고 나서 뭐라고 했습니까? "이 큰 바벨론은 내가 능력과 권세로 건설하여 나의 도성으로 삼고 이것으로 내 위엄의 영광을 나타낸 것이 아니냐"며 자랑했습니다(단 4:30). 이처럼 세상은 자기 자랑을 앞세웁니다. 이 땅에 소망을 두고 살기에 당장 오늘 무슨 일을 당할지 모르면서 내 능력을 자랑하고, 내 권세를 자랑합니다.

그러나 성도의 소망은 오직 하나님께만 있습니다. 우리도 이 소망을 가지고 하나님만 믿고 바랄 때, 느헤미야와 같이 자기 영광을 구하지 않고, 다른 사람을 세우는 데 앞장서게 될 줄 믿습니다.

그렇다면 우리가 가족의 구원을 위해 힘써 중수해야 할 일이 무엇입니까? 말도 안 되는 시부모, 배우자에게 순종하는 것입니다. 대제사장 엘리아십 같은 내 질서의 우선순위에 순종하는 것입니다. 상대방의 인격이 훌륭해서 순종하라는 말이 아닙니다. 역할에 순종하라는 것입니다. 감당하기 힘든 내 가족을 귀히 여기고 섬기는 것이 고난의 분문을 통과하여 사명의 샘문으로 나아가는 길입니다. 그것이 사명자로서 힘써 중수해야 할 일입니다.

여러분, 별 인생이 없습니다. 그러니 누구 욕 좀 하지 마십시오. 믿지 않는 배우자를 보고 내가 욕할 게 뭐가 있습니까? 그는 욕할 대상이 아닙니다. 사랑의 대상일 뿐입니다. 무조건 믿음 있는 내가 잘못한 겁니다. 내가 지금 당하는 일은 불신결혼한 내 삶의 결론입니다. 그러니 무슨 할 말이 있겠습니까? 여러분이 믿음이 있다면 상대방을 책임지고 가야 합니다.

> 22 그 다음은 평지에 사는 제사장들이 중수하였고 23 그 다음은 베냐민과 핫숩이 자기 집 맞은편 부분을 중수하였고 그 다음은 아나냐의 손자 마아세야의 아들 아사랴가 자기 집에서 가까운 부분을 중수하였고 24 그 다음은 헤나닷의 아들 빈누이가 한 부분을 중수하되 아사랴의 집에서부터 성 굽이를 지나 성 모퉁이에 이르렀고 25 우새의 아들 발랄은 성 굽이 맞은편과 왕의 윗 궁에서 내민 망대 맞은편 곧 시위청에서 가까운 부분을 중수하였고 그 다음은 바로스의 아들 브다야가 중수하였고_느 3:22~25

평신도 바룩이 힘써 중수하며 본을 보이니 제사장들도 중수에 참여합니다. 바룩의 섬김이 평지에 사는 제사장들을 깨운 것입니다. 바룩처럼 삶으로 깨달음을 주는 것이 사명자의 목표입니다.

베냐민과 핫숩은 자기 집 맞은편을 중수했는데 이 두 사람만 누구의 아들이라는 설명이 없습니다. 자손이 없었을 수도 있고, 독신 남자라고도 볼 수 있습니다. 우리가 결혼을 안 하고 자식이 없어도 사명을 감당할 수 있습니다. 주의 일은 누구나 감당할 수 있습니다.

23절의 아나냐의 손자 마아세야의 아들 아사랴는 '자기 집에서 가까운 부분'을 중수합니다. 믿음이 있어도 자기 집, 내 식구에게만 관심이 있는 것이 이기적인 사람의 본성입니다. 기도도 내 가족을 위해서만 합니다. 자녀를 위해 기도해 준다고 하면 열심히 모여듭니다.

그래서 학부모 기도회, 입시 기도회에는 구름같이 사람이 모이지만, 선교 기도회에는 모이는 수가 적습니다. 내가 사명자의 위치에 있다면 그런 모습들도 인정해야 합니다. 내 식구밖에 모른다고 야단칠 일이 아닙니다. 아직 '자기 집에서 가까운 부분'밖에 믿음의 분량이 안 되는 것을 인정하고 상대방에게 맞춰서 양육해야 합니다.

우리가 그렇게 사명자의 길을 가다 보면 25절에 '내민 망대'의 통찰력을 갖게 됩니다. 사람을 분별하게 되고, 모든 상황을 더 넓게 바라보는 눈이 생깁니다.

이처럼 하나님은 낮아짐의 분문에 있던 우리가 샘문의 사명으로 나아가기를 원하십니다. 예수 그리스도의 생명을 전하는 사명자로 나를 세우시려고 인생의 때마다 눈물 골짜기를 지나게 하십니다.

서두에 폴 투르니에가 열심히 교회 일을 하는데도, 교회에 덕을 세우기는커녕 자꾸 분열을 일으키는 결과를 낳았다고 했습니다. 그랬던 그가 한 네덜란드인 친구를 만나면서 일생일대의 전환점을 맞이합니다. 그 친구는 옥스퍼드 그룹이라는 종교 운동에 가담하고 있었는데, 그 그룹은 신조나 신학보다 매일의 생활에서 하나님의 영감에 구체적으로 순종할 것을 강조했고, 회원들은 서로가 완전히 투명한 관계를 유지하며 교제했습니다. 그 친구는 첫 만남에서부터 그에게 자신의 개인적인 생활에 대해 솔직히 나누더랍니다. 그런데 그 나눔을 듣고, 투르니에가 난생처음 자신이 고아로서 겪은 고통을 입 밖으로 꺼내고 눈물을 흘렸다는 것 아닙니까?

물론 열여섯 때 만난 고전 선생님으로부터 그가 힘을 얻은 것도 사실이지만, 그때는 지적인 대화만 나누었을 뿐 자신의 감정을 드러낸 적은 없었다고 했습니다.

그런데 네덜란드인 친구를 통해 인격적이며 감정적인 새로운 종류의 대화를 발견하게 되었다는 겁니다. 그 일을 계기로 그는 비로소 하나님과 친밀한 관계를 맺게 되었습니다.

그러자 모든 인간관계에서 변화가 생기더랍니다. 그 첫 대상은 바로 그의 아내였습니다. 그동안 자신은 아내에게 남편이기보다는 가르치기 좋아하는 선생이요, 심리학자요, 목사 같은 존재였지만, 이후로는 서로를 이해하고 사랑하는 관계가 되었다고 했습니다.

그리고 전에 자신이 신랄하게 비판했던 목사님들을 방문해 용서를 구했더니, 과거의 논적들이 오히려 그에게 도움을 청하며 자신들의 고통과 갈등을 드러내더랍니다. 그때 그는 그들에게서 지독한 외로움을 발견했고, 지적인 관계와 인격적인 관계의 간격이 얼마나 넓은지 가늠할 수 있었다고 했습니다.

저는 우리들교회의 목장이 바로 이와 같다고 생각합니다. 목장에서 인격적인 관계를 맺고, 서로의 감정을 나누니까 그것이 접촉점이 되어서 자꾸 나의 벌어진 틈과 구멍을 나누고 말씀대로 중수하고 싶어지는 것입니다.

그런데 가난한 사람을 돕는 최고의 사역자로 노벨평화상을 받은 테레사 수녀는 말년에 주님을 만나지 못한 공허와 두려움을 고백했다고 합니다.

여러분, 온 세상의 인정과 존경을 받아도 예수님으로 이어지지 않는 사명은 헛된 것입니다. 온몸을 불사르게 내어 구제할지라도 정작 하나님과 인격적인 관계가 없으면 다 무슨 소용이겠습니까? 날마다 하나님과 교제하며, 말씀대로 내 안의 벌어진 틈과 구멍을 중수하지 않으면 우리 인생은 무너질 수밖에 없습니다.

그러므로 가난한 사람들과 함께하는 것보다 더 위대한 사명은 오늘 내 옆의 사람을 섬기며 구원으로 인도하는 것입니다. 그것이 성별된 인생입니다. 우울증, 알코올의존증, 폭력과 가출, 온갖 중독과 질병으로 힘든 가족을 내 십자가로 지고 순종하는 것입니다. 그러한 순종으로 힘든 배우자와 이혼하지 않고 가정을 중수할 때 노벨평화상보다 더 큰 하늘의 상을 받을 것입니다.

무시와 조롱을 받는 분문에서 영혼 구원을 위한 사명의 샘문으로 나아가는 우리야말로 어떤 노벨상 수상자보다 위대한 사명자입니다.

† 지금 내가 가정에서 힘써 중수해야 할 것은 무엇입니까?
† 교회를 오래 다녀도 '자기 집에서 가까운 부분'만 중수하는 이기적인 믿음에 머물러 있진 않습니까?

하나님은 낮아짐의 분문에 있던 우리가 샘문의 사명으로 나아가기를 원하십니다. 중수하여 성별되는 과정이 아무리 힘들어도 하나님이 원하시는 성별의 자리에 이르기까지 내 모든 생활에서 벌어진 틈과 구멍을 힘써 중수하게 하옵소서.

분문(糞門), 낮아짐의 훈련을 잘 받아야 합니다(느 3:14).

하나님만 바라볼 수밖에 없는 분문이야말로 나의 구원을 위한 가장 좋은 환경임을 고백합니다. 주님을 인격적으로 만나라고 비천한 분문에 저를 넣어 두신 것임을 알고 감사하기 원합니다. 포도주가 극상품이 되려면 밟혀야 하듯이, 분문에서 밟히는 훈련을 잘 받아 이타적인 인생을 살게 하옵소서.

샘문, 사명으로 나아가야 합니다(느 3:15~19).

예수 그리스도의 생명을 전하는 사명자로 나를 세우시려고 인생의 때마다 눈물 골짜기를 지나게 하시고, 낮아짐의 분문에서 사명의 샘문으로 나아가게 해 주시니 감사합니다. 고난 속에서도 성별된 삶을 살며 영혼 구원의 통로로 쓰임받게 하옵소서.

힘써 중수해야 할 관계들이 있습니다(느 3:20~25).

아무도 알아주지 않아도 주님을 사랑하기 때문에 내게 맡기신 한 부분을 힘써 중수하기를 원합니다. 가정에서 내 질서의 우선순위에 순종하는 것이 힘써 중수해야 할 일임을 알고, 감당하기 힘든 내 가족이라도 귀히 여기게 도와주옵소서.

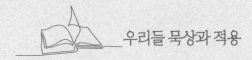 우리들 묵상과 적용

저는 고등학교에 입학할 무렵, 친구의 전도로 교회에 처음 나갔습니다. 이후 예수님을 믿음으로 제 안의 성전은 건축되었으나, 여전히 가족 신화를 꿈꾸며 성공 복음의 세상 가치관으로 살았습니다. 그러다 힘든 결혼생활로 갈급하여 기도하던 중, 믿음의 공동체를 만나 예배를 회복하게 되었습니다. 교회에서 양육을 받으며 저의 고정관념과 헛된 가치관이 무너지는 옛문을 지나고, 친정과 시댁의 도움 없이 아이를 낳고 키우는 육아의 골짜기 문을 지났습니다. 그러고 나면 어느 정도 고생은 끝날 줄 알았습니다.

　그러나 하나님은 제 안의 온전한 영적 성전을 중수하고자 제게 분문의 때를 허락하셨습니다(느 3:14). 고된 직장 생활로 몸이 상한 남편이 어깨 수술을 받고 실직하여 제가 9년 만에 다시 학교에서 강사로 일하게 된 것입니다. 저는 남편이 금방 회복되어 새로운 직장을 얻을 거라 믿었습니다. 그러면서 한편으로는 오랜만에 사회생활을 한다는 기대감에 들떠 있었습니다. 그러나 제 예상과 달리 남편의 몸은 쉽게 회복되지 않았습니다. 저 또한 공부에는 관심 없고 말 안 듣는 최하위반 아이들을 맡아 가사와 직장 일을 병행하느라 고군분투했습니다. 힘든 시간이 길어지니 제 안에 생색과 불평이 올라오기 시작했습니다. '하나님, 학생 때부터 교회 봉사를 했고, 남편도 교회에서 성실히 섬겼는데, 어찌 제게 이러실 수 있나요?'라고 말입니다.

그런데 하나님은 말씀을 묵상하는 가운데 저의 인간적인 연민과 원망, 누구에게도 말하지 못하는 한 부분과 같은 저의 고난을 이렇게 공동체에 솔직히 고백하는 것이 제가 바룩처럼 힘써 중수해야 할 한 일임을 알게 하셨습니다(느 3:20). 그리고 하나님이 저를 지금의 분문에 넣으신 것은, 이것을 잘 통과하여 샘문에 이르러 사명자의 길을 걷게 하시려는 것임을 깨달았습니다(느 3:15~16).

문짝을 달고 자물쇠와 빗장을 갖추는 중수의 때에, 남편과 자녀들을 섬기며 부르신 자리에서 하루하루 잘 살아냄으로 분문의 훈련을 통과하겠습니다. 그래서 아나냐의 손자 마아세야의 아들 아사랴처럼 자기 집에서 가까운 부분만을 중수하려는 이기심을 버리고(느 3:23), 사람들에게 줄 것만 있는 인생으로 기쁘게 나아갈 수 있기를 원합니다. 그 무엇도 끊을 수 없는 사랑으로 저를 자녀 삼아 주시고, 지금의 시간을 말씀으로 해석하게 하신 하나님께 감사드립니다.

하나님 아버지, 우리 가운데 중수하여 성별할 일이 많이 있습니다. 분
문에서 아직 낮아지지 못해 샘문으로 입성하지 못하는 것도 있고, 샘
문에 기쁘게 입성한 것 같은데 아직도 목표가 다윗의 묘실이 못 되어
서 용사가 되지 못하고, 비겁한 것도 여전히 많습니다. 혼자 산다고 위
축되는 것도 있고, 믿음이 있어도 이기적일 수밖에 없는 죄인의 본성
을 이해하기는커녕 비판할 때도 있음을 고백합니다.

느헤미야가 엘리아십 대제사장을 향한 바룩의 헌신을 보고 그를
칭찬했다고 합니다. 저희도 바룩처럼 주님을 사랑하기에 드러나지 않
는 일에도 기쁨으로 헌신하고, 느헤미야처럼 자기 영광을 구하지 않고
다른 사람을 세우기를 원합니다.

그런데 주님, 이렇게 하는 것이 너무나도 어렵습니다. 정말 나와
세상은 간 곳 없고 구속한 주님만 보여야 하는데, 아직도 눈만 뜨면 내
가 먼저 나오기에 성별되지 못하는 저희를 불쌍히 여겨 주옵소서.

중수하여 성별되는 과정이 아무리 힘들어도 하나님이 원하시는
성별의 자리에 이르기까지 내 모든 생활에서 벌어진 틈과 구멍을 잘
중수하고, 자물쇠, 문짝, 빗장을 잘 갖추게 도와주옵소서. 무시와 조롱

을 받는 분문에서 영혼 구원을 위한 사명의 샘문으로 나아가는 우리
야말로 가장 위대한 사명자임을 알고, 우리에게 맡기신 한 부분을 힘
써 중수할 수 있도록 은혜 내려 주옵소서. 예수님 이름으로 기도하옵
나이다. 아멘.

06

끝까지 성별하자

느헤미야 3장 26~32절

_____하나님 아버지,
우리는 끝까지 성별되기 어려운 인생입니다.
그러나 예수 그리스도께 붙잡혀 있으면,
믿음의 공동체에 붙어만 있으면
끝까지 성별되게 하실 것을 믿습니다.
말씀해 주옵소서. 듣겠습니다.

'말 한마디로 천 냥 빚을 갚는다'는 우리 속담이 있는데 과연 어떤 말 한마디가 돈이 될까요? 어느 일간지 기사를 보니 가장 돈 되는 말은 'I'm sorry'라고 합니다. 경제적으로 잘사는 사람과 못사는 사람을 대상으로 설문 조사를 했더니 고액 연봉자들이 저소득층 사람들보다 사과를 잘한다는 것입니다. 자신의 잘못에 대해 미안하다고 사과하는 비율이 고액 연봉자는 92퍼센트, 저소득층은 52퍼센트였습니다. 자신에게 잘못이 없다고 생각할 때도 먼저 사과를 하는 경우는 고액 연봉자가 22퍼센트, 저소득층은 13퍼센트였습니다. 또 독신자나 이혼한 사람보다 결혼한 사람들이 사과를 잘한다고 합니다.

이 설문 결과를 분석한 전문가에 의하면, '미안하다'는 말을 못하는 이유는 열등감 때문이라고 합니다. 열등감에 기인한 알량한 자존심 때문에 잘못을 하고도 미안하다는 말을 잘 못한다는 것입니다. 반면에 성공한 사람들이 사과를 잘하는 이유는 '사과하는 것이 경력에 흠이 안 된다'고 생각하기 때문이라고 합니다.

어떤 상황에서도 '미안하다, 내 탓이다'라고 하는 것이 성별(聖別)의 원리입니다. 자기 잘못을 인정하는 사람, 자신의 실수에서 뭔가를 배우려는 사람이 어떤 분야에서건 성공할 수 있습니다.

우리가 끝까지 성별해야 하는 이유도 여기에 있습니다. 앞장에 이어서 나와 내 가정의 거룩을 위해, 끝까지 성별하기 위해 중수해야 할 것이 무엇인지 살펴보겠습니다.

수문(水門), 성령 충만으로
내게 강 같은 평화를 이루어야 합니다.

(그 때에 느디님 사람은 오벨에 거주하여 동쪽 수문과 마주 대한 곳에서부터 내민 망대까지 이르렀느니라)_느 3:26

수문은 예루살렘 남동쪽 성문으로, 예루살렘 성전 남쪽 기혼 샘에 물을 기르러 갈 때 지나던 문입니다. 영적으로는 성령 충만이 강처럼 흐르는 곳, 강 같은 평화를 누리는 곳을 상징합니다.

느디님 사람들이 오벨에 거주하여 동쪽 수문과 마주 대한 곳에서부터 망대까지 이르렀다고 합니다. 그런데 이 구절에는 '중수했다'는 말도 없고, 성경을 보면 본문이 괄호 안에 들어가 있습니다. '생략해도 괜찮다'는 의미가 아닙니다. 이 구절에는 느디님 사람들이 재건한 성벽의 범위가 구체적으로 기록되어 있습니다.

오벨은 '요새'라는 뜻입니다. 느디님은 기브온에 속해서 여호수아 시대 이후 이스라엘의 종이 된 사람들입니다. 그들은 성전에서 허드렛일을 하는 종으로 살다가 이스라엘이 바벨론 포로로 잡혀가면서 함께 포로가 됐습니다. 사실 느디님 사람들 입장에서 보면 바벨론 포로가 된 것이 일종의 신분 세탁이 된 셈입니다. 종으로 부리던 이스라엘과 종으로 살던 기브온, 느디님이 포로라는 동일한 신분을 갖게 된 것입니다. 그러니 포로기가 끝나고 예루살렘으로 귀환할 때 얼마나 돌아오기 싫었겠습니까? 같은 포로로 지내다가 돌아오면 다시 종노릇을 해야 하는데 돌아오고 싶었겠습니까? 그런데 이 느디님 사람들이 1, 2, 3차 포로 귀환을 통해 모두 돌아왔습니다. "악인의 장막에 사는 것보다 내 하나님의 성전 문지기로 있는 것이 좋사오니"(시 84:10) 하고 예루살렘으로 돌아왔습니다. 그들은 왜 돌아왔을까요?

이들은 가나안 족속을 진멸하는 이스라엘의 정복 전쟁에서 전쟁 포로로 살아남은 사람들입니다. 죽을 수밖에 없는 상황에서 은혜로 겨우 살아남았습니다. 그렇게 '나 같은 죄인 살리신 주 은혜'를 생각하면 돌아오지 않을 수가 없는 것입니다. 자손 대대로 종살이를 하더라도 하나님의 성전을 섬기는 것이 가장 큰 축복임을 부인할 수가 없는 겁니다. 그래서 느디님 사람들은 특별히 중수하지 않아도, 그저 하나님의 요새인 오벨에 거하기만 해도 성령 충만함을 누리고 있습니다. '나 같은 죄인 살리신 주 은혜'를 생각하며 흘리는 눈물이 강같이 흘러, 수문에서부터 내민 망대까지 미치고 있습니다.

더구나 느디님은 '주다'라는 뜻으로 성전 봉사에 바쳐진 사람들입니다. 그들은 비록 허드렛일을 해도 성전에 바쳐져 섬기다 보니 늘 은혜가 충만합니다. 이처럼 성전을 가까이하는 것이 성령 충만의 비결입니다.

요즘은 성도들이 자신이 거주하는 지역 교회에 연연하지 않는 분위기입니다. 하지만 저는 교회는 되도록 집 가까이에 있는 것이 좋다고 생각합니다. 예배당이 가까이 있어서 수시로 기도하고 모일 수 있는 환경이 은혜받기에 좋은 환경입니다.

자녀를 위해서도 하나님의 말씀을 가까이하는 것이 중요합니다. 공예배에 늘 데리고 다니면서 교회를 가까이하고 교회 공동체를 편안히 느끼게 해야 합니다. 성경과 교회를 가까이하면 저절로 은혜를 맛보며 성령 충만한 아이로 자라게 될 것입니다.

느디님처럼 출신이 형편없고, 부모가 형편없고, 돈이 없고 '백(background)'이 없어도 하나님의 성전이 요새가 되어 우리 가정을 지켜 줍니다. 느디님이 종의 신분을 가지고 하나님의 전을 사모한 것처럼, 가난하고 형편없는 환경이 하나님의 전을 사모하게 하는 오벨의 요새입니다. 돈이 없어서 세상으로 못 나가고, 갈 데가 없어서 교회에서 기도하고 성경 보는 것이 나와 자녀들을 지켜 주는 요새입니다.

> 그 다음은 드고아 사람들이 한 부분을 중수하여 내민 큰 망대와 마주 대한 곳에서부터 오벨 성벽까지 이르렀느니라_느 3:27

느디님 사람들 다음으로 드고아 사람들이 수문의 한 부분을 중수합니다. 3장 5절을 보면 드고아의 귀족들은 성전 공사를 분담하지 않았다고 했습니다. 일을 안 하는 귀족들을 대신해서 나머지 드고아 사람들이 서쪽과 동쪽 성벽 두 부분을 중수하고 있습니다. 귀족들이 분담하지 않는 바람에 두 몫의 엄청난 영광을 누리게 된 것입니다. 내 옆의 '잘난' 귀족들 때문에 내가 성별됩니다. 손가락 하나 까딱 안 하는 배우자와 자녀 때문에 내가 1인 2역, 3역을 하면서 두 몫의 은혜를 맛보게 됩니다.

다른 사람도 아니고 내 식구가 잘난 귀족이 돼서 아무 일도 안 하고 있으니 이 역시나 뭐라고 말할 수 없는 '한 부분'입니다. 부모가 귀족이면 좋을 것 같지만 귀족의 자녀로 사는 것 또한 힘든 한 부분입니다. 부모의 학력이 찬란하고 가문이 찬란하면 그 부모를 만족시키기가 너무 어렵습니다. 귀족 부모들은 "나는 잘했는데 너는 왜 이 모양이냐" 하며 못난 자식을 이해하지 못합니다. 더구나 사회적으로 이름이 널리 알려진 귀족 부모일수록 집안에, 자식에게 일어나는 문제에 더욱 굳게 입을 닫습니다. 그래서 없는 부모를 섬기는 것보다 잘난 부모를 섬기는 것이 훨씬 힘든 고난입니다.

그러나 드고아 귀족 때문에 나머지 사람들이 두 몫의 영광을 누릴 수 있다는 것을 기억해야 합니다. 그들의 수고로 영적 통찰력이 생겨서 그냥 내민 망대가 아니라 '내민 큰 망대'에 이르게 됩니다. 주의 일에 두 몫을 담당하라고, 두 배로 주시는 은혜와 평안을 맛보고, 두 배의 성령 충만으로 강 같은 평화를 누리게 되는 겁니다.

† 느디님 사람들은 중수했다는 말 없이 요새 같은 오벨에 거주하기만 해도 수문의 성령 충만을 누렸습니다. '나 같은 죄인 살리신 주 은혜'가 요새가 되어, 그 은혜에 거하며 성령 충만을 누리고 있습니까?

† 손가락 하나 까딱하지 않는 귀족 같은 가족들 때문에 두 몫을 담당해야 합니까? 두 몫의 수고와 헌신으로 '내민 큰 망대'의 분별력을 키우며 두 배의 충만한 은혜와 평안을 누리고 있습니까?

마문(馬文), 지위와 권세를 내려놓아야 합니다

> 28 마문 위로부터는 제사장들이 각각 자기 집과 마주 대한 부분을 중수하였고 29a 그 다음은 임멜의 아들 사독이 자기 집과 마주 대한 부분을 중수하였고……_느 3:28~29a

마문은 말과 함께 들어가는 문입니다. 마문에서 제사장들이 직접 나서서 자기 집과 마주 대한 부분을 중수했습니다. 말은 지위와 권력의 상징입니다. 그런 의미에서 제사장들이 마문을 중수한 것은 권위를 내세우지 않고 능동적으로 일했음을 보여 줍니다. 목회자, 사역자라고 권위를 내세우지 말고 자기 몸과 시간을 희생하며 성도를 섬겨야 합니다. 각자 은사가 달라서 가르치는 입장에 선 것이지 그 역할 자체가 대단한 것은 아닙니다.

마문 중수에서 또 한 가지 적용해 볼 것은 제사장들이 "자기 집과 마주 대한 부분"을 중수했다는 사실입니다. 사역을 하면서 하나님이 부흥하게 하시면 마문으로 말 타고 오는 사람, 지위 높은 사람들도 모여듭니다. 학벌과 권세를 가진 사람들이 나에게 은혜를 받았다고 찾아옵니다. 하지만 그렇게 인정받는 때일수록 '자기 집과 마주 대한 부분'을 기억해야 합니다. 밖에서 인정받아도 자기 집과 그 마주한 곳들을 잘 중수하지 않으면 성별된 것들이 무너질 수 있습니다.

구약의 유명한 아달랴 여왕도 이 마문에서 죽임을 당했습니다. 아달랴는 북이스라엘 왕 아합과 왕비 이세벨의 딸로 남유다 왕궁으로 시집을 와서 여호사밧 왕의 며느리가 됐습니다. 남편이 여호람 왕이고 아들은 아하시야 왕입니다. 친정아버지도 왕, 시아버지도 왕, 남편도 왕, 아들도 왕인데 나중에는 아달랴 본인이 왕이 되려고 아들과 손자들까지 죽였습니다. 이 와중에 요아스만 겨우 살아남아서 남유다의 계보를 이었습니다(왕하 11:1~3). 아달랴가 그렇게 대단한 사람이다 보니 마문에서 죽임을 당했습니다. 왕이라서 '왕궁의 말이 다니는 길로 가다가' 거기서 죽임을 당했습니다(왕하 11:16).

교회 안에서 지위와 권세로 행세하려는 사람은 그것 때문에 자신도 죽고 공동체도 죽입니다. 그러나 아달랴가 죽음으로 요아스가 왕이 되고 예수님의 조상인 유다의 계보가 이어졌듯이, 교회 안에서도 권위주의가 죽어야 공동체가 영적으로 살아날 수 있습니다.

마문을 중수한다는 것은 세상의 권세와 지위에 초연해지는 일입니다. 나 자신부터 권위주의를 내려놓고, 교회 안에서 직분과 지위를 내세우는 일이 없도록 해야 합니다. 돈이 많고 지위가 높다고 직분을 주면 그 공동체는 금세 무너집니다. 주의 일은 세상 권세와 재물로 되는 것이 아니기 때문입니다.

우리는 모두 영적 제사장이기에 세상 지위 앞에 주눅들 필요도 없고, 또 지위가 있다고 해서 자랑할 것도 없습니다. 학벌이 있든 없든, 부자든 가난하든, 사람을 살리는 영적인 직분이 가장 중요합니다. 지위와 학벌에 관계없이 말 타는 자리에서 내려와 겸손히 몸으로 헌신하는 것이 끝까지 성별되는 비결입니다.

† 사역자, 직분자라고 권위만 내세우는 것이 아니라 몸으로 헌신하는 본을 보이고 있습니까? 사역을 하면서 말 탄 사람들, 재력과 권세를 가진 사람들에 대해 초연합니까? 내가 말 타는 자리에서 내려와 겸손히 몸으로 헌신할 일은 무엇입니까?

동문(東門), 여호와의 영광이 임해야 합니다

……그 다음은 동문지기 스가냐의 아들 스마야가 중수하였고
_느 3:29b

동문은 여호와의 영광이 성전으로 들어오는 곳입니다(겔 43:4). 동문지기 스가냐는 '여호와께서 거하신다'는 뜻이고, 그 아들 스마야는 '여호와께서 들으셨다'는 뜻입니다. 하나님의 영광이 임하는 곳은 하

나님께서 거하시며 내 기도를 들으시는 곳입니다. 말씀 묵상과 기도로 하나님과 친근하게 지내는 것이 영광이 임하는 인생입니다.

하나님과 친근하다는 것이 무엇입니까? 날마다 모든 것을 하나님께 아뢰고 하나님의 음성을 듣는 것입니다. 그러면 하나님께서 내 기도를 들으시고 모든 상황과 사건을 해석해 주십니다. 그래서 영광이 임한다는 것은 모든 일을 하나님의 시각으로 바라보는 것, 사건에 대해 올바른 견해를 갖는 것입니다.

> 그 다음은 셀레먀의 아들 하나냐와 살랍의 여섯째 아들 하눈이 한 부분을 중수하였고……_느 3:30a

하나냐의 아버지 셀레먀는 '여호와의 감사'라는 뜻입니다. 모든 일을 하나님의 시각으로 바라보고 올바른 견해를 갖게 되면 결국 모든 일에 감사하게 됩니다. 아버지 셀레먀가 올바른 견해를 가지고 감사하며 살았더니, 서쪽 성벽 중수에 참여했던 하나냐가 동쪽 중수에도 참여합니다. 범사에 감사하는 아버지 밑에서 하나님께 헌신하는 자녀가 나오는 것입니다.

그런데 또 다른 아버지 살랍은 그 이름의 뜻이 '상처와 균열'입니다. 그의 아들 중에 여섯째 아들 하눈이 한 부분을 중수하고 있습니다. '상처와 균열'이라는 이름의 가문에, 다섯 형제는 간데없고 하눈 혼자서 성벽 중수에 참여했습니다. 골짜기 문에서 분문까지 힘들고 비천한 부분을 중수했던 하눈이 여기서도 한 부분을 중수하고 있습니다

(느 3:13). 그래서 "은혜롭다"는 그 이름의 뜻대로 은혜로운 하눈이 됐습니다.

감사하는 아버지 셀레먀에게서 자란 하나냐도, 상처 주는 아버지 살랍에게서 자란 하눈도 성전의 한 부분을 중수합니다. 부모가 누구이고, 환경이 어떻든 간에 하나님의 시각으로 올바른 견해를 가진 사람은 귀한 한 부분을 중수하게 됩니다. 부모가 상처를 주고 형제들이 외면해도 하눈이 성전 역사의 주요 인물이 되지 않았습니까. 세상이 감당할 수 없는 환경을 예수 그리스도의 가치관으로 뛰어넘을 때 무너진 가정을 살리는 주인공이 됩니다.

> ……그 다음은 베레갸의 아들 므술람이 자기의 방과 마주 대한 부분을 중수하였고_느 3:30b

서쪽의 어문 중수를 담당했던 므술람이(느 3:4) 동쪽에서 자기의 방과 마주 대한 부분을 또 중수합니다. 성벽 중수의 마지막에 힘을 낸 사람들은 대부분 서쪽에서도 일을 했던 사람들입니다. 있는 자는 받아 풍족하게 되고, 없는 자는 그 있는 것까지 빼앗기는(마 25:29) 원리가 주의 일에서도 그대로 적용됩니다. 땅의 일은 가중될수록 피곤하고 힘이 들지만, 주의 일은 하면 할수록 성령의 능력이 충만해집니다. 할수록 평안하고 할수록 풍성한 열매를 거둘 수 있습니다.

또한 성벽 중수의 마지막에 침실과 침방을 의미하는 '자기의 방'이 언급됩니다. 무너진 가정을 중수하는 데 특별히 중요한 것이 침방 관리입니다.

여자들은 여자로서의 역할이 가장 우선이고, 그다음이 아내, 그 다음으로 중요한 것이 어머니의 역할입니다. 남자도 마찬가지입니다. 남자로서의 역할, 그다음이 남편, 그다음이 아버지의 역할이 중요합니다. 그러니 침방 관리가 경건하고 성별 된 적용임을 잊지 마시기 바랍니다.

거룩하라고 해서 교양 있게 점잔을 빼라는 말이 아닙니다. 하나님께서 남자와 여자로 주신 역할에 부부가 서로 충실한 것이 거룩이고 경건입니다. 그래서 침방 관리를 잘하는 것이 하나님의 성전인 우리 몸을 거룩하게 지키는 비결입니다.

그런데 침방 관리에 허점이 생기면 성벽에 구멍이 뚫립니다. 깨어진 부부 관계가 회복되기 위해서는 서로의 눈을 마주 보고 대화하고 스킨십하고 안아 주는 연습이 필요합니다. 부부간에 침방 관리를 잘해서 하나님께서 맺어 주신 한 몸을 회복하는 것이 성별의 절정입니다.

† 나에게 돈이 거하고 건강이 거해서가 아니라, 오직 여호와의 영광이 거함으로 여호와께서 들어 주시는 인생 스마야가 되는 것을 믿습니까?

† '여호와의 감사'인 셀레먀의 아들 하나냐도, '상처와 균열'을 가진 살랍의 아들 하눈도 성벽 중수에 헌신했습니다. 믿음의 부모도 상처를 준 부모도 하나님께서 나를 쓰시기 위한 복의 통로임을 믿습니까?

† 특별히 침방 관리가 언급된 것은 가정 중수에서 성(性)에 대한 관리가 중

요하기 때문입니다. 부부간의 침방 관리, 개인의 침방 관리를 위해 깨어 기도하고 있습니까?

함밉갓 문, 공동체에 잘 붙어 있어야 합니다

31 그 다음은 금장색 말기야가 함밉갓 문과 마주 대한 부분을 중수하여 느디님 사람과 상인들의 집에서부터 성 모퉁이 성루에 이르렀고 32 성 모퉁이 성루에서 양문까지는 금장색과 상인들이 중수하였느니라_느 3:31~32

함밉갓 문은 '검열 문'이라고 해석하는데 군사 소집과 관련된 문입니다. 군대는 공동체입니다. 아브라함 개인이 약속의 땅 가나안에 들어갔지만, 이스라엘이 출애굽할 때는 '여호와의 군대'로 애굽 땅에서 나왔습니다(출 12:41). 개인의 구원이 공동체의 구원, 사회의 구원으로 이어지는 것입니다.

그래서 함밉갓 문부터는 개인의 이름이 없어집니다. 느디님 사람과 금장색, 상인들이 중수하였다고 하며 공동체를 소개합니다. '나'는 없어지고 공동체가 드러나는 것이 신앙의 성숙입니다. 사람은 누구나 자신이 드러나고 인정받기를 원합니다. 나 개인으로 인정받고 싶기에 인생이 힘듭니다. 그러나 '나 같은 죄인 살리신 주 은혜'를 경험하고 나면 내가 뭔가 했다는 생색이 없어집니다. "내가 기도했다,

내가 봉사했다" 하지 않고 "우리가 기도했다. 우리 교회가 헌신했다"
고 말하게 되는 겁니다. 이것이 성별의 마지막 단계입니다.

큐티는 성도 개인이 하나님의 말씀을 묵상하고 기도하는 경건의
시간입니다. 그러나 혼자 큐티하는 것보다 그것을 공동체에서 함께
나눌 때 더 큰 능력이 나타납니다. 혼자서만 성경을 묵상하다 보면 자
칫 내 생각과 감정에 치우칠 위험이 있습니다. 그런데 공동체에서 "나
는 이 말씀을 묵상하면서 이것을 깨달았다, 이렇게 적용했다"고 나누
면 그런 위험이 적어집니다. 은혜도 함께 나누고 실수도 함께 나누면
서 개인의 큐티가 공동체에서 검증되는 것입니다.

그리고 그보다 중요한 것은 공동체가 함께 말씀을 묵상하고 나
눌 때 더 큰 능력으로 나타난다는 사실입니다. 혼자 깨닫기 어렵고 적
용하기 힘든 것을 공동체가 도와주기 때문입니다. 내 힘으로는 바람
피우는 배우자를 용서하기 어렵지만 공동체에서 같이 아파하고 권면
해 주면 그 힘으로 용서하겠다고 결단하게 됩니다. 혼자서는 감당하
기 어려운 자녀, 질병의 고난도 같이 말씀을 나누고 기도하는 공동체
가 있을 때 넉넉히 감당할 수 있습니다.

그런데 여러분, 느헤미야 3장 본문에서 가장 많이 나오는 단어가
무엇인지 발견하셨습니까? 성벽을 중수하면서 가장 많이 나오는 단
어는 '그다음'입니다. 한 사람이 한 부분을 짓고, 그다음 또 한 사람이
다른 한 부분을 짓고, 그다음 사람, 또 그다음 사람이 동참해서 무너진
성벽을 중수하고 있습니다.

이 말씀처럼 우리 모두 '그다음'의 인생이 되기를 바랍니다. 우리

의 가정과 교회가 성벽 공동체가 되어서 모든 사람이 주의 일에 참여하는 강한 공동체가 되기를 바랍니다. 나의 구원이 이제는 강력한 군대의 구원으로 나타나 가정과 직장과 이 나라를 변화시키기를 축원합니다.

† 중보기도와 구제를 할 때 내 이름이 아닌 교회와 목장을 드러냅니까?
† 우리 가정과 교회는 모두 어우러져 구원으로 나아가는 성벽 공동체입니까? 주의 일은 혼자 하는 것이 아니라 그다음, 또 그다음을 모든 사람이 골고루 동참하는 것임을 압니까?
† 가정과 교회를 끝까지 성별하고자 상처와 사연이 많은 가족과 지체를 안아 주며 "미안하다. 당신이 옳다"고 인정합니까?

세상이 감당할 수 없는 환경을
예수 그리스도의 가치관으로
뛰어넘을 때
무너진 가정을 살리는
주인공이 됩니다.

가장 돈이 되는 말은 'I'm sorry', 즉 미안하다는 말이라고 합니다. 어떤 상황에서도 "미안하다, 내 탓이다"라고 하는 것이 성공의 원리인 것을 알았습니다. 하나님 앞에 내 죄를 고백하고, 사람에게도 "미안하다"고 용서를 구하며 끝까지 성별하기를 기도합니다.

수문(水門), 성령 충만으로
내게 강 같은 평화를 이루어야 합니다(느 3:26~27).

수문 중수는 성령 충만으로 '내게 강 같은 평화'가 임하는 것이라고 합니다. 나 같은 죄인 살리신 주 은혜가 요새가 되어서 그 은혜에 거하며 성령 충만을 누리기 원합니다. 그냥 '내민 망대'가 아니라 '내민 큰 망대'에 이를 수 있도록 도와주옵소서. 주의 일에 두 몫을 담당하여 두 배로 주시는 평안과 두 배의 성령 충만으로 강 같은 평화를 누릴 수 있도록 은혜를 더하여 주옵소서.

마문(馬文), 지위와 권세를 내려놓아야 합니다(느 3:28~29a).

지위와 권세를 내려놓고 섬기는 것이 마문 중수라고 합니다. 우리 교회가 차별 없이 섬기는 공동체가 되기를 기도합니다. 지위, 학벌에 관계없이 말 타는 자리에서 내려와 몸으로 헌신하는 성별된 삶을 살아갈 수 있도록 도와주옵소서.

동문(東門), 여호와의 영광이 임해야 합니다(느 3:29b~30).

여호와의 영광이 동문에 임하였듯이 세상의 영광이 아닌 하나님의 영광이 임하는 삶을 살기 원합니다. '여호와의 감사'인 셀레먀의 아들 하나냐도, '상처와 균열'을 가진 살랍의 아들 하눈도 성벽 중수에 헌신했듯이 믿음의 부모나 상처를 준 부모 모두 하나님께서 나를 쓰시기 위한 복의 통로임을 알기 원합니다. 나에게 돈이 거하고 건강이 거해서가 아니라, 오직 여호와의 영광이 거함으로 여호와께서 들어주시는 인생을 살아갈 수 있도록 지켜 주옵소서.

함밉갓 문, 공동체에 잘 붙어 있어야 합니다(느 3:31~32).

공동체의 능력이 나타나는 것이 함밉갓 문 중수라고 합니다. 기쁨도 슬픔도 함께하는 공동체가 있어 서로가 힘을 낼 수 있도록 도와주옵소서. 무엇보다 한 사람이 한 부분을 짓고, 그다음 사람, 또 그다음 사람이 동참해서 무너진 성벽을 중수하는 모습을 보았습니다. 우리도 '그다음'의 인생이 되기를 기도합니다. 우리의 가정과 교회가 성벽 공동체가 되어서 모든 사람이 주의 일에 참여하는 강한 공동체가 될 수 있도록 지켜 주옵소서.

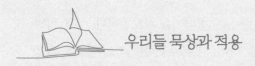

저는 3남 1녀의 막내로 태어나 귀여움을 독차지하며 자랐습니다. 그러다 제가 고3 때 할머니가 돌아가시면서 저와 형제들이 어머니가 다르다는 사실을 알게 되었습니다. 큰 충격을 받았지만 '좋은 생각만 하며 즐겁게 살자'는 저의 이기적인 성향으로 이 일을 극복한 줄 알았습니다. 저는 성가대에서 찬양하는 것이 좋아 중학생 때부터 교회는 다녔지만, 무늬만 크리스천이었습니다. 정작 예수님과의 인격적인 만남이 없었기에 믿음의 요새에 거하지 못하고(느 3:26), 세상 지위와 권세를 구했습니다.

그러다 자수성가로 성공하겠다며 대기업 샐러리맨의 길을 접고 사업을 시작했습니다. 그러나 사업은 뜻대로 되지 않았고, 저는 신용불량자가 되기 일보 직전까지 몰리고 말았습니다. 그때라도 돈과 지위를 내려놓고 하나님의 영광을 구하는 동문 중수를 잘했어야 했는데(느 3:29), 사탄의 통치를 받으며 점을 보러 다녔습니다. 그리고 연속되는 투자 실패 속에 아내를 배신하고 바람을 두 번이나 피웠습니다.

아내는 그런 저를 믿음으로 기다리며 돌아오라고 했습니다. 그런데도 저는 아내에게 "너 때문에 내 인생이 망했다"면서 온갖 조롱과 핍박을 퍼부었습니다. 이미 말씀으로 살아나고 있던 아내는 저의 이런 강퍅함에도 불구하고 그저 "당신이 돌아오기만 하면 된다", "아무것도 바라지 않으니 당신만 있으면 된다"고 했습니다. 그러면서 네 번만 교회에 와서 예배를 드리면 제가 원하는 대로 이혼해 주겠다고 했습니다.

아내의 한결같은 모습에 '딱 네 번만 가자'고 마음먹고 마지못해 교회에 따라갔습니다. 그런데 로마서 설교 말씀을 들으며 인간이 100퍼센트 죄인이고 내 힘으로 할 수 있는 것은 아무것도 없다는 사실을 깨닫게 되었습니다. 네 번만 오기로 했던 예배는 그다음 주에도 이어졌습니다. 성벽 중수에 관심이 없던 드고아의 귀족들 대신 나머지 사람들이 두 몫의 수고를 한 것처럼(느 3:5, 27), 두 몫의 수고를 한 아내 덕분에 제게 말씀이 들리기 시작한 것입니다.

이후 양육과 부부목장을 통해 내 죄를 고백하고 수치를 드러냈을 때 죄의 근원이 끊어지는 경험을 했습니다. 이렇게 함밉갓 문을 중수하며 공동체에 잘 붙어 있으니 양문 예배가 회복되고 부부 관계와 경제적인 상황도 회복되었습니다(느 3:31). 이혼 직전까지 갔던 우리 가정에 여호와의 영광이 임하는 구원의 역사를 허락하신 하나님께 감사와 찬양을 드립니다(느 3:29).

하나님 아버지, 어려운 희생과 헌신을 하는 것보다 "미안하다"는 한 마디를 하는 것이 성별하는 것임을 알았습니다. 그런데 그 말이 너무 어렵습니다. 내 잘못을 인정하고 상대방을 높여 주며 "미안합니다. 당신이 옳습니다"라고 말하는 것이 참으로 어렵습니다. 내가 하나님 앞에 죄인임을 인정함으로 사람에게도 잘못을 사과할 수 있기를 원합니다.

그러기 위해 하나님의 은혜가 필요하오니 은혜의 요새인 오벨에 거하게 하옵소서. 느디님 사람처럼 나의 비천함을 알고, 드고아 사람들처럼 귀족들 때문에 두 몫의 수고를 감당해도 성령 충만의 수문에서 강 같은 평화를 누리게 하옵소서.

세상 권세를 내려놓고 직분과 지위를 초월하여 마문 중수에 헌신하게 하옵소서. 돈과 학벌을 가진 말 탄 사람들에게 주눅 들지 않고 하나님의 자녀로서 당당하게 살게 하옵소서. 세상의 영광보다 여호와의 영광이 거하는 동문을 중수함으로 내가 여호와께서 들어 주시는 대단한 인생임을 알게 하옵소서. 날마다 하나님의 말씀을 묵상함으로 하나님의 영광이 나에게 거하기 원합니다. 그리하여 사건마다 올바른 견해를 가지고 환경을 뛰어넘는 지혜를 갖기 원합니다. 하나님께 감사하는 민음의 가정도, 상처와 갈등뿐인 가정도 그것 때문에 하나님의 일을 하지 못한다고 변명할 수 없습니다. 어떤 부모, 어떤 환경도 나를 은혜롭게 하는 복의 통로임을 알고 구원의 성벽 중수에 우리 모두 동참하기 원합니다.

특별히 가정 중수를 위해 자기의 방, 침방 관리를 잘하게 하옵소서. 깨어진 부부 관계가 회복되고, 깨어진 순결이 하나님 안에서 새롭게 지켜지기를 원합니다. 혹시 부적절한 관계와 행위로 침방 관리를 잘못하고 있다면 지금 이 순간 끊어지게 하옵소서. 하나님이 원하지 않으시는 행위는 멸망으로 가는 것임을 알고 예수 그리스도 이름으로 물리치게 하옵소서.

이 모든 것을 혼자 힘으로 할 수 없기에 함밉갓 문의 공동체가 필요합니다. 나의 구원이 가정과 사회의 구원으로 나아가기 위해서 하나님의 군대를 이루게 하옵소서. 믿음의 공동체에서 힘을 얻고 사랑을 나누며 성별된 개인, 성별된 가정과 교회, 성별된 나라가 되어 하나님께 드려지게 하옵소서. 예수님 이름으로 기도하옵나이다. 아멘.

PART

가정을 위협하는
방해에 대처하라

방해와 대처

느헤미야 4장 1~14절

_____ 하나님 아버지,
성벽을 중수하는 과정에 방해가 있습니다.
그 방해에 굴하지 않고 잘 대처할 수 있도록
말씀해 주옵소서. 듣겠습니다.

한 자매가 주일예배 중에 간증을 하겠다고 했습니다. 우리들교회의
간증은 저의 설교와 함께 기독교TV에서 방송되고 있습니다. 많은 사
람 앞에서 자기 삶을 오픈하는 것이 대단한 순종인데, 지체의 간증에
은혜를 받은 자매가 그 일에 순종한 것이죠.

　　그런데 그 주에 갑자기 간증이 취소됐습니다. 교회에서 목장을
개편하는데 새로 개편된 목장에 그 자매가 가기 싫다고 화를 냈기 때
문입니다. 저에게 전화를 걸어 불평을 토로하는 자매에게 "아직 때가
아닌 것 같으니 간증을 하지 말라"고 했습니다.

　　화를 낸 자체가 문제가 아닙니다. 지체들에게 은혜를 받아 삶을
오픈한다고 하면서 누구는 좋고, 누구는 싫다고 하는 건 영적으로 미
성숙한 모습이기 때문입니다.

　　하나님을 믿고 하기 어려운 간증까지 하겠다고 순종해도 여전히
해결되지 못한 부분이 우리에게 있습니다. 가장 무서운 방해는 내 안
에 있습니다. 예수님을 믿고 나서도 해결되지 않는 미움과 원망, 상처

의 방해가 하나님의 역사를 위협합니다. 느헤미야가 왕의 허락을 얻어 '일어나서 건축하자'고 백성을 독려하고 예루살렘 성벽을 지어 가는데, 그 일에도 때마다 방해가 있습니다. 성벽 중수의 역사는 방해의 역사라고 해도 과언이 아닙니다. 어떤 방해가 있을까요?

내 속에 있는 조롱과 비웃음의 방해가 있습니다

1 산발랏이 우리가 성을 건축한다 함을 듣고 크게 분노하여 유다 사람들을 비웃으며 2 자기 형제들과 사마리아 군대 앞에서 일러 말하되 이 미약한 유다 사람들이 하는 일이 무엇인가, 스스로 견고하게 하려는가, 제사를 드리려는가, 하루에 일을 마치려는가 불탄 돌을 흙 무더기에서 다시 일으키려는가 하고 3 암몬 사람 도비야는 곁에 있다가 이르되 그들이 건축하는 돌 성벽은 여우가 올라가도 곧 무너지리라 하더라_느 4:1~3

산발랏과 도비야는 느헤미야가 예루살렘으로 돌아온 것을 보고 업신여기며 비웃었습니다(느 2:19). 느헤미야가 왕의 허락까지 받아 왔건만 이스라엘이 워낙 경제력이 없고 인구도 얼마 안 되니까 '자기들이 무슨 수로 성벽을 재건하겠어?'라고 생각한 것이죠. 그래서 물리적으로는 방해를 하지 않았습니다. 그런데 느헤미야에게 도전을 받은 백성이 조직을 이루고 성문을 지어 가는 걸 보니 이제는 "크게" 분노하고 조롱합니다. "너희가 짓는 돌 성벽은 여우가 올라가도 곧 무너지리라" 하고 비웃어 댑니다.

여기서 '비웃다'라는 단어에는 '말을 더듬다'라는 뜻도 있습니다. 말을 더듬을 정도로 흥분해서 크게 분노하고 비웃은 것입니다. "스스로 견고하게 하려는가"라고 한 것도 그렇습니다. '미약한 유다 사람들이 제대로 신앙생활을 하려는가, 교회를 다니려는가, 그냥 몇 주 다니다가 말겠지' 하고 비웃은 것입니다. "제사를 드리려는가"라고 한 것도 그래요. "건물도 없이 교회를 하면서 예배를 드리려는가, 그런 교회가 부흥하겠어?" 하고 비웃은 것이나 다름없습니다. "하루에 일을 마치려는가, 불탄 돌을 흙 무더기에서 다시 일으키려는가"라고 한 것은 "140년 동안 무너져 있던 성전을 하루에 다 지으려는가, 그렇게 오랫동안 속 썩인 사람을 하루아침에 전도한다고? 예수 믿는다고 하루아침에 달라지겠어?" 하고 비웃은 것입니다.

여러분은 어떻습니까? 산발랏과 도비야의 비웃음이 내 속에도 있지 않습니까? 하나님과 상관없는 나의 우월감과 고정관념 때문에 우리는 하나님이 하시는 일을 비웃습니다. 내가 너보다 잘났다는 생각 때문에 "네가 믿긴 뭘 믿어" 하고 비웃습니다. 타인에 대한 고정관념으로 "그 사람은 아무리 교회 다녀도 술 못 끊어. 술 중독이 그 집안 내력이야" 하면서 비웃습니다.

사실 산발랏과 도비야가 이렇게 분노하고 비웃는 이유는 그들이 위기감을 느꼈기 때문입니다. 이 두 사람은 이스라엘 사람도 아니면서 지금 이스라엘에서 치리하고 있습니다. 이방인으로서 이스라엘에

빌붙어 백성의 것을 착복하고 있습니다. 그런데 진짜 이스라엘 사람, 하나님을 믿는 느헤미야가 나타나자 자기 자리를 뺏길까 봐 위기감을 느낀 것입니다. 자신들의 치리를 떠나 하나님을 의지하여 자립하려는 이스라엘 백성을 보면서 불안한 겁니다.

나보다 위대한 사람이 내 자리를 위협하는 순간이 있을 수 있지요. 그럴 때는 객관적으로 그 사람이 나보다 능력 있다는 걸 인정하고 자리를 넘겨주면 됩니다. 그런데 여러분, 무너지고 훼파된 상태에서 일으켜 줄 지도자가 나타났으니 도리어 고마워할 일 아닙니까?

하지만 말은 쉬워도 사람 마음이 그러기가 쉽지 않습니다. 객관적으로 그를 인정한다고 해도 쉽게 내 자리를 내주기는 어렵고, 고마워하기는 더더욱 어렵습니다.

생각해 보세요. 내가 목자로서 목장을 인도하는데 목원 중 한 명이 다른 목자에게 더 큰 은혜를 받았다고 하면 쉽게 인정할 수 있겠습니까? 내가 전도한 사람이 김 집사를 더 존경하고 따르면 김 집사에게 고마워할 수 있습니까?

물론 성숙한 사람들은 나의 부족함을 채워 줄 사람이 나타났다고 고마워할 것입니다. 그러나 대부분은 나보다 잘난 사람이 내 자리를 위협할 때 산발랏과 도비야처럼 분노할 수밖에 없습니다.

그래서 가장 무서운 것이 내 속의 방해입니다. 나와 가까운 사람들, 누구보다 나를 잘 아는 식구들이 내 믿음을 조롱하고 비웃습니다. 하지만 그보다 훨씬 무서운 것이 내 속에 있는 조롱과 비웃음입니다. 나 자신에 대한 열등감으로 '술 담배도 못 끊는 내가 무슨 목자를 하겠어!' 하고 스스로 조롱하고 비웃는 것입니다. 성별과 학벌에 대한 고정관념으로 '여자가 무슨 목회를 한다고 그래? 저 목사님은 대학 나온 거 맞아?' 하는 것이 내 속에 있는 조롱과 비웃음의 방해입니다.

† "너 같은 사람이 예수님을 믿는다고?" 이런 고정관념과 시기심으로 믿음을 조롱하는 산발랏과 도비야가 내 안에 있습니까? 성별과 학벌, 출신에 대한 편견으로 다른 사람의 신앙을 비웃고 조롱하지는 않습니까?

방해받을 때일수록 내 안의 악을 보고 회개해야 합니다

4 우리 하나님이여 들으시옵소서 우리가 업신여김을 당하나이다 원하건대 그들이 욕하는 것을 자기들의 머리에 돌리사 노략거리가 되어 이방에 사로잡히게 하시고 5 주 앞에서 그들의 악을 덮어 두지 마시며 그들의 죄를 도말하지 마옵소서 그들이 건축하는 자 앞에서 주를 노하시게 하였음이니이다 하고_느 4:4~5

느헤미야는 산발랏과 도비야의 방해에 대처하기 위해 먼저 하나님의 공의에 의거해 기도합니다. 산발랏과 도비야의 악, 상대방의 악을 물리쳐 달라고 간구합니다. 그런데 그들이 사람을 노하게 한 게 아니라 "주를 노하시게 하였다"고 합니다. 악한 자를 물리쳐 달라고 기도하되 내 원수를 갚기 위한 보복의 기도가 아니라, 하나님의 공의로 다스려 달라고 기도한 것입니다. 악한 자의 악을 물리쳐 달라는 것이지 그 사람 자체를 물리쳐 달라고 한 게 아니라는 겁니다. 이처럼 우리는 사람과 그가 행하는 악을 동일시 여겨서는 안 됩니다. 악은 심판하시되 모든 사람을 구원하기 원하시는 것이 '하나님의 공의'이기 때문입니다.

느헤미야는 공동체의 기도로 방해를 대처해 나갑니다. 하나님의 공의에 호소하면서 "우리 하나님이여 우리가 업신여김을 당하나이다"라고 기도합니다. 조롱과 비웃음에 대처하려면 공동체가 필요합니다. 세상에서 혹독한 비웃음과 조롱을 당해도 그것을 개인의 일로 여기지 않는 '우리', 함께 기도해 주는 '우리'가 있으면 씩씩하게 대처할 수 있습니다. 산발랏과 도비야처럼 아무리 세상 지위와 명예가 있으면 뭐합니까? 공동체가 없으면 곧 쓰러집니다. 돈과 지위를 가졌다고 공동체를 무시하고 '나 홀로' 신앙이 되면 수많은 방해를 이기지 못하고 결국 무너지고 맙니다.

제일 교만한 사람이 교회에 나와 예배만 드리고 공동체에 속하지 않는 사람입니다. 교회 지체들과도 어울리기 싫어하면서 무슨 전도를 하고 무슨 선교를 하겠습니까? 목장이나 구역에서 나보다 잘난 사람, 못난 사람, 좋은 사람, 싫은 사람 만나는 것이 선교 훈련입니다. 물론 온갖 사람이 섞여 그리스도 안에서 한 몸을 이루려니 이런저런 잡음이 생길 수 있지요. 그러나 그 모든 과정을 거쳐서 어떤 조롱과 비웃음에도 흔들리지 않는 믿음의 성벽을 쌓게 되는 것입니다.

무엇보다 "주 앞에서 내 악을 덮어 두지 않는 것"이 방해를 대처하는 최고의 방법입니다. 나를 조롱하는 산발랏 배우자, 나를 비웃는 도비야 상사가 있을 때 '내가 뭘 잘못했다고 나를 조롱하는 거냐! 그 사람 때문에 속상해서 죽겠다. 그 사람이 없어졌으면 좋겠다'고 생각한다면 나도 똑같은 사람이 되는 겁니다.

예수님은 아무 죄도 없이 나를 구원하시기 위해 수치와 조롱을 당하시고, 죽기까지 십자가를 지셨습니다. 상대를 향한 최고의 사랑은 예수님처럼 나에게 퍼붓는 조롱과 비웃음을 묵묵히 받아 주는 것입니다. 믿지 않는 산발랏 배우자, 도비야 상사는 하나님을 몰라서 오늘도 악을 행합니다. 악이 무엇인지 몰라서 회개도 못 합니다.

그런데 나는 어떻습니까? 하나님을 믿으면서도 그들과 똑같이 분노하고 있으니 내가 그들보다 더 악한 사람 아닙니까? 나를 조롱하고 비웃는 그들을 원망하면서, 내가 얼마나 사랑도 없고 용서도 못 하는 악한 인간인지를 깨닫게 됩니다. 그래서 그들의 악이 아닌 '내 악을 덮어 두지 마소서'라는 기도가 저절로 나오는 것입니다.

주의 앞에 내 악을 덮어 두지 않도록 기도할 때 죄가 힘을 잃습니다. 내 힘으로는 사랑도 용서도 할 수 없지만 목장에서 "남편이 너무 미워요. 아내를 용서 못 하겠어요" 하고 고백하면 미움과 원망의 방해가 힘을 잃게 됩니다. 악을 감추고 덮어 두면 점점 썩어서 고름이 나고 더 큰 악으로 번질 뿐입니다. 내 악을 드러내고 터뜨리는 순간 잠시는 아프겠지만 한 번 드러내고 나면 치유가 시작됩니다.

산발랏과 도비야에게 우리가 감사해야 할 이유는 그들로 인해 내 악이 드러나기 때문입니다. 굳이 감사까지 할 것이 무엇이냐고 하겠지만, 나를 조롱하고 비웃는 사람으로 인해 내 속의 악이 드러나고 치유가 시작됐으니 마땅히 감사해야 하지 않겠습니까? 그들이 나를 위해 수고한 것입니다. 애굽의 노예로 살던 이스라엘 백성을 구원하기 위해 바로 왕을 사용하신 것처럼 악인도 쓰일 때가 있습니다. 그래서 잠시 악인을 형통하게 하시고 내가 조롱당하게 하셔도 그것 때문에 힘들어할 필요가 없습니다. 하나님은 나를 회개하게 하시려고 산발랏과 도비야를 사용하십니다. 그들이 나를 노하게 한 게 아니라 주를 노하시게 했기에 주님이 그들을 다스리실 것입니다.

> 이에 우리가 성을 건축하여 전부가 연결되고 높이가 절반에 이르렀으니 이는 백성이 마음 들여 일을 하였음이니라_느 4:6

여러분, 보세요! 산발랏과 도비야가 격동하고 나니까 백성이 더 마음을 들여 힘을 내지 않습니까. 이래서 산발랏과 도비야가 나를 위해 수고한다고 하는 겁니다.

백성이 각자 자기 일을 하고 있다가 산발랏과 도비야가 방해를 하니까 이제 한마음이 되었습니다. 각자 지혜를 가지고 있다가 외부의 방해를 받으니까 한마음으로 연결돼서 더욱 힘을 냅니다. 그래서 더 힘든 상황임에도 더 큰 역사를 이뤄서 성벽 높이가 절반에 이르렀습니다. 조롱과 비웃음 속에서 나의 악을 보기 시작하면 절반은 된 것입니다. 주 앞에 내 속의 미움과 원망을 자백하면 절반은 지어진 겁니다. 나를 조롱하는 상대방을 탓하지 않고 내가 변하기로 결단하면 그 결단만으로도 절반은 세워진 것입니다.

느헤미야는 "마음 들여 일을 했다"고 하면서 성벽 중수의 주체를 백성 자체가 아닌 '마음'으로 표현하고 있습니다. 이것은 무슨 의미일까요? 백성이 몸만 동참한 것이 아니라 자발적이고 열심 있는 마음으로 헌신했음을 강조한 것입니다. 무슨 일이든 마음을 담아서 하는 것이 성공의 원천입니다.

부부도, 가족도 한마음 되기가 참 어렵습니다. 그러나 각자 자기 죄를 보는 공동체는 모든 일에 한마음이 될 수 있습니다. 주 앞에 내 악을 덮어 두지 않고 죄를 고백하는 공동체야말로 자발적인 마음으로 헌신하는 아름다운 공동체입니다.

† 예수 믿는 나를 조롱하는 것이 나를 노하게 하는 것이 아닌 주를 노하시게 하는 것임을 알고 있습니까? 그래서 내 원수를 갚기 위해서가 아니라 하나님의 공의로 다스려 주시기를 기도합니까?

† 세상에서 조롱당하는 지체의 고난을 믿는 '우리'가 당하는 것으로 생각하고 기도에 동참합니까? 내가 조롱당할 때 함께 기도해 줄 '우리' 공동체가 있습니까? 나를 조롱하는 그들을 통해 나의 미움과 분노를 깨닫고, 먼저 나의 악을 덮어 두지 마시라고 회개의 기도를 드립니까?

방해와 유혹이 연합해서 공격합니다

7 산발랏과 도비야와 아라비아 사람들과 암몬 사람들과 아스돗 사람들이 예루살렘 성이 중수되어 그 허물어진 틈이 메꾸어져 간다 함을 듣고 심히 분노하여 8 다 함께 꾀하기를 예루살렘으로 가서 치고 그 곳을 요란하게 하자 하기로_느 4:7~8

예루살렘 성전이 중수된다는 소식을 듣고 악한 사람들이 한마음으로 연합합니다. 서로 원수처럼 지내던 사람들도 예수 믿는 사람을 대적할 때는 갑자기 일사불란하게 하나가 돼서 공격합니다. 북에는 산발랏, 남에는 아라비아, 서에는 아스돗, 동에는 암몬이 힘을 합쳐 동서남북에서 협공을 합니다.

깨어진 가정을 회복하고 중수하려는데 동서남북에서 방해 세력이 나타날 수 있습니다.

북에서는 실직의 고난이 오고, 남에서는 시댁의 핍박이 오고, 서에서는 자녀가 문제를 일으키고, 동에서는 건강에 이상이 옵니다. 꼼짝도 할 수 없게 사방에서 나를 훼방하고 공격합니다.

어디 그뿐인가요? 사소한 것으로도 온 세상을 요란하게 만드는 것이 사탄의 공격 방법입니다. 뭔가 야비하고 치사한 방법으로 '요것쯤이야' 하고 타협하게 만들어서 하나님의 일을 중단시킵니다.

영적 성전을 중수하려고 뇌물도 안 받고, 카드 빚도 안 지고, 술도 끊고, 허물어진 틈을 보수하는데 "예수가 밥 먹여 주냐? 당장 돈이

174

있어야 해결되지. 뇌물 좀 받으면 어때?" 하면서 나를 요란하게 합니다. 돈의 유혹, 쾌락의 유혹이 사방에서 나를 공격하며 마음을 요란하게 만듭니다.

우리가 우리 하나님께 기도하며 그들로 말미암아 파수꾼을 두어 주야로 방비하는데_느 4:9

방해 세력의 협공에 대처하는 방법도 '우리' 하나님께 '우리'가 기도하는 것입니다. 정신을 차릴 수 없는 유혹과 공격 속에서도 나를 깨어 있게 하는 우리가 있으면 기도의 힘으로 물리칠 수 있습니다.

앞에서는 그냥 기도만 했는데 이제는 파수꾼을 세우게 됐습니다. 때마다 대처하는 방법이 다릅니다. 사탄의 공격이 교묘해질수록 하나님께서 알맞은 지혜를 주시고 어느 때에는 기도만으로, 또 어느 때는 파수꾼을 세워서 주야로 방비하게 하십니다.

하나님께 기도하면서 파수꾼을 세운다는 것이 무엇입니까?

부부간의 문제, 자녀 문제를 놓고 기도하되, 그것에 대해 객관적 시각을 가지는 것입니다. 내가 영적인 파수꾼으로 깨어 있으면 모든 문제를 객관적으로 보게 됩니다.

그러므로 감정과 집착에 휩싸여서 상황을 악화시키지 말고 나 자신과 가족을 객관적으로 볼 줄 알아야 합니다. 그것이 문제 해결의 지름길입니다. 그러려면 큐티가 나의 파수꾼이 되고, 목장예배가 나의 파수꾼이 되어야 합니다. 내가 어느 한쪽으로 치우치지 않고 깨어 있도록 서로가 서로를 파수해 주는 것이 방해 세력의 협공에 대처하는 최고의 전략입니다.

† 세상의 것을 끊고 믿음의 성전을 세워가는 데 힘을 모아 방해하는 세력이 있습니까? 힘들게 예수님을 믿었는데 사업이 망하고, 자녀가 문제를 일으키고, 암에 걸리고, 돈과 불신결혼의 유혹이 나를 요란하게 합니까? 그럴 때 대처할 수 있는 힘은 역시 '우리'에서 나옵니다. 믿음의 공동체에서 힘든 것을 나누고 기도하며 서로가 파수꾼이 되어 대처하고 있습니까?

가장 무서운 방해 세력은 내부의 적입니다

유다 사람들은 이르기를 흙 무더기가 아직도 많거늘 짐을 나르는 자의 힘이 다 빠졌으니 우리가 성을 건축하지 못하리라 하고
_느 4:10

모든 싸움에서 가장 힘든 대상은 내부의 적입니다. 산발랏과 도비야의 방해는 외부의 방해였습니다. 그 방해를 물리치고 힘을 내려고 하는데 유다 사람들, 즉 내부에서 방해가 일어납니다. 유다 사람들이 "흙무더기가 아직 많아서 성을 건축하지 못하리라" 하며 힘 빠지는 소리를 합니다. 지금까지 수고했는데 금세 뭔가 나타나지 않으니까 "기도도 그만할까 봐. 어차피 안 될 거야. 큐티도 그만할래. 어차피

안 달라질 거야" 하며 흔들립니다.

'흙무더기'를 원어로 보면 '그리고 그 흙무더기'라고 되어 있습니다. 그냥 흙무더기가 아니고 140년 전 바벨론에 의해 예루살렘이 불타고 무너진 '그 흙무더기'입니다. 무너진 성전의 흙무더기를 140년 동안 치우지 못하고 있었습니다. 왜 못 치웠을까요? 솔로몬 성전의 화려한 영광만 생각하느라고 못 치운 것이지요. 내가 한때는 잘나갔는데, 우리 집안이 대단했는데 '아 옛날이여!' 하면서 그들은 무너진 것을 인정하지 못했습니다. 아무리 과거가 화려했어도 지금 무너진 자리에서 할 일을 해야 하는데, 자존심 때문에 할 일도 못하고 140년 동안 무기력하게 지낸 것입니다.

그리고 "힘이 빠졌다"는 것은 기쁨이 없다는 뜻입니다. 과거의 영광만 생각하면서 아무것도 하지 않으니 기쁨이 없고 낙심에 빠질 수밖에 없습니다. 백성이 느헤미야의 독려로 힘을 내서 중수했는데 잠시 기쁘다가 시들해진 것입니다. 그러잖아도 인력이 부족한데 산발랏과 도비야 때문에 파수꾼까지 차출해 내니 더 힘이 빠질 수밖에 없지 않겠습니까? 그래서 "사람도 없는데 파수꾼까지 세운다고? 일을 하라는 거야, 말라는 거야? 다 그만둬. 그만둬!" 이렇게 된 겁니다.

신앙생활도 그렇지요. 예수님을 만나고 처음에는 기쁨으로 신앙생활을 시작합니다. 예배드리는 것도 기쁘고, 헌금도 기쁘게 내고, 교회에서 봉사하는 것도 기쁩니다.

그런데 당장 눈에 보이는 응답이 없으면 어느새 시들해집니다. "돈이 없는데 헌금은 어떻게 하느냐!" 불평하고, 덥다고, 춥다고, 교회가 멀다고 불평합니다. 하나님의 백성으로 성별되어 가다가 조금만 힘이 들면 다 그만두고 싶어지는 겁니다.

> 11 우리의 원수들은 이르기를 그들이 알지 못하고 보지 못하는 사이에 우리가 그들 가운데 달려 들어가서 살륙하여 역사를 그치게 하리라 하고 12 그 원수들의 근처에 거주하는 유다 사람들도 그 각처에서 와서 열 번이나 우리에게 말하기를 너희가 우리에게로 와야 하리라 하기로_느 4:11~12

게다가 눈에 보이는 원수들이 협박까지 합니다. 힘들어도 신앙을 유지하려고 애쓰는데 믿지 않는 배우자와 자녀가 달려듭니다. 교회에 못 가게 핍박하고 교회에 가면 당장 이혼한다고 협박합니다. 눈물로 기도해도 달라지지 않는 문제 자녀 때문에 낙심하고 있는데, 자녀가 아예 집을 나가겠다고, 죽어 버리겠다고 협박합니다.

그뿐만이 아닙니다. 원수들의 근처에 거주하는 유다 사람들, 내가 핍박받는 것을 잘 아는 사람들까지 나를 회유합니다. 성벽 중수는 그만두고 우리에게 돌아오라고, 기도도 큐티도 그만두고 인간적인 도움에 의지하라고 성화입니다. 열 번이나 와서 설득합니다. 선교지에 갈 때도 가까운 가족이 방해 세력이 되곤 합니다. "위험한 곳에 왜가느냐", "네가 아니면 전도할 사람이 없냐"며 무조건 돌아오라고 합니다.

참으로 점입가경입니다. 예루살렘 성전을 재건하려면 아직 갈 길이 먼데 밖에서는 조롱하고 비웃고, 안에서는 낙심해서 성벽 중수하다가 집으로 돌아가는 사람들까지 생겼습니다. 성전 역사에 위기가 찾아왔습니다.

그렇다면 느헤미야는 이 방해에 어떻게 대처했을까요?

> 13 내가 성벽 뒤의 낮고 넓은 곳에 백성이 그들의 종족을 따라 칼과 창과 활을 가지고 서 있게 하고 14 내가 돌아본 후에 일어나서 귀족들과 민장들과 남은 백성에게 말하기를 너희는 그들을 두려워하지 말고 지극히 크시고 두려우신 주를 기억하고 너희 형제와 자녀와 아내와 집을 위하여 싸우라 하였느니라_느 4:13~14

내 속의 방해에 대처하는 방법은 "종족을 따라" 서는 것입니다. 사탄보다 크고 두려우신 하나님을 기억하고 말씀의 칼과 창과 활을 가지고 힘써 싸워야 합니다. 가족을 위한답시고 자꾸 성벽 중수를 그만두고 돌아오라고 하는데, 느헤미야는 진짜로 가족을 위한다면 싸우라고 합니다.

진정한 가족 사랑은 일시적인 육신의 안전을 위하는 것이 아닙니다. 가족에게 영원한 안식인 천국을 전하는 것입니다. 정말 가족을 위한다면 안전하고 편한 것은 그만 따지고 그들의 구원을 위해 애통해야 합니다. 아무리 방해가 심해도 낙심하지 말고 '종족을 따라' 내 가족의 구원을 위해 싸워야 합니다. 내 가족의 구원을 위해 애통하며 영적 싸움을 하는 것이야말로 내 속의 방해를 이기는 비결입니다.

그러나 가족 구원에 관심이 없으면 방해에 대처할 수 없습니다. 목회를 하고 선교를 해도 내 가족이 구원되지 않으면 숱한 인간적인 방해에 시달리는 것을 봅니다.

믿음을 핍박하는 것도 걸림이 되고, 연민이 넘치는 것도 방해가 됩니다. 하나님을 모르는 가족은 부자여도 가난해도 방해가 됩니다. 그래서 가족 구원이 이루어지지 않으면 작은 방해에도 대처하지 못하고 절망의 수렁으로 떨어지기 쉬운 것입니다.

내 가족에게만 매달려서 목회도 선교도 하지 말라는 말이 아닙니다. 하나님의 때를 구하면서 다른 사람을 전도하고 섬기되 근본적으로 내 가족의 구원에 대한 애통함이 있어야 합니다. 이것이 모든 사역의 기초가 됩니다. 가족을 위해서도 애통하지 않으면서 어찌 다른 사람의 구원을 위해 눈물 흘리며 기도할 수 있겠습니까.

산발랏과 도비야처럼 내 믿음을 조롱하고 비웃는 사람들이 내 가족 중에도 있습니다. 하나님을 알지 못해서 악이 무엇인지도 모르고 사탄의 도구로 쓰임받는 부모, 형제와 배우자, 자녀가 우리 곁에 있습니다. 그러나 그보다 더 무서운 것은 변하지 않는 그들을 보면서 힘이 빠지고 낙심하는 내 속의 방해입니다.

내가 죽을 때까지 가족이 구원되는 걸 못 보고 갈 수도 있습니다. 그러나 당장 변하지 않아도, 갈수록 방해가 심해져도, 오늘도 그들의 구원을 위해 눈물 흘리며 가는 것이 방해에 대처하는 방법입니다. 그리할 때 내가 죽은 후에라도 가족이 돌아올 것입니다.

† 끊이지 않는 핍박과 유혹으로 인해 힘이 빠지고 낙심됩니까? 믿기 전에는 편하게 살았다고 하면서 과거의 흙무더기를 끌어안고 있지는 않습니까? "예수가 밥 먹여 주냐, 우선 너부터 살고 봐야지" 하는 말에 다시 세상으로 돌아가고 싶습니까?

† 외적, 내적 방해를 물리치기 위해 말씀의 칼과 창과 활을 예비하는 큐티를 하고 있습니까? 모든 영적 싸움이 내 집을 위한, 가족 구원을 위한 싸움인 것을 알고 있습니까? 구원을 이루기까지 숱한 사탄의 방해가 있어도 크고 두려우신 하나님이 모든 방해를 물리치실 것을 믿습니까?

 말씀으로 기도하기

하나님의 성전을 지어 가는 데 과정마다 방해가 있습니다. 하나님의 성전인 가정과 교회를 중수할 때 끊임없는 방해가 찾아옵니다. 그럴 수록 내 안의 악을 보고 회개하게 하옵소서.

내 속에 있는 조롱과 비웃음의 방해가 있습니다(느 4:1~3).

조롱과 비웃음의 방해가 있어도 낙심하지 않기를 기도합니다. 열등감과 죄에 빠져 스스로 조롱하고 비웃지 않도록 주의 자녀로서 자존감과 정결함을 더하여 주옵소서. 성별과 학벌, 출신에 대한 편견 으로 다른 사람의 신앙도 비웃고 조롱하지 않도록 마음을 다잡아 주 옵소서.

방해받을 때일수록 내 안의 악을 보고 회개해야 합니다(느 4:4~6).

어떤 방해를 받아도 하나님의 공의를 구하며, 공동체의 기도와 회개로 그 방해를 물리치기 원합니다. 주 앞에 내 악을 덮어 두지 않고 죄를 고백하고 회개하는 아름다운 공동체에서 '마음 들여' 헌신하며 구원의 사명을 잘 감당할 수 있도록 도와주옵소서.

방해와 유혹이 연합해서 공격합니다(느 4:7~9).

세상의 것을 끊고 힘들게 예수님을 믿었는데 사업이 망하고, 자녀가 문제를 일으키고, 암에 걸리는 사건이 왔습니다. 날마다 돈과 불신결혼의 유혹이 힘을 모아 나의 믿음을 방해합니다. 이런 방해 세력의 협공을 받아도 믿음의 공동체에 잘 붙어서 '우리' 하나님께 '우리'가 기도하기 원합니다. 서로가 파수꾼이 되어서 방해 세력의 협공에 대처할 수 있도록 믿음의 공동체를 굳건히 지켜 주옵소서.

가장 무서운 방해 세력은 내부의 적입니다(느 4:10~14).

가장 무서운 것은 내부의 방해라고 합니다. 원망과 불평, 우울한 감정 때문에 믿음의 역사를 포기하지 않게 해 주옵소서. 가족 구원을 위해 말씀의 무기를 들고 서는 것이 방해를 물리치는 방법이라고 하시니 구원에 대한 애통함을 갖기 원합니다. 마음을 다하여 가정을 살리고, 다른 사람들을 전도할 수 있도록 눈물의 영성을 허락하옵소서.

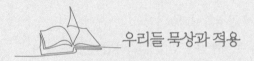

수년 전, 저는 잘 다니던 직장을 그만두고 제조업을 시작했습니다. 처음에는 가정도 사업도 평탄했습니다. 그러나 안전사고가 잇따르더니 급기야 사람이 죽는 큰 사고까지 일어났습니다. 그 일이 하나님이 부르시는 사건임을 몰랐던 저는 술을 마시며 방황했습니다. 결국 회사는 점점 빚이 늘어나 규모를 반으로 줄여야 할 만큼 어려워졌습니다. 그리고 모범생이던 딸이 사춘기가 되면서 강박 증세를 보이더니 폭발적인 분노를 가족에게 터뜨리기 시작했습니다. 딸이 언성을 높이며 욕을 해 대니 이웃들 보기에 부끄러웠습니다. 마치 원수가 한집에 사는 것 같아 지옥을 살았습니다. 가뜩이나 사업도 어려운데 딸까지 아프니 세상 살기가 싫었습니다. 그때 아내가 "우리 가정이 살아나려면 교회에 가서 말씀을 들어야 한다"고 권면했습니다. 이후 저는 지푸라기라도 잡는 심정으로 교회에 와서 예배를 드렸습니다.

그러던 어느 날 "상한 갈대를 받쳐 주는 철사가 되고, 어떤 것도 품을 수 있는 옥토가 되라"는 설교 말씀을 듣는데, 제가 바로 딸을 상한 갈대로 만든 장본인임이 깨달아져 하염없이 회개의 눈물이 쏟아졌습니다. 그동안 권위만 내세우고 내 중심으로 양육하려는 문제 부모인 저 때문에 딸이 강박증에 걸린 것이 인정되었기 때문입니다. 아내와 저는 딸 앞에 무릎을 꿇고 용서를 구했습니다. 그러나 딸은 "아직 아빠, 엄마를 용서하지 못하겠어. 정말로 회개하고 있는지 두고 보겠어"라고 말했습니다.

이후에도 저의 믿음을 조롱하듯이 딸의 강박증과 분노는 계속됐습니다. 게다가 예전에 나가던 술자리와 사교 모임, 골프 모임 대신 예배와 양육 모임에 참석하다 보니 사회에서 점점 왕따가 되어 갔습니다. 하지만 이런 방해에도 불구하고 하나님은 전에는 알지 못했던 공동체의 능력과 영적 교제의 즐거움을 경험하게 해 주셨습니다. 무엇보다 딸이 금세 나아지지 않아도 제가 말씀으로 저의 악을 깨닫고 변하는 만큼 딸도 조금씩 회복된다는 것을 알게 하셨습니다(느 4:4~6). 그리고 망할 것 같던 사업도 망하지 않고 조금씩 회복되는 은혜도 허락해 주셨습니다.

이제 가장 무서운 것은 제 속의 방해임을 잘 알고 있습니다. 그러나 아직도 과거의 흙무더기를 다 치우지 못해 흔들릴 때도 있음을 고백합니다(느 4:10). 그럼에도 목자의 직분을 주셨으니 오직 내 죄를 잘 보고 날마다 하나님 앞에 무릎 꿇는 제가 되기를 원합니다. 제가 목자가 되고 나서 딸은 집에서 저를 "아빠" 대신 "목자님"이라고 부르며 놀리곤 합니다. 나름 아빠가 목자가 된 것을 자랑스레 생각하는 딸을 보면 기쁘고 감사할 따름입니다. 딸이 파수꾼이 되어 지켜보고 있으니(느 4:9) 더욱 깨어 있게 됩니다. 앞으로도 내 속의 방해를 물리치며 가족 구원의 사명을 잘 감당하기를 소망합니다.

하나님 아버지, 예수님을 믿고 내 삶에서 십자가를 지려는데 끊임없이 찾아오는 방해가 있습니다. 내 믿음을 조롱하고 비웃는 산발랏과 도비야가 있습니다. 종으로 무시받던 느디님은 오벨에 거하기만 해도 하나님의 은혜가 충만한데, 저희는 여전히 낮아지지 못하기에 조롱과 비웃음의 방해가 힘이 듭니다.

　　그러나 주님, 그보다 무서운 방해가 나의 교만과 열등감인 것을 알기 원합니다. 내 믿음을 핍박하는 사람이 있어도 그것으로 인해 격동되지 않게 하시고, 오직 하나님의 공의를 구하며 잠잠히 기도하게 하옵소서. 주님 앞에 다른 사람이 아니라 나의 악이 드러나기를 기도하며 믿음의 공동체에서 저의 죄를 나누게 하옵소서. 물질과 건강과 모든 것이 연합 전선을 펼치며 나를 방해할지라도 공동체에서 나누고 기도하고 서로를 파수하며 모든 방해를 물리치게 하옵소서.

　　이제는 과거의 재력과 학벌에 매여서 흙무더기를 치우지 못하는 자존심을 그만 내려놓기 원합니다. 결국은 내 자존심 때문에 낙심이 되고 도망치고 싶은 것을 하나님은 다 아십니다. 내 힘으로는 물리칠 수 없사오니 날마다 말씀을 묵상함으로 말씀이 무기가 되어 내 속의 방해를 물리치게 하옵소서. 자존심과 이기심을 버리고 가족 구원을 위해 헌신하게 하옵소서. 어떤 권세보다 크고 두려우신 하나님의 능력으로 모든 방해를 물리치고 승리하게 하옵소서. 저에게 허락하신 영혼 구원의 사명을 기쁘게 감당함으로 무형, 유형의 성전을 끝까지 잘 지어 가도록 주여, 은혜를 내려 주옵소서. 예수님 이름으로 기도하옵나이다. 아멘.

08

우리 하나님이
싸우시리라

느헤미야 4장 15~23절

_____하나님 아버지,
우리 하나님이 우리를 위해 싸워 주신다고 합니다.
하나님께서 싸우실 때 우리가 할 일은 무엇인지
말씀해 주옵소서. 듣겠습니다.

한 집사님의 남편분이 아내가 자기 이야기를 기도 제목으로 올렸다
고 화가 나서 제게 항의 메일을 보냈습니다.

이분은 결혼할 때 교회에 나가기로 아내와 약속을 했다는데, 13년
이 지나도록 나오지 않고 있답니다. 부부가 교회 문제 때문에 13년째
싸우고 있습니다. 이분은 메일에서 "이혼은 절대 안 된다고 하면서 왜
남편이 싫어하는데도 교회에 자꾸 오게 하느냐, 남편이 싫어하면 교
회도 당분간 쉬고 사이가 좋아진 다음에 나오라고 해야 하지 않느냐,
당신들이 말하는 승리는 화목한 가정이 아니라 오로지 회유와 공갈
과 협박으로 남편 손 끌고 교회에 입성하는 것이냐"고 했습니다.

가족 중에, 교회 안에 이런 공격이 있을 때 어떻게 대처해야 할까
요? 어떻게 영적 전쟁을 싸워야 할까요?

하나님께서 대적의 꾀를 폐하십니다

우리의 대적이 우리가 그들의 의도를 눈치챘다 함을 들으니라 하나
님이 그들의 꾀를 폐하셨으므로 우리가 다 성에 돌아와서 각각 일
하였는데_느 4:15

대적도 "그들의 의도"가 있습니다. 사탄도 의도가 있습니다. 나
를 망하게 하고 하나님의 일을 방해하려는 의도가 있습니다. 그리고
그 의도를 우리가 알았다는 것, 우리가 눈치챘다는 것을 대적도 듣고
있습니다. 믿지 않는 가족으로부터 조롱과 비웃음을 당할 때 내가 어
떤 태도를 보이는지 사탄이 듣고 있습니다. 겸손히 내 죄를 회개하는
지, 원망하고 불평하는지 대적이 다 듣고 있다는 말입니다.
　한 목사님이 소형차를 운전하고 가다가 신호를 놓쳐서 앞서가던
외제차를 들이받았습니다. 외제차는 문이 찌그러지고 목사님의 소형
차는 폐차가 될 정도로 망가졌습니다. 그런데 문을 열고 내리는 순간
목사님과 외제차의 운전자가 동시에 "몸은 안 다치셨습니까?"라고
말했습니다. 목사님은 "신호가 바뀐 것을 보고도 기도할 것을 생각하
다가 사고를 냈다. 나에게 잘못이 있으니 배상해 드리겠다"고 말했습
니다. 외제차 운전자는 "잘못을 인정하시니 고맙다" 하며, 견적을 낸
후에 보험 청구를 하겠다고 했습니다. 그리고 서로 명함을 주고받은
후 헤어졌습니다.
　그런데 시간이 지나도 보험을 청구하는 연락이 없었습니다. 그

러더니 어느 날 중형 승용차 한 대가 교회로 배달되어 왔습니다. 차와 함께 온 메시지에는 "목사님, 지난번 사고 때 뵈었던 ○○○ 집사입니다. 저는 사업을 하는 사람인데 목사님께서 그런 작은 차를 타고 다니시니 마음이 편치 않더라고요. 외람되지만 주님의 이름으로 자동차 한 대를 드리고 싶습니다. 제 차는 이미 고쳤으니 마음 쓰지 마세요"라고 적혀 있었습니다.

사람들은 일단 사고가 나면 무조건 큰소리치는 사람이 이긴다고 생각합니다. 상대가 외제차일 때는 혹시라도 바가지 쓸까 봐 더 큰소리를 치라고 합니다. 그러나 'I'm sorry'야말로 진짜 돈 버는 말입니다. 나에게 찾아온 방해를 물리치고 문제가 해결되려면 먼저 내 잘못을 인정해야 합니다. 그럴 때 하나님이 대적의 꾀를 폐해 주십니다.

그런데 우리는 어떻습니까? 대부분 당하고 나서 대적의 의도를 몰랐다고 합니다. "네가 어떻게 이럴 수가 있냐. 네가 그럴 줄은 정말 몰랐다!" 하고 울부짖습니다. 이것이 얼마나 미련한 말인지 모릅니다. 인간은 100퍼센트 죄인입니다. 그래서 돈과 외모와 지위를 갖추고 나면 악과 음란으로 갈 수밖에 없습니다. 그런데도 '남편이 바람피울 줄 몰랐다', '사업이 망할 줄 몰랐다'고 하는 것은 정말 어리석은 말입니다. '당신이 그럴 줄 몰랐다'고 하는 말은 '나는 바보다', '나는 교만하다'고 하는 말과 똑같습니다.

하나님을 모르는 가족, 이웃들은 얼마든지 나를 조롱하고 배신할 수 있습니다. 그럴 때 대적의 꾀를 폐하려면 내 죄를 먼저 깨달아야 합니다. 배우자가 나를 배반하는 것은 배우자의 구원보다 그가 돈 벌어다 주고, 나한테 잘해 주는 것만 원했기 때문입니다. 자녀가 문제를 일으키는 것은 부모가 믿음을 넣어 주기보다 성적과 학벌을 따르도록 자녀를 양육했기 때문입니다.

모든 것이 내 삶의 결론입니다. '그럴 줄 몰랐다'는 원망은 그만두고, 이제는 '미안하다'는 말을 해야 합니다. 믿음보다 돈과 성공이 우상이었던 내 죄를 인정하고 "내 잘못이다, 미안하다" 고백할 때 대적의 꾀가 폐해집니다.

하나님께서 대적의 꾀를 폐하실 때, 우리가 할 일은 "다 성에 돌아와서 각각 일하는" 것입니다. 어떤 방해와 공격이 있어도 내 자리로 돌아와서 여전한 방식으로 출근하고, 여전한 방식으로 살림하고 각자 할 일을 하는 것이 하나님의 일을 이루는 인생입니다.

아무리 힘든 사건이 와도 그렇지요. 여전한 방식으로 큐티하고 예배를 드리면 하나님께서 대적의 꾀를 폐해 주시고 우리의 싸움을 대신 싸워 주십니다.

그러므로 하나님의 일을 하는 사람은 실패를 염려할 필요가 없습니다. 하나님의 일은 하나님이 이루시기 때문입니다. 나는 그 인도함을 따라가기만 하면 됩니다. 그런데 왜 사탄의 꾀에 낙망하고 부들부들 떱니까? 성공과 실패는 하나님께서 결정하시는 것인데 내 잣대로 성공과 실패를 가늠하기 때문입니다.

그러니 내 속의 비교와 시기심으로 몸살을 앓습니다. 믿음으로 헌신했다고 하면서도 사람에게 인정받으려고 하기 때문에 조금만 공격을 받아도 마음이 지옥입니다.

하나님의 통치를 받지 못해 사탄의 통치에 휘둘리고 있지는 않습니까? 내 속의 시기, 질투로 인한 방해는 나와 하나님만 알지 다른 사람은 모릅니다. 나를 힘들게 하는 배우자와 식구들이 대적이 아닙니다. 내 속의 시기와 질투가 나를 흔드는 진짜 대적입니다. 그것을 인정하고 회개하는 것이 사탄의 꾀를 폐하는 방법입니다. 내 죄를 보기 시작하면 대적은 저절로 무너집니다.

† 나를 망하게 하고 낙심시키려는 대적의 의도를 알고 있습니까? 알면서도 '나를 배신하지 않을 거야. 나는 망하지 않을 거야' 하면서 어리석게 외면합니까?

† 대적의 의도를 알았을 때 어떤 태도를 취합니까? 원망과 낙심이 아닌 회개의 태도를 보이며, 여전한 방식으로 내 할 일을 하고 있습니까? '네가 그럴 줄은 몰랐다'고 원망하며 대적의 꾀에 휘둘립니까? 힘들어도 내 할 일을 충실히 하고 있으면 하나님께서 대적을 물리쳐 주실 것을 믿습니까?

말씀으로 일하고 말씀으로 파수해야 합니다

그 때로부터 내 수하 사람들의 절반은 일하고 절반은 갑옷을 입고 창과 방패와 활을 가졌고 민장은 유다 온 족속의 뒤에 있었으며

_느 4:16

"그때로부터", 즉 사탄의 꾀를 폐한 때로부터 한 단계 발전해서 절반의 인원은 일을 하고 나머지 절반은 '갑옷을 입고 창과 방패와 활을 들고' 그 현장을 지킵니다. 성벽을 중수하는 일에 최선을 다하되 그것을 지키는 일도 잘 해야 합니다. 그래서 파수꾼의 역할이 중요합니다. 가정에서든 직장에서든 일과 파수의 균형을 잘 잡는 것이 효과적인 조직 관리, 자기 관리입니다.

아무리 관리를 잘해도 열매가 없는 자기 관리는 소용이 없습니다. 자기만족과 자기도취로 하는 자기 관리는 언젠가는 무너지기 마련입니다. 시간과 물질과 건강을 잘 관리하되 그것이 다른 사람의 구원을 위해 쓰임받도록 하는 것이 균형 잡힌 관리입니다.

그런데 혼자서는 일과 파수를 동시에 할 수 없습니다. 내가 열심히 일해도 그것을 지켜 주는 사람이 필요합니다. 치우치지 않도록 민장, 즉 공동체 리더의 지도를 받고 지체들의 도움을 받아야 합니다.

17 성을 건축하는 자와 짐을 나르는 자는 다 각각 한 손으로 일을 하며 한 손에는 병기를 잡았는데 18 건축하는 자는 각각 허리에 칼을 차고 건축하며 나팔 부는 자는 내 곁에 섰었느니라_느 4:17~18

성을 건축하는 자와 짐을 나르는 자는 한 손으로 일을 하고 한 손에는 병기를 잡았습니다. 또한 건축하는 자는 두 손으로 일을 해야 하기에 허리에 칼을 찼습니다.

우리의 칼과 병기는 하나님의 말씀입니다. 주어진 일에 최선을 다하되 말씀의 무기를 들고 경계를 늦추지 말아야 합니다. 그러니 "목사님이나 성경을 보든지 하지, 평신도인 내가 왜 성경을 보느냐?"고 하면 안 됩니다. 물론 목사인 저보다 생업에 종사하면서 성경을 보는 성도들이 훨씬 힘들 것입니다. 사회생활을 하면서 날마다 성경을 묵상하고 예배에 참석하는 성도들을 진심으로 존경하고 사랑합니다.

우리가 하나님의 일을 이루기 위해서는 이처럼 한 손으로 일하며 한 손으로 병기를 잡는 수고가 필요합니다. 그렇게 준비된 일꾼으로 살아갈 때 건축하고 짐을 나르는 여러분의 모든 일에 하나님이 응답하십니다.

그런데 18절 후반부에 보니 느헤미야 곁에 나팔 부는 자가 서 있습니다. 나팔은 위험을 알릴 때 부는 것입니다. 느헤미야가 이제까지는 대제사장 엘리아십의 권위를 세워 주고 자신을 드러내지 않았습니다. 그런데 지금 나팔수를 곁에 세워 둔 것은 위험이 올 때 자신이 책임지겠다는 뜻입니다. 사역은 위임하되 책임은 자기가 지는 것이 리더의 태도입니다. 마찬가지로 교회에서 목자를 세우고 사역을 위임하되 모든 책임은 목사가 져야 합니다.

책임지는 지도자가 있을 때 조직이 살아납니다. 서로 책임을 지지 않으려고 하니까 가정과 직장, 교회와 나라에 문제가 일어나는 겁니다. 박수받는 일은 하나님과 다른 사람에게 돌리고 험하고 궂은일은 책임지려는 지도자가 무너진 공동체를 살릴 수 있습니다.

† 한 손으로는 일하고 한 손에는 병기를 잡고, 허리에 칼을 차고 성전을

건축하는 것은 쉬운 일이 아닙니다. 직장 생활, 학교생활, 집안일이 힘들어도 예배에 빠짐없이 참여하고, 날마다 큐티합니까?

† 내 할 일에 충실하고 예배를 빠뜨리지 않는 시간 관리, 자기 관리를 하고 있습니까? 그것이 구원으로 이어지도록 공동체의 도움을 받고 있습니까?

† 나팔 부는 자를 곁에 둔 느헤미야처럼 다른 사람을 높이되 위기를 책임지는 리더십이 나에게 있습니까?

나팔 소리 같은 하나님의 음성을 들어야 합니다

······나팔 부는 자는 내 곁에 섰었느니라_느 4:18b

당시 예루살렘 성안에는 만 명 정도의 인구가 살고 있었습니다. 산발랏과 도비야가 쳐들어올 때 만 명의 사람들이 대비하려면 나팔 소리를 잘 들어야 합니다. 일을 하면서도 나팔 소리에 귀를 기울여야 합니다.

나팔 소리는 특정한 누구한테만 들리는 것이 아닙니다. 모든 사람이 듣도록 부는 것입니다. 이 시대에는 성경도 설교도 누구에게나 열려 있습니다. 그런데 예배 시간에 예배당에 앉아 있어도 광고도 못 듣고, 설교도 못 듣는 사람들이 있습니다. 누가 무슨 간증을 했는지, 무슨 기도 제목이 있는지도 모릅니다. 내 일에 바쁘고 내 생각에 도취되어 듣지 못하는 것이죠. 그리고 그런 사람일수록 주의 일을 열심히 한다고 하면서 남을 가르치기 좋아합니다. 그런데 정작 나팔 소리로 말씀하시는 하나님의 음성을 못 듣고 있으면서 어떻게 남을 가르칠 수 있겠습니까?

> 19 내가 귀족들과 민장들과 남은 백성에게 이르기를 이 공사는 크고 넓으므로 우리가 성에서 떨어져 거리가 먼즉 20 너희는 어디서 든지 나팔 소리를 듣거든 그리로 모여서 우리에게로 나아오라 우리 하나님이 우리를 위하여 싸우시리라 하였느니라_느 4:19~20

예루살렘 성벽을 중수하는 것은 크고 넓은 공사입니다. 치워야 할 과거의 흙무더기가 많고, 그만큼 새로 지어야 할 성벽이 많습니다. 중대한 일을 하려니 여기저기에서 우왕좌왕할 수 있습니다. 워낙 성벽 중수 현장이 크고 넓고, 성과의 거리도 멀어서 일일이 관리하기도 힘듭니다.

그래서 필요한 것이 바로 나팔 소리입니다. 할 일이 많고 멀리 있어도 나팔 소리가 들리면 한곳에 모일 수 있습니다. 우리가 정해진 시간에 모여서 예배를 드리는 것이 바로 나팔 소리를 듣고 모이는 것입니다. 각자 주어진 일에 힘쓰다가 주일에 모여서 성령의 임재를 누리고 하나님을 찬양할 때 사탄의 모든 꾀가 폐해집니다.

개인의 묵상과 생활 예배도 중요하지만, 예배당에 모여서 함께 성령의 임재를 누리는 것은 그 무엇과도 비교할 수 없는 능력입니다. 혼자서는 결코 신앙을 유지할 수 없습니다. 우리 하나님이 우리를 위해 싸우시도록 모여서 예배드리는 우리, 모여서 기도하는 우리, 모여서 찬양하는 우리, 우리 공동체가 중요합니다.

> 우리가 이같이 공사하는데 무리의 절반은 동틀 때부터 별이 나기까지 창을 잡았으며_느 4:21

성과 성벽 간에 거리가 멀다 보니 무리의 절반은 동틀 때부터 별이 나기까지 창을 잡았습니다. 동트는 새벽부터 별이 지는 저녁까지 부지런히 기도하고 예배를 드렸다는 것입니다.

우리들교회가 그렇습니다. 수요예배, 목장예배도 별이 나기까지 계속됩니다. 직장 생활을 하는 남자 성도들은 수요예배와 부부목장 모임에 참석하느라 동틀 때부터 별이 나기까지 수고를 합니다. 장사를 하거나 퇴근이 늦은 분들은 주말에 모여서 목장예배를 드립니다. 목자들 중에는 바쁜데도 목장을 두 개씩 인도하는 분들도 있습니다.

일이 바쁘고 거리가 멀어도 이렇게 사모함으로 모이는 우리가 있기에 하나님께서 싸워 주시는 것입니다. 동틀 때부터 별이 나기까지 하나님의 음성을 듣고 모이는 우리가 있어 모든 대적을 물리칠 수 있습니다.

† 설교와 성경을 통해 들리는 하나님의 말씀을 나에게 주시는 음성으로 듣고 있습니까?
† 말씀을 나팔 소리처럼 듣고 예배로, 목장으로 모이는 사모함이 있습니

까? 성령의 임재가 있는 예배와 공동체 모임에서 우리 하나님이 우리를 위하여 싸우시는 것을 체험합니까?

죽음에 이르는 순종이 우리를 살아나게 합니다

22 그 때에 내가 또 백성에게 말하기를 사람마다 그 종자와 함께 예루살렘 안에서 잘지니 밤에는 우리를 위하여 파수하겠고 낮에는 일하리라 하고 23 나나 내 형제들이나 종자들이나 나를 따라 파수하는 사람들이나 우리가 다 우리의 옷을 벗지 아니하였으며 물을 길으러 갈 때에도 각각 병기를 잡았느니라_느 4:22~23

21절에서 동틀 때부터 별이 나기까지 창을 잡았다고 했습니다. 아예 예루살렘 성전에서 잠을 자면서 밤에는 성벽 중수 현장을 파수하고 낮에는 일을 합니다. 대적이 틈을 타지 않도록 밤낮으로 깨어서 옷도 벗지 않고 병기를 손에서 놓지 않습니다. 옷을 벗지 않는 것은 불편하고 갑갑한 일입니다. 위기 상황이니 가벼운 옷도 아니고 전투복처럼 두꺼운 옷을 입었을 텐데, 갑옷을 입고 잔다고 생각해 보세요. 얼마나 갑갑하겠습니까?

우리의 결혼생활도 그럴 때가 있지요. 마치 벗어 버리고 싶은 갑옷 같습니다. 날마다 순간마다 훌훌 벗어 버리고 가볍게 살고 싶습니다. 그러나 평소에는 불편한 갑옷이 전쟁이 일어나면 나를 보호해 줍니다. 힘든 결혼생활이라도 벗어 버리지 않고 지키고자 할 때 그것이 "하나님의 전신 갑주"(엡 6:13)가 되어 나와 가족을 지켜 줍니다. 그래서 힘든 결혼생활이란 옷에 감사하게 됩니다. 하나님께서 짝지어 주신 배우자에 감사하며 가정을 지키고자 하는 마음이 옷을 벗지 않는 적용입니다.

23절에 "병기를 잡았다"는 것은 '병기를 오른손에 두었다'는 뜻입니다. 하나님의 말씀이 우리를 살리는 도구입니다. 일할 때나 먹을 때나 길을 다닐 때나 사람을 만날 때나 언제나 말씀을 놓지 않는 것이 병기를 붙잡는 것입니다.

이스라엘 백성이 자원해서 이렇게 열심히 순종한 것은 지금이 위기이기 때문입니다. 내 힘으로는 대적의 조롱과 방해를 이길 수 없고 하나님께서 싸워 주셔야 한다는 것을 절감했기 때문입니다. 모두가 분문의 낮아짐으로 하나님만 바라보게 되니 성전 중수의 목적이 더 확고해졌습니다.

결혼의 성전을 지키는 것도 절대적인 사명입니다. 가정은 반드시 중수해야 할 성전이고 이혼은 짓지 말아야 할 성입니다. "하나님이 짝지어 주신 것을 사람이 나누지 못할지니라"(마 19:6) 하신 것이 하나님의 명령이기 때문입니다.

그런데 결혼의 목적이 확고하지 않기 때문에 모두가 쉽게 이혼을 결심합니다. 사랑이 없어서, 돈이 없어서, 불행하게 사느니 차라리 헤어지는 게 당연하다고 합리화합니다. 결혼의 성벽을 중수하기 위해서는 골짜기 문과 분문을 거쳐야 하는데, 그 과정이 힘드니 아예 무너뜨리려고 하는 겁니다.

서두에 저에게 항의 메일을 보낸 집사님의 남편 이야기를 했습니다. 저와 교회를 비난한 메일이지만 저는 전혀 불쾌하지 않았습니다. 오히려 그분과 소통할 기회가 생긴 것에 감사했습니다. 늦은 밤에 메일을 확인했는데 아침에 쓰면 정성이 부족해 보일까 봐 읽은 즉시 기도하고 답장을 보냈습니다. 제가 보낸 답장의 내용입니다.

편지 주셔서 감사합니다. 얼마나 교회가 싫으면 메일까지 주셨는지, 저도 안타깝고 마음이 아픕니다.

사람은 사랑을 할 수도 지을 수도 만들 수도 없습니다. 인간은 100퍼센트 죄인이기 때문입니다. 결혼의 목적은 행복이 아닌 거룩입니다. 그리고 거룩해져야 행복할 수 있습니다. 살면서 한 번이라도 이혼하고 싶지 않은 부부는 없을 것입니다. 서로에게 실망했을 때 세상은 이혼하고 헤어지라고 하겠지만, 믿음이 조금이라도 있는 사람은 그럴 때 나의 이기심을 보고 내 삶의 결과임을 인정하고 회개하며 돌이킬 수 있습니다. 그것이 결혼의 목적인 거룩을 이루는 길입니다.

저는 어떤 좋은 부모, 나쁜 부모도 내 아버지, 내 어머니만큼 최고의 부모는 없다고, 자녀에게 최고의 유산은 호적을 더럽히지 않은 한 아버지와 한 어머니라고 늘 이야기합니다. 그것을 모르고 잠시의 감정으로 이혼하는 것을 너무나 많이 보았기에, 피를 토하는 심정으로 가정을 살리고자 우리들교회가 세워졌습니다.

아내 집사님이 기도 제목을 올려서 형제님의 상황이 알려진 것이 불편하리라는 점은 충분히 이해합니다. 그러나 아내가 남편 때문에 힘들다고 하면 아내 편을 들기보다 먼저 자신의 죄를 보라고 하는 것이 교회의 가르침입니다. 먼저 자기 죄를 보고 남편을 섬기라고 목장에서도 설교에서도 한목소리로 가르치고 있습니다.

개인의 가정사가 알려지는 것 같아도 우리들교회에서는 모두가 편안하게 자기의 수치를 드러내며 그것으로 치유의 역사를 경험하고 있습니다. 사회적으로 알려진 교수도, 의사도, 변호사도 하나님의 은혜로 자기 죄를 고백하고 공개적으로 간증을 하고 있습니다. 그 간증들이 기독교방송에도 나가고 홈페이지에도 올려져 있습니다. 제 말이 이해되지 않는다면 한 번이라도 홈페이지에 들러 간증을 들어 보시라고 권하고 싶습니다.

아내 집사님이 교회에 안 다니면 좋을 것 같지만, 반드시 교회에 와서 격려를 받아야 가정을 잘 지킬 것입니다. 예배에서 힘을 얻어서 가정에 사랑을 공급하기 때문입니다. 교회를 오해하지 마시기 바랍니다. 우리들교회는 가정을 위한 교회입니다. 저는 다른 욕심이 없습니다. 우리 형제님 가정을 위해서 교회가 존재하는 것입니다. 아내 집사님이 본을 못 보여서 교회에 대해 좋지 않은 감정을 가진 것 같아 마음이 아픕니다. 그렇기에 더욱 아내 집사님에게 사랑의 원천이신 예수님이 필요한 것입니다. 아내 집사님에게 어떤 것도 양보하고 순종하라고 가르치겠지만 교회는 다니게 해 주세요.

아울러 저도 형제님을 위해 기도합니다. 온 가족이 같이 교회 나오는 것이 얼마나 복된 일인지 모릅니다. 아이들에게도 최고의 아버지가 될 것입니다. 우리 형제님을 사랑합니다. 이런 편지도 언짢으시겠지만 저도 모든 교양을 내려놓고 간청을 드립니다.

다시 한번 감사합니다.

김양재 드림.

다음 날 바로 답장이 왔습니다. "예상했던 대로 기독교의 틀에 박힌 답변이지만 관심을 가지고 답변해 주셔서 감사하다. 하지만 이후에 답장은 정중히 사양하겠다"는 내용이었습니다. 저의 메일 한 통에 이분이 변화되기를 바란 것은 아닙니다. 그래도 진심을 담아서 답을 보냈을 때 이전보다는 훨씬 누그러진 마음을 느낄 수 있었습니다.

대놓고 항의하고 방해하는 남편이 힘들 것 같아도 이런 남편에게 소망이 있습니다. 이분은 진심을 표현할 줄 알고 대화가 되는 사람입니다. 정말 힘든 사람은 방해도 동조도 안 하면서 "그래, 교회 얼마든지 다녀. 목장예배, 철야예배 다 다녀도 돼. 하지만 나보고는 교회 가자고 하지 마!"라고 하는 사람입니다.

여러분, 결혼의 목적은 행복이 아니라 거룩입니다. 서로 다른 사람이 만나 한 몸이 되어 가는 과정에서 서로가 얼마나 죄인인지, 얼마나 부족한지를 깨닫고 거룩해져 가는 것입니다. 결혼은 내 죄를 깨닫는 만큼 거룩해져서 다른 이들의 구원을 위해 나아가라고, 영적 후손을 낳으라고 맺어 주신 하나님의 작품입니다.

위기의 때에 이스라엘 백성이 더 힘써 순종한 것처럼, 가정이 힘들고 어려울 때일수록 더 순종하고 섬겨야 합니다. 우리를 위해 싸우시는 우리 주님을 욕보이지 마십시오. 가정에서 하나님이 싸워 주시는 것을 만천하에 보일 수 있도록 내가 죽음에 이르는 순종과 겸손을 보여야 합니다. 동틀 때부터 별이 나기까지 기도하고, 밤낮으로 가족을 섬기며 사랑해 줘야 합니다. 결혼의 옷이 갑갑하고 불편해도 그 옷을 벗지 않는 것이 위험에서 나를 지키는 길입니다.

† 가정과 직장에서 위기의 때에 더욱 힘써 순종합니까? 동틀 때부터 별이 나기까지 기도하며 성전을 떠나지 않고 밤낮으로 수고합니까?
† 결혼과 책임의 옷이 무거워도 그 옷을 벗지 않고 말씀을 손에서 놓지 않는 인내와 순종이 있습니까? 평소에는 불편하던 갑옷이 전쟁에서 고맙게 여겨지는 것처럼, 결혼의 성을 잘 중수하는 것이 나를 보호하고 내 자녀를 보호하는 길인 것을 인정합니까?

하나님의 일을 하는 사람은
실패를 염려할 필요가 없습니다.
하나님의 일은 하나님이 이루시기 때문입니다.
나는 그 인도함을 따라가기만 하면 됩니다.

 말씀으로 기도하기

가족 구원을 위해 헌신하는 삶을 살아도 끊임없이 찾아오는 방해와 공격이 있습니다. 그러나 우리 하나님이 우리를 위하여 싸워 주시기 때문에, 내가 싸우려 하지 말고 하나님의 전략을 따르게 하옵소서.

하나님께서 대적의 꾀를 폐하십니다(느 4:15).

하나님께서 대적의 꾀를 폐하여 주신다고 합니다. 믿음을 핍박하고 무시를 당해도 주어진 자리에서 내 할 일에 힘쓰며 하나님을 신뢰하고 기대하겠습니다. 회개의 태도를 보이며, 여전한 방식으로 내할 일을 다하고자 하오니 내 삶의 모든 대적의 꾀를 폐하여 주옵소서.

말씀으로 일하고 말씀으로 파수해야 합니다(느 4:16~18).

한 손으로 일하며 한 손에는 병기를 잡고, 허리에 칼을 차고 하나님의 일에 충성을 다하기 원합니다. 날마다 큐티하며 말씀으로 일하고 말씀으로 파수하는 영적인 관리도 잘하도록 도와주옵소서. 공동체 안에서 맡은 직분에 책임을 다할 수 있도록 말씀이 나팔 소리처럼 들리게 하옵소서.

나팔 소리 같은 하나님의 음성을 들어야 합니다(느 4:18b~21).

나팔 소리처럼 들리는 하나님의 음성을 듣기 원합니다. 거리가 멀어도 말씀을 사모함으로 동틀 때부터 별이 나기까지 모이기에 힘쓰는 가정과 교회가 되게 하옵소서. 하나님의 음성을 듣고 모이는 공동체가 있어 모든 대적을 물리치며, 주의 일에 힘쓰는 우리가 되게 하옵소서.

죽음에 이르는 순종이 우리를 살아나게 합니다(느 4:22~23).

하나님의 말씀으로 힘을 얻으며 결혼의 옷, 책임의 옷을 벗지 않도록 기도합니다. 죽음에 이르는 순종으로 승리하기를 기도합니다. 이혼과 재혼으로 깨어진 가정을 위해, 그 가정에 하나님이 일하시기를 기도하오니 우리의 모든 가정을 고쳐 주옵소서. 살려 주옵소서.

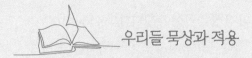

저는 인생의 목적이 거룩이 아닌 행복이었기에 돈도 못 벌고 폭언과 폭력을 일삼는 첫 남편과 도저히 살 수 없었습니다. 내가 희생하기도 싫고, 정서적으로 불안한 아이들을 위해서도 최선의 선택이라며 결국 결혼 12년 만에 이혼을 감행했습니다. 그 후 이혼에 대한 죄책감으로 더 열심히 신앙생활을 했습니다. 그러다가 내 아이들을 친자식처럼 돌보아 주겠다는 두 번째 남편을 만나 재혼했습니다. 세상적으로는 애 딸린 이혼녀인 제가 자녀 없는 남편을 만나서 재혼하는 것이 축복처럼 보였습니다.

그러나 아이 없는 남편과 결혼하고 보니 시댁에서는 마흔이 넘은 저에게 아이를 낳으라고 재촉했습니다. 저 역시 시댁에서 인정받고 싶은 마음에 아이를 가지려고 노력했지만, 어렵게 생긴 아이는 유산되었습니다. 시어머니는 남편이 애가 둘이나 딸린 저와 결혼하는 것을 싫어하셨는데, 결혼한 후에는 제 아이들을 시댁에 데려오지도 못하게 하셨습니다. 그래서 저는 시댁에 갈 때마다 어린 딸들을 친구 집에 맡겨야 했습니다. 명절이 되어도 남편하고만 시댁에 가니, 재혼 후에는 아이들과 명절도 함께 보낼 수가 없었습니다. 어느새 저는 자식을 버리고 팔자를 고친 못된 어미가 되어 있었습니다.

결혼은 반드시 중수해야 할 성인데, 저는 힘든 결혼의 옷이 싫어서 이혼으로 벗어 버렸습니다(느 4:23). 그리고 더 좋아 보이는 재혼의 새 옷을 입었지만 내 속의 탐심과 대적의 꾀에 휘말려 속상하고 아픈 인생을 살아야 했습니다. 우리 아이들이 엄마를 보면서 이혼과 재혼을 너무 쉽게 생각할까 봐 두렵습니다. 생부가 아니기에 딸아이가 남편에게 지나친 장난만 해도 신경이 쓰이고, 아이들을 대하는 남편의 낯빛이나 목소리만 바뀌어도 마음이 철렁합니다. 첫 결혼에서는 전남편 한 사람만 인내하면 되었는데, 이제는 재혼한 제 삶 자체가 너무나 고난입니다.

그래도 제가 잘한 것 하나는 지금의 남편과 아이들과 함께 말씀이 있는 공동체에 붙어 가고 있는 것입니다. 저희 부부는 이혼을 막으시는 목사님의 설교에도 상처받지 않으며, 재혼이라도 잘 지키고자 나팔 소리처럼 하나님의 음성이 들리는 예배와 목장에 열심히 참여하고 있습니다. 재혼마저도 힘들면 포기해 버리고 싶었던 악한 저이기에 목장에서 파수를 잘 받으려고 합니다(느 4:22). 영혼 구원을 위해 이혼은 절대 짓지 말아야 할 성이고, 재혼이 행복을 가져다주지 않는다고 외치며, 우리 하나님이 싸워 주시는 것을 믿고 잘 견디겠습니다(느 4:20).

하나님 아버지, 인생의 때마다 사탄의 꾀가 저를 낙심하게 합니다. 그 꾀를 폐하실 분이 하나님이시기에, 하나님은 먼저 내 죄를 보라고 하십니다. 믿음이 없는 배우자와 자녀가 악하고 음란하게 살 수밖에 없음을 인정하고, 그들의 구원을 위해 애통하지 못했던 저의 죄를 회개하라고 하십니다. 그것을 모르고 속상해서 내 할 일을 못하고 있다면 사탄의 꾀를 폐하지 못하는 것임을 알기 원합니다. 내가 가족에게 믿음을 전하지 못한 것을 회개함으로 사탄의 꾀가 폐해지게 하옵소서.

날마다 말씀에 의지하여 낮에는 일하고 밤에는 파수를 잘하며 내 교양을 위한 자기 관리가 아니라 가족 구원을 위해 균형 잡힌 삶을 살게 하옵소서. 구원을 위해 일하고 파수할 때 우리 하나님이 우리를 위해 싸워 주시는 것을 경험하게 하옵소서.

나에게 주시는 하나님의 음성을 나팔 소리로 들으며 위기의 때에 책임지는 영적 리더십을 갖게 하옵소서. 말씀을 묵상할 때, 예배를 드릴 때, 나를 핍박하는 대적의 소리에서도 하나님의 음성을 듣기 원합니다. 나의 탐심과 교만으로 하나님의 음성을 저버리지 않게 인도해 주옵소서.

한 손으로 일하고, 한 손에는 병기를 잡는 것이 힘들어도 죽음에 이르는 순종으로 결혼의 성전, 구원의 성전을 중수하게 하옵소서. 사모함으로 모이는 믿음의 공동체에서 힘을 얻으며 우리 하나님이 우리를 위하여 싸우시는 것을 믿고 승리하게 하옵소서. 예수님 이름으로 기도하옵나이다. 아멘.

09

이 백성을 위하여

느헤미야 5장 1~19절

———하나님 아버지,
모든 사건 가운데 백성을 위해 사는 것이 무엇인지
말씀해 주옵소서. 듣겠습니다.

4남매를 둔 아버지가 자식들을 모두 대학 졸업시키고 시집 장가까지 보내고 나서 그만 중병에 걸렸습니다. 그 사실을 알고는 아들과 며느리, 딸과 사위를 불러 모아 놓고 이렇게 말하더랍니다.

"내가 너희 가르치고 결혼시키고 사업을 하느라 7억 원 정도의 빚을 졌다. 알다시피 내 건강이 좋지 않고 이제 능력도 없으니, 너희가 얼마씩 좀 갚아다오. 종이를 나눠 줄 테니 얼마씩 갚아 줄지 액수를 적어 봐라."

갑작스러운 아버지의 요구에 서로 멀뚱히 쳐다보던 자식들은 잠시 생각하더니 종이에 액수를 적었습니다. 그리 잘살지 못하는 둘째 아들이 5천만 원을 적으니 마지못해 큰아들이 2천만 원, 셋째 아들이 1천5백만 원, 딸이 천만 원을 적었습니다.

그리고 수개월 후, 다시 4남매를 불러 모은 아버지는 이렇게 말했습니다.

"내가 죽고 나면 너희가 얼마 되지 않은 유산으로 싸움질을 할까 봐 전 재산을 정리하고 공증까지 마쳤다. 지난번에 너희가 적은 액수의 5배를 각자에게 나눠 주겠다. 이것으로 너희들에게 줄 재산 상속은 끝이다. 장남 1억 원, 둘째 2억 5천만 원, 셋째 7천5백만 원, 딸 5천만 원이다."

성경에 믿음, 소망, 사랑보다 많이 언급되는 단어가 돈에 대한 것입니다. 사랑과 희생으로 키운 부모 자식 관계도 마지막에는 돈 때문에 갈라지고 문제가 생깁니다. 부부간에도 돈 때문에 신뢰가 깨어지고, 교회 안에서조차 돈이 능력이 되기 십상입니다. 돈이 있어서 뭐든지 많이 내면 믿음 좋은 사람, 돈이 없어서 못 내면 인색한 사람이 됩니다. 그래서 모든 갈등의 배후에는 돈이 있습니다. 믿음으로도 넘어서기 힘든 것이 돈 문제입니다. 그런데 느헤미야가 이 어려운 돈 문제를 해결하고 있습니다. 어떻게 해결하는지 느헤미야를 통해 주시는 하나님의 처방을 잘 받으시기 바랍니다.

"가난한 자의 원망을 들으라"고 하십니다

1 그 때에 백성들이 그들의 아내와 함께 크게 부르짖어 그들의 형제인 유다 사람들을 원망하는데 2 어떤 사람은 말하기를 우리와 우리 자녀가 많으니 양식을 얻어 먹고 살아야 하겠다 하고 3 어떤 사람은 말하기를 우리가 밭과 포도원과 집이라도 저당 잡히고 이 흉년에 곡식을 얻자 하고 4 어떤 사람은 말하기를 우리는 밭과 포도원으로

돈을 빚내서 왕에게 세금을 바쳤도다 5 우리 육체도 우리 형제의 육체와 같고 우리 자녀도 그들의 자녀와 같거늘 이제 우리 자녀를 종으로 파는도다 우리 딸 중에 벌써 종된 자가 있고 우리의 밭과 포도원이 이미 남의 것이 되었으나 우리에게는 아무런 힘이 없도다 하더라_느 5:1~5

역사적인 시점으로 볼 때 5장 본문의 사건은 성벽을 중수하고 12년쯤 뒤에 일어난 일입니다. 그런데 미리 여기에 기록된 이유는 성벽 재건에 온갖 방해가 있다는 것을 알려 주기 위해서입니다.

백성이 "아내와 함께" 부르짖었다는 것은 먹고사는 생계의 문제가 심각했다는 뜻입니다. "밥을 굶는 처지에 어떻게 성전을 짓겠냐, 먹을 것도 차비도 없이 어떻게 교회를 다니겠냐" 하며 울부짖은 것입니다. 먹고사는 문제의 처절함은 당해 보지 않고는 모릅니다.

남편과 함께 유학을 갔다가 한 푼도 없이 돌아온 한 집사님이 있습니다. 부모님도 다 돌아가셔서 남편의 형님 댁에 들어가 살게 됐습니다. 당시 집사님은 둘째 아이를 출산하고 잘 먹어야 될 때였는데 얻어먹는 처지라 제대로 못 먹었다고 합니다. 형님은 식사 때마다 "요즘 쌀이 빨리 축난다"는 소리를 하고, 계란 프라이를 부쳐도 꼭 자기 식구 수대로만 부치더랍니다. "동서는 물 말아 먹는 거 좋아하지?" 하면서 꼭 찬밥을 갖다 주었죠. 제가 호된 시집살이를 했어도 먹는 설움은 안 당해 봤는데, 먹는 것으로 눈치 보며 산다는 게 얼마나 서럽고 힘들었겠습니까.

지금 이스라엘 백성은 그저 먹고살기 힘든 정도가 아닙니다. 곡식이 없어서 땅을 저당 잡혔습니다. 게다가 흉년이 들었습니다. 바사 왕국에 세금을 내야 하는데 인두세로 식구 수에 따라 세금을 내려니 급전까지 얻었습니다. 땅도 팔고, 급전까지 구해도 다 못 갚으니 아들딸을 노예로 팔아먹게 됐습니다. 너무나 기가 막힌 상황 아닙니까? 그들은 왜 이토록 가난하게 살고 있을까요?

내가 백성의 부르짖음과 이런 말을 듣고 크게 노하였으나_느 5:6

극심한 가난으로 힘들어하는 백성의 부르짖음을 듣고 느헤미야가 크게 노했다고 합니다. 가난한 백성을 보니 그들을 돕지 않는 부자들이 괘씸해서 노했을까요? 자기가 도와주고 싶은데 그럴 수 없어서 노했을까요?

그렇지 않습니다. 단순한 논리로 부자는 나쁘고, 가난한 사람은 착하고 그런 것은 없습니다. 온 백성이 힘든 이 상황에서 부자는 부자대로 자기 죄를 회개하고, 가난한 사람은 가난한 사람대로 자기 죄를 깨달아야 합니다.

이스라엘 백성이 바벨론 포로로 끌려갈 때 힘없고 내세울 것 없는 사람들이 포로로 잡혀갔습니다. 그리고 포로 귀환으로 돌아올 때도 바벨론에서 누릴 것 없는 사람들이 미련 없이 돌아왔습니다.

하지만 모르드개와 에스더처럼 왕궁에 있던 사람들은 돌아오지 않았습니다. 믿음이 좋아서 누구는 돌아오고, 누구는 안 돌아오고 한 것이 아닙니다. 돈이 없고 가진 것이 없으니까 돌아온 것뿐입니다. 그러니 가난한 사람은 착한 사람, 부자는 나쁜 사람 이런 식으로 판단하면 안 됩니다.

느헤미야는 그래도 왕궁의 기득권을 버리고 돌아왔습니다. 능력의 기도로 왕의 허락을 얻고 무너진 예루살렘 성전을 재건하러 왔습니다. 그런데 와서 보니까 포로로 끌려가지 않고 남아 있던 사람들이 아무것도 안 하고 있는 겁니다. 성전의 무너진 흙무더기도 치우지 않은 채 무기력과 가난 속에서 살고 있었습니다. 그러니 그 모습이 안타까우면서도 한편으로는 크게 노할 수밖에 없었던 것이죠.

그리고 부자들을 보면서도 노할 수밖에 없었습니다. 돈이 있어서 빌려주는 건 좋은데, 그들이 "이자를 취하지 말라"는 성경의 명령을 어겼기 때문입니다. 그래서 1절에 "형제인 유다 사람"을 원망했다고 한 것입니다. 이방 민족도 아니고 같은 형제인데 도와준다고 생색을 내면서 이자를 받았으니 말입니다. 예루살렘의 회복을 위해 모두가 한마음이 되어야 할 이때에 부자는 가난한 형제를 착취하고, 가난한 사람은 부자를 원망하고 있으니 느헤미야가 어찌 크게 노하지 않겠습니까.

유형과 무형의 성전을 지어 갈 때 가장 먼저 드러나는 갈등이 바로 물질 문제입니다. 물질은 하나님이 주시는 것입니다. 그러니 하루아침에 하나님이 다 가져가셔도 우리는 할 말이 없습니다. 그렇게 있다가도 없고 없다가도 있는 물질 때문에 공동체에 분열이 일어납니다. 은혜가 충만한 공동체에도 얼마든지 돈 때문에 이런 일이 일어날 수 있다는 겁니다.

그러나 그보다 더 중요한 것은 이 백성 공동체가 각자의 힘든 사정을 말할 수 있는 공동체라는 사실입니다. 지도자인 느헤미야가 백성의 말을 들어 준다는 것이 이 공동체의 희망입니다. 제가 아무리 고난이 축복이라고 외쳐도 가난하고 아픈 성도들을 보면 너무 안타깝고 마음이 아픕니다.

느헤미야의 심정도 그렇지 않았을까요? 이 백성이 흉년이 와서 굶는 것이지 사치하고 놀아서 가난한 게 아닌데, 성벽 중수에 동참했던 사람들이 굶고 있는 걸 보면서 그 마음이 미어졌을 것입니다. 그렇게 백성의 아픔에 공감하며 들어 주는 느헤미야가 있기에 이 백성이 살아날 수 있었습니다.

† 끼니를 굶을 정도로 경제적 흉년이 오고 급전을 얻어 빚에 시달리는 형제와 이웃이 있습니까? 나와 우리 공동체는 그런 힘든 사람들의 원망을 잘 들어 줍니까? 도와줄 마음이 없기에 누가 힘든지도 모르고 지내지는 않습니까?

† 돈 문제로 공동체에서 갈등이 일어날 때, 잘잘못을 떠나서 공동체가 분열되는 것으로 인해 노하는 마음이 있습니까? 없는 사람은 무시하고, 있는 사람은 비판하며 갈등에 앞장서지는 않습니까?

218

"부자들을 가르치라"고 하십니다

6 내가 백성의 부르짖음과 이런 말을 듣고 크게 노하였으나 7 깊이
생각하고 귀족들과 민장들을 꾸짖어 그들에게 이르기를 너희가 각
기 형제에게 높은 이자를 취하는도다 하고 대회를 열고 그들을 쳐
서_느 5:6~7

6절에 쓰인 "노하였으나"는 산발랏과 도비야에게 느헤미야가
노할 때와 같은 단어입니다. 이방인이나 하는 이자 받기를 형제인 유
다 사람들이 하고 있기에 똑같이 분노한 것이죠.

느헤미야가 크게 노했어도 깊이 생각했다는 것이 그의 능력입니
다. 그는 분노의 감정에 휩싸여서 무조건 부자들을 꾸짖는 데서 그치
지 않았습니다. 꾸짖을 때도 공동체를 살리기 위해 깊이 생각하고 알
아듣게 이야기합니다. 백성을 사랑하기에 부자와 가난한 자 모두를
아울러서 대회를 여는 지혜가 그에게 생겼습니다.

그러면 어떻게 하는 것이 깊이 생각하고 꾸짖는 것입니까? 느헤
미야는 신명기 23장 19절의 "네가 형제에게 꾸어주거든 이자를 받지
말지니 곧 돈의 이자, 식물의 이자, 이자를 낼 만한 모든 것의 이자를
받지 말 것이라"는 하나님의 말씀으로 꾸짖었습니다.

그리고 공동체가 분열된 이때에 모두가 하나로 모이는 대회를
열었습니다. 빈부와 학벌, 지위가 다른 사람들이 모이면 오해와 갈등
이 일어날 수밖에 없지요. 세상 모임은 그렇게 모이기가 어렵지만 교

회는 차별 없이 모인 공동체이기에 더 많은 오해가 생길 수 있습니다. 그런데도 한 몸을 이루어 갈 수 있는 이유가 무엇인가요? 매주 공예배로 대회가 열리기 때문입니다. 빈부귀천, 남녀노소를 가리지 않고 함께 모여서 한 성령 안에서 예배를 드리는 것이 모든 갈등과 오해를 꾸짖는 방법입니다.

> 그들에게 이르기를 우리는 이방인의 손에 팔린 우리 형제 유다 사람들을 우리의 힘을 다하여 도로 찾았거늘 너희는 너희 형제를 팔고자 하느냐 더구나 우리의 손에 팔리게 하겠느냐 하매 그들이 잠잠하여 말이 없기로_느 5:8

느헤미야가 말씀으로 꾸짖을 때 부자나 가난한 자나 말이 없어졌습니다. 지도자 한 사람이 이렇게 중요합니다. 지도자를 신뢰할 때 그의 가르침에 모든 싸움이 잠잠해집니다.

성도 간에 갈등과 오해가 일어나도 그렇습니다. 담임목사 한 사람을 신뢰하면 성도들이 아무리 치고받고 싸워도 교회를 떠나지 않습니다. 목장에서 목자에게 상처를 받아도 그래요. 목사를 신뢰하면 상처가 해결돼서 공동체에 머뭅니다. 그래서 성도가 교회에 정착하지 못하고 떠나는 것은 모두 담임목사인 저의 잘못입니다. 지도자인 제가 회개할 일입니다.

내가 또 이르기를 너희의 소행이 좋지 못하도다 우리의 대적 이방

사람의 비방을 생각하고 우리 하나님을 경외하는 가운데 행할 것이
아니냐_느 5:9

믿는 사람으로서 안 믿는 사람에게 비방을 들을 수 있다는 걸 생
각하라고 합니다. 나의 소행으로 믿지 않는 사람이 하나님을 비방할
수도 있고, 하나님을 경외할 수도 있습니다. 나의 소행을 가장 잘 아는
가족이 교회와 하나님을 비방하는 것은 모두 내 삶의 결론입니다. 가
족이 내 소행을 보고 하나님을 경외하게 하려면 삶에서 손이 가고 발
이 가는 구체적인 적용이 필요합니다.

10 나와 내 형제와 종자들도 역시 돈과 양식을 백성에게 꾸어 주었
거니와 우리가 그 이자 받기를 그치자 11 그런즉 너희는 그들에게
오늘이라도 그들의 밭과 포도원과 감람원과 집이며 너희가 꾸어 준
돈이나 양식이나 새 포도주나 기름의 백분의 일을 돌려보내라 하였
더니_느 5:10~11

느헤미야가 부자들에게 가르치고자 한 것은 "돈과 양식을 꾸어
주고도 이자를 받지 말라"는 것입니다. 그러나 그는 가르치기만 하지
않았습니다. 자신이 먼저 이자를 받지 않는 적용을 했습니다. 그러면
서 "우리가 이자 받기를 그치자" 하고 그들을 설득해 나갔습니다. 말
로만 하지 말고 "지금까지 받은 것도 돌려보내라"고 구체적인 실천을
요구한 것입니다.

12 그들이 말하기를 우리가 당신의 말씀대로 행하여 돌려보내고 그
들에게서 아무것도 요구하지 아니하리이다 하기로 내가 제사장들
을 불러 그들에게 그 말대로 행하겠다고 맹세하게 하고 13 내가 옷
자락을 털며 이르기를 이 말대로 행하지 아니하는 자는 모두 하나
님이 또한 이와 같이 그 집과 산업에서 털어 버리실지니 그는 곧 이
렇게 털려서 빈손이 될지로다 하매 회중이 다 아멘 하고 여호와를
찬송하고 백성들이 그 말한 대로 행하였느니라_느 5:12~13

느헤미야가 먼저 본을 보이고 적용할 것을 가르쳤더니 귀족들과
민장들이 다 순종했습니다. 그리고 느헤미야는 그들에게 맹세를 시
킵니다. 이자 받기를 그치고, 지금까지 받은 이자도 돌려보내는 적용
을 반드시 지키라는 것이었죠. 만약 지키지 않으면 그 집과 산업을 하
나님께서 빼앗으실 거라고 말합니다.

맹세는 스스로 의지를 굳게 하는 동시에 실천하게 하는 힘이 됩
니다. 예전에 연세대 의대의 고(故) 황수관 박사님이 세브란스 병원의
건축기금으로 10억 원을 작정했다는 이야기를 들었습니다. 그냥 작
정만 해서는 안 될 것 같아서 가족을 모아 놓고 각서를 써서 부총장에
게 제출까지 했다고 합니다. 하지만 대학병원 교수가 무슨 돈이 있겠
습니까. 학교와 의학을 너무 사랑하는 마음에 작정은 했지만, 당장 돈
을 낼 방법은 없었죠. 그런데 각서를 제출하고 얼마 안 되어 광고 섭외
가 들어왔답니다. 그렇게 번 돈이 10억 원이랍니다. 그래서 몇 달 만
에 작정한 기금을 다 기부했다는 겁니다.

각서를 제출하지 않았어도 작정한 기금을 내셨겠지만, 저는 이 각서로 의지를 굳게 함으로써 실천할 힘이 생겼다고 생각합니다. 헌금도 그냥 마음으로 작정하는 것과 공식적으로 작정 금액을 적어서 내는 것은 아무래도 차이가 있습니다. 내가 결단한 것을 공표하는 것이 약속을 지키고 실천하는 데 힘이 됩니다. 여러분도 하나님만 아시면 그만이라고 생각하기보다는 나의 서원과 헌신을 선포함으로써 공동체에서 기도와 격려의 힘을 얻기를 바랍니다.

† 상대방이 잘못을 깨닫도록 하나님의 말씀과 그에 맞는 계획을 가지고 다가갑니까? 아니면 내 의로움으로 화를 내면서 오해를 부추깁니까?
† 세상 사람들과 똑같이 돈과 출세를 따르는 나의 소행은 믿지 않는 사람에게 어떻게 비추어질까요? 물질도 건강도 하나님이 주신 것임을 증거하며 남에게 베풀고 내려놓는 삶을 살아가고 있습니까? 구체적으로 돈을 내려놓는 적용이 어떤 것인지 묵상해 보고, 공동체 모임에서 공식적으로 선포해 보시기 바랍니다.

"손해를 자처하여 본을 보이라"고 하십니다

14 또한 유다 땅 총독으로 세움을 받은 때 곧 아닥사스다 왕 제이십년부터 제삼십이년까지 십이 년 동안은 나와 내 형제들이 총독의 녹을 먹지 아니하였느니라 15 나보다 먼저 있었던 총독들은 백성에

게서, 양식과 포도주와 또 은 사십 세겔을 그들에게서 빼앗았고 또한 그들의 종자들도 백성을 압제하였으나 나는 하나님을 경외하므로 이같이 행하지 아니하고 16 도리어 이 성벽 공사에 힘을 다하며 땅을 사지 아니하였고 내 모든 종자들도 모여서 일을 하였으며 17 또 내 상에는 유다 사람들과 민장들 백오십 명이 있고 그 외에도 우리 주위에 있는 이방 족속들 중에서 우리에게 나아온 자들이 있었는데 18 매일 나를 위하여 소 한 마리와 살진 양 여섯 마리를 준비하며 닭도 많이 준비하고 열흘에 한 번씩은 각종 포도주를 갖추었나니 비록 이같이 하였을지라도 내가 총독의 녹을 요구하지 아니하였음은 이 백성의 부역이 중함이었더라_느 5:14~18

바벨론과 바사 왕에 의해 세워진 총독들은 물론 그 부하들까지 나서서 이스라엘 백성의 돈과 양식을 빼앗고 압제했습니다. 그러나 느헤미야와 그 형제들은 총독의 녹을 먹지 않았습니다. 민장 150명과 지도자들이 모여서 회의를 하려면 먹을 것과 쓸 것이 필요했지만, 자기 것으로 대접하고 녹을 요구하지 않았습니다. 느헤미야와 그의 형제들에게 녹을 요구할 자격이 없어서 그런 것이 아닙니다. 먼저는 그들이 하나님을 경외하기 때문이고, 다음으로는 백성의 부역이 중하기에 세금으로 거둬들인 녹을 취하지 않은 것입니다.

백성의 마음을 움직이고 실천하게 하려면 이런 자기 고백이 필요합니다. "부자들에게 이자를 받지 말라" 하고, "받은 것까지 돌려주라" 하는 것은 결코 쉬운 적용이 아닙니다. 눈에 보이는 손해가 있기에 그냥 명령만 해서는 안 됩니다. 내가 하나님을 경외함으로 손해를 보고 포기한 간증이 있어야 다른 사람에게도 내려놓으라고 권면할 수 있는 것입니다. 백성의 부역이 중한 것을 볼 줄 알고 상대방의 어려움을 헤아릴 줄 알아야 삶에서 십자가를 지라는 말을 할 수 있습니다.

> 내 하나님이여 내가 이 백성을 위하여 행한 모든 일을 기억하사 내게 은혜를 베푸시옵소서_느 5:19

"내가 이 백성을 위하여 한 일을 기억하시고 내게 은혜를 베풀어 달라"는 느헤미야의 기도는 생색내는 기도가 아닙니다. 그가 왕궁의 관원도 내려놓고, 총독의 녹도 안 받고, 이자도 안 받은 것은 자신을 위해서가 아니라 이 백성을 위하여 행한 일이라는 말입니다. 하나님을 경외함으로 하나님의 백성인 이스라엘 공동체를 위해서 적용했으니 이 백성을 위하여 은혜를 베풀어 달라는 겁니다. 이는 곧 하나님께서 베풀어 주시는 은혜로 이 백성을 위하여 계속 헌신하겠다는 서원입니다.

저도 교단의 후원이나 어떤 도움도 없이 교회를 개척했기에 목사의 녹을 받지 않았습니다. 장소도 없어서 제가 살던 집을 내어놓고 점심 식사를 대접하면서 예배를 드렸습니다. 제가 너무나 믿음이 좋고 훌륭해서 그리한 것이 아닙니다. 환난당하고 빚지고 원통한 사람들, 힘든 사람들을 초청해 놓고 어떻게 그분들이 내는 헌금으로 녹을 받을 수 있겠습니까. 성도들의 삶이, 이 백성의 부역이 너무 중하기 때문에 받을 엄두가 나지 않았습니다. 영육 간에 제가 할 수 있는 모든 것으로 성도들을 섬기기를 원했습니다. 그래서 무너진 가정과 사업으로 힘들어하는 하나님의 자녀들을 위해 제게 은혜를 베풀어 주시기를 기도했습니다. 육적인 은혜가 아니라 날마다 말씀을 깨닫는 은혜를 달라고 기도드릴 때 하나님께서는 늘 넘치는 은혜로 응답해 주셨습니다. 필요한 시간과 건강과 기회를 제게 모두 허락해 주셨습니다. 저 한 사람을 위해서가 아니라 하나님의 백성을 위해 저를 쓰시려고 베풀어 주신 은혜였습니다.

돈을 바라고는 하나님의 일을 할 수 없습니다. 물론 교회가 세워지고 운영되기 위해서는 돈이 반드시 필요합니다. 그러나 하나님의 일을 하면서 돈이 목적이 된다는 것은 있을 수 없는 일입니다. 사역에 필요한 것은 돈이 아니라 하나님의 은혜입니다. 하나님께서 은혜를 베푸셔야 필요한 돈도 생기고 건물도 생기고 먹을 것도 생기는 것입니다.

삶으로 본을 보이는 느헤미야도 위대하지만, 느헤미야의 가르침에 "아멘"으로 순종하는 이스라엘 공동체도 위대합니다.

그러나 성령으로 하나 되지 않으면 아무리 본을 보이고 가르쳐도 알아듣지 못합니다. "내가 수고해서 번 돈으로 이자를 좀 취하는데 왜 그걸 못 하게 해. 왜 다시 돌려주라고 그래?" 하면서 기분 나빠 합니다. 성경 본문에 십일조가 나와서 십일조 설교를 하는데도 "이 교회도 돈이나 바치라고 한다"면서 나가 버리는 사람도 있습니다. 그런 사람일수록 내가 본을 보이는 것밖에 달리 방법이 없습니다. 내가 먼저 돈을 포기하고 손해 보는 적용을 해야 다른 사람에게도 전할 수 있습니다. 부부간에도 그렇습니다. 돈에 대한 욕심을 내려놓으면 믿지 않는 배우자의 구원이 앞당겨질 것입니다. 부모가 돈을 욕심내지 않고 다른 사람을 섬기는 본을 보여야 자녀에게도 믿음을 넣어 줄 수 있습니다.

재물에 신앙이 겸비되면 큰일을 할 수 있지만, 재물에 신앙이 없으면 당대에 지옥 생활을 하고 후손도 고생합니다. 구원을 위해 돈을 내려놓는 지도자 한 사람이 있으면 그 안에 어떤 갈등과 오해가 있어도 그 공동체는 무너지지 않습니다.

† 하나님 때문에 손해 보고 포기한 적용은 무엇입니까? 내가 마땅히 받을 것인데도 다른 사람의 형편을 생각해서 양보하고 내어 준 적이 있습니까?
† 나를 위해서가 아니라 하나님의 공동체와 구원을 위해서 은혜를 베풀어 달라고 기도합니까? 내가 행한 것을 보시고 은혜를 베풀어 달라고 할 만한 십자가의 행함이 내게 있습니까?

힘을 모아 성전을 중수했는데, 거룩한 예루살렘 공동체에서 돈 때문
에 갈등이 일어났습니다. 물질의 문제 때문에 분열이 일어나지 않도
록 우리 공동체를 지켜 보호해 주옵소서.

"가난한 자의 원망을 들으라"고 하십니다(느 5:1~6).

어려운 돈 문제를 해결하기 위해 가장 먼저 가난한 자의 원망을
잘 듣기 원합니다. 지체들의 부도와 실직의 소식에 귀를 기울이며, 그
들의 아픔을 공감하며 들어 주는 느헤미야가 되기 원합니다. 지체들
의 흉년을 외면하지 않고, 중보하는 우리가 되게 하옵소서.

"부자들을 가르치라"고 하십니다(느 5:6~13).

물질도 건강도 하나님이 주신 것임을 증거하며 그것을 베풀고
내려놓는 삶을 살기 원합니다. 내가 먼저 맹세하고, 적용하고, 본을 보
임으로써 내 가족, 내 이웃을 잘 가르치고 일깨울 수 있도록 도와주옵
소서. 매사 내 뜻대로 옳고 그름을 판단하지 않고, 하나님의 뜻을 깊이
생각하는 성령의 지혜도 허락해 주옵소서.

"손해를 자처하여 본을 보이라"고 하십니다(느 5:14~19).

하나님을 경외함으로 손해를 자처하고 양보하기를 원합니다. 물질 문제에서 삶으로 본을 보일 때 돈 문제가 해결되고, 관계가 회복되고, 공동체가 회복될 것을 믿습니다. 이렇게 행하는 우리의 모든 일을 기억하사 더없는 은혜를 베풀어 주옵소서.

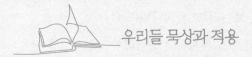

저는 가난한 농부의 막내아들로 태어났습니다. 태어난 지 얼마 되지 않아 어머니를 여의고, 할머니의 젖동냥으로 자라났습니다. 새어머니가 들어오셨지만 배다른 동생이 생기면서 구박을 받았습니다. 그러다 고등학교 때 새어머니마저 돌아가시고, 아버지 역시 폐인처럼 살다가 돌아가셨습니다. 그래서 저는 대학을 졸업할 때까지 스스로 돈을 벌어서 공부해야 했습니다. 그러다 보니 '늘 강해져야 한다', '남에게 책잡혀서는 안 된다'는 생각으로 스스로를 힘들게 했습니다.

이후 서울에서 직장을 다니며 신앙생활을 시작하고 믿는 아내와 결혼했는데, 처가가 너무 가난했습니다. 문어발처럼 제게 손을 벌리는 처가가 싫었고 아내도 미웠습니다. 그들의 부르짖음이 듣기 싫어 아내와 싸우며 "제발 이혼해 달라"고, "지긋지긋한 처가에서 벗어나고 싶다"고 했습니다(느 5:1). 저 역시 가난을 겪어 봤으면서도 조금만 도와줘도 생색을 내며 내 이익만 취하려고 했습니다. 그런 와중에 아내가 위암 말기 진단을 받았습니다. 암으로 죽어 가는 아내 앞에서도 철저히 저를 포장했기에 이중인격자라는 소리를 들었고, 아내는 서른한 살의 젊은 나이로 천국에 갔습니다. 아내가 살아 있을 때는 그 아픔을 외면했으면서 막상 아내가 떠나고 나니 '하나님이 어떻게 이러실 수 있는가' 반발심이 생겼습니다. 저는 악하고 음란한 세상을 좇아 성인 나이트클럽과 비디오방을 전전하며 점점 교회와 멀어졌습니다.

그러다 지금의 아내를 만나 재혼을 했습니다. 그런데 새어머니에게 구박받으며 자란 상처 때문인지 아내가 내 아이에게 조금만 섭섭하게 해도 화가 폭발했습니다. 아내에게도 아이가 있어서 성이 다른 아이들을 데리고 교회에 정착하기도 힘들었습니다. 교회에 와서도 아내가 설교 말씀을 듣고 울면 제 위신을 떨어뜨린다고 화를 내곤 했습니다. 그렇게 완악한 저를 하나님은 말씀으로 설득해 가셨습니다. 믿음의 공동체에 속해 설교와 지체들의 간증을 들으며 제가 가난하고 힘든 아내를 착취한, 믿지 않는 사람보다 못한 죄인임을 알게 된 것입니다. 저는 힘든 사람을 공감하기는커녕 그 마음을 알면서도 오히려 더 악하게 굴었던 죄인입니다. 이런 저의 죄 때문에 하나님께서 첫 아내를 데려가시고 구원의 통로로 삼으신 것이 깨달아졌습니다.

그런데도 저는 아직 돈을 내려놓지 못해 주식 투기를 하고 있습니다. 제 힘으로 포기할 수 없기에 목장에 기도를 부탁하고 하나님의 은혜를 구합니다(느 5:19). 돈 문제로 지금의 아내와 갈등하고 분열되는 일이 없도록 저의 우상인 주식을 끊기 원합니다. 저 자신을 위해서가 아니라 저의 가정과 공동체를 위해서 날마다 십자가 지는 적용을 할 수 있도록 제게 하나님의 은혜를 부어 주시길 간구합니다.

하나님 아버지, 방해와 핍박에 대처하며 유형과 무형의 성전을 지어 가는 일에 돈 문제로 갈등이 생겼습니다. 가정에도, 교회에도 결국 모든 갈등의 배후에는 돈이 있음을 알았습니다. 돈이 있어서 믿음이 좋은 줄 착각하고, 돈이 없어서 하나님을 불신하는 것이 바로 우리의 모습입니다.

이렇게 내 속에 돈으로 인한 갈등이 있으니 가난한 자의 원망을 들어 주기가 참으로 어렵습니다. 밥을 굶고, 빚을 지고, 자녀를 팔기까지 하는 기막힌 모습을 보면서 한심하고 부담스러워서 그저 그들을 외면하고 싶습니다. 느헤미야는 백성을 사랑하기에 안타까움으로 크게 노했지만 사랑이 없어서 가난한 사람의 아픔을 공감하지 못하는 우리를 불쌍히 여겨 주옵소서.

이제는 공동체의 하나 됨을 위해 중심에 계획하고 꾸짖는 느헤미야를 본받기 원합니다. 믿지 않는 사람과 똑같이 돈 좋아하고 큰 집과 큰 차가 목적인 저의 소행을 인정하며, 말씀으로 꾸짖음을 잘 받게 하옵소서. 나 때문에 복음이 훼방받고 교회가 비판받는 일이 없도록 돈을 내려놓고 양보하는 적용을 하기 원합니다.

삶으로 보여 주는 본이 있었기에 느헤미야가 돈 문제를 해결할 수 있었습니다. 가장 가까운 가족에게 먼저 돈과 욕심을 내려놓는 본을 보이게 하옵소서. 가정과 직장과 교회에서 내 이익을 취하지 않고 힘든 사람들을 섬김으로 이 백성을 위하여 은혜를 구하는 인생이 되게 하옵소서. 다른 사람의 구원을 위해 쓰임받도록 은혜를 구할 때, 하나님이 넘치도록 내게 은혜를 베푸시고 모든 필요를 채워 주실 줄 믿습니다. 내 힘으로는 그렇게 살 수 없지만 주님이 힘 주셔서 이 백성을 위해 살아가게 인도하옵소서. 예수님 이름으로 기도하옵나이다. 아멘.

PART

평안할수록
경계하라

10

음모를 이기는 길

느헤미야 6장 1~14절

_____하나님 아버지,
끊임없는 방해를 이기고 성벽을 중수하는데
나를 해하려는 음모가 기다리고 있습니다.
날마다 주저앉고 싶은 이유가 너무 많지만
그 음모를 이기고 일어서도록
말씀해 주옵소서. 듣겠습니다.

선교사가 세운 학교에서 예배를 거부하고 신앙의 자유를 위해 단식 투쟁을 하던 학생이 있었습니다. 그 학생은 대단한 의지로 사회적 관심을 끌어모은 공로를 인정받아 명문대에도 들어갔습니다. 그리고 모교와 서울시를 상대로 인권침해 소송을 내서 천만 원의 보상금도 받았습니다. 종교보다 교육이 먼저라는 것이 당시 재판부의 판결이 었습니다.

하나님의 가치관으로 살아가는 신본주의의 반대는 인본주의입니다. 저는 인간의 자유를 위해 복음 전파를 가로막는 이런 일이야말로 기독교에 대한 음모라고 생각합니다.

끊임없는 방해와 음모를 겪어야 하는 신앙의 여정에서 어떻게 하면 음모를 이길 수 있을까요?

내 위치를 알아야 합니다

산발랏과 도비야와 아라비아 사람 게셈과 그 나머지 우리의 원수들
이 내가 성벽을 건축하여 허물어진 틈을 남기지 아니하였다 함을
들었는데 그 때는 내가 아직 성문에 문짝을 달지 못한 때였더라
_느 6:1

느헤미야의 주도로 예루살렘 성벽이 건축되어 허물어진 틈이 하
나도 남지 않게 됐습니다. 무너진 곳이 대부분 재건되고, 성벽 중수 공
사는 거의 완성 단계에 이르렀습니다. 그리고 그 소식을 원수인 산발
랏과 도비야가 들었습니다.

성벽이 다 지어져 갈 때, 교회가 부흥되고 사역의 열매가 나타날
때 누구나 조금 우쭐할 수 있습니다. 원수들이 그 소식을 들었다고 하
니 '내가 못할 줄 알았지!' 하면서 잘난 척할 수도 있습니다. 그러나 느
헤미야는 "내가 아직 성문에 문짝을 달지 못한 때"라고 말합니다. 남
들이 뭐라고 해도 "나는 아직 되었다 함이 없다"고 말한 것이죠. 그는
누구보다 자기 위치, 자기 주제를 잘 알고 있었습니다. 이처럼 천국 가
는 그날까지 "하나님 앞에 내가 2프로 부족하다"는 것을 인정하는 것
이 음모를 이기는 길입니다.

2 산발랏과 게셈이 내게 사람을 보내어 이르기를 오라 우리가 오노
평지 한 촌에서 서로 만나자 하니 실상은 나를 해하고자 함이었더

라 3 내가 곧 그들에게 사자들을 보내어 이르기를 내가 이제 큰 역사를 하니 내려가지 못하겠노라 어찌하여 역사를 중지하게 하고 너희에게로 내려가겠느냐 하매 4 그들이 네 번이나 이같이 내게 사람을 보내되 나는 꼭 같이 대답하였더니_느 6:2~4

성벽 중수가 거의 마쳐 간다는 소식을 듣고는 그동안 이스라엘을 괴롭히던 산발랏과 게셈이 느헤미야에게 만나자고 청합니다. 그렇게 무시하고 조롱하더니 갑자기 친한 척하면서 초청한 겁니다. 나를 무시하던 사람이 태도를 바꿔서 나를 초청하면 우리는 거절하기가 참 어렵지요. 특히 산발랏과 게셈처럼 지위가 높은 사람이 네 번이나 사람을 보내 초청하면 누구라도 못 이기는 척하고 가서 어울리고 싶을 겁니다. 게다가 오노 평지는 예루살렘과 사마리아의 중간에 있어서 합리화하기에 딱 좋은 장소 아닙니까?

하지만 자기의 위치를 잘 알고 있던 느헤미야는 그들의 실상도 잘 파악하고 있었습니다. 자신을 해하려는 의도를 알고 오노 평지에서 만나자는 제안을 "Oh~ No!" 하고 멋있게 거절한 것입니다. 그냥 거절만 한 것이 아닙니다. '내 할 일을 하기 위해서'라고 타당한 설명까지 합니다. 느헤미야는 급한 일과 중요한 일 중에 중요한 일이 우선인 것을 알고 있습니다.

저는 30대 중반에 남편이 소천하고, 당시 살고 있던 집에서 재수생 모임, 청년부 조장 모임, 교구장 모임 등 큐티 모임을 일주일 내내 인도했습니다. 그것이 좋아 보였는지 어느 날 높은 지위를 가진 분이 제게 밥을 사겠다고 식사 초청을 했습니다. 그런데 그 시간이 큐티 모임과 겹쳐서 정중히 거절했습니다. 식사를 함께 못 하는 대신에 시간이 될 때 큐티 모임에 오시면 좋겠다고 말씀드렸습니다. 그분 입장에서는 기분이 나빴을지도 모르겠습니다. 그러나 아무리 대단한 분이라 해도 제가 큐티 모임을 하지 않고 식사하러 갈 수는 없었습니다.

그리고 저의 에스겔 간증이 알려지면서 해외 유학생 수양회인 코스타(KOSTA)로부터 강사로 초청을 받았습니다. 그러나 그때는 자녀들이 어려서 며칠씩 집을 비우는 해외 집회에 참여할 수가 없었습니다. 그래서 집회를 가도 당일에 마치고 돌아올 수 있는 곳에만 참석했습니다. 또 제가 젊은 과부로서 모임을 인도했기 때문에 50세가 되기 전에는 남자들이 참석하는 모임은 일절 하지 않았습니다. 제가 길치인데도 직접 운전을 하고 다닌 이유도 집회를 오고 갈 때 누가 태워 주면 오해가 생길 수 있기 때문입니다.

여러분 중에는 저의 이런 적용이 사소하게 들릴 수도 있을 겁니다. 하지만 많은 사람이 모이는 집회 초청을 거절하고 남자들만 모이는 모임을 거절하는 게 쉬운 일은 아니었어요. 저는 하나님께서 저를 써 주시는 기회라고 생각되는 곳은 어디라도 갈 수 있습니다. 그러나 급한 일과 중요한 일 중에 당시 저에게는 엄마의 역할을 지키는 것이 가장 중요한 일이었습니다. 그래서 사소한 일부터 문짝을 달고 지키는 적용을 했습니다. 그랬더니 큐티 모임이 점점 부흥했고, 주님은 교회 개척으로까지 인도해 주셨습니다.

내가 음모에 빠지는 것은 결국 나 자신 때문입니다. 성벽 중수를 거의 다 마쳐 간다고, 뭔가 된 줄 알고 문짝 다는 일을 무시하면 거기에 사탄의 음모가 틈타게 됩니다. 항상 내 위치를 알고 사소해 보이는 일이라도 문짝을 다는 적용을 해야 합니다.

저는 교회 안에서도 남녀 간에는 절대 상담을 못 하도록 가르칩니다. 부부가 아닌 남녀가 단둘이서 차를 타는 것도 안 된다고 말합니다. 뭐 그런 것까지 가르치냐고 말할지도 모르겠습니다. 하지만 우리는 모두 되었다 함이 없는 인생입니다. 아무도 장담할 인생이 없다는 것을 알고 내가 문짝을 달아야 할 때라는 걸 인정해야 음모를 이길 수 있습니다. '나는 지킬 수 있다'고 합리화하면서 오노 평지에 갔다가는 사탄의 음모에 해를 당합니다. 그러므로 쾌락과 명예의 오노 평지가 나를 불러도 느헤미야처럼 "Oh~No!"를 외치며 잘 거절해야 합니다.

† 가족이 대부분 전도되고 '허물어진 틈이 남지 않았으니' 우쭐한 마음이 듭니까? 나를 무시하던 사람들이 태도를 바꿔서 잘해 주고 화려한 곳으로 초청할 때 그것을 거절할 수 있습니까? 공동체 모임에 한 번쯤 빠져도 된다고, 거리상으로도 가기 좋은 오노 평지라고 합리화하며 하나님의 역사를 중지하고 세상의 초청에 달려가지는 않습니까?

† 남들이 나를 알아줄수록 더욱 깨어서 말씀을 묵상함으로 문짝을 달고 있습니까? 명예와 쾌락과 권세가 나를 초청하는 오노 평지에 대해 "Oh, No!"를 외치고 있습니까?

나 자신을 알되 위축되지 말아야 합니다

5 산발랏이 다섯 번째는 그 종자의 손에 봉하지 않은 편지를 들려 내게 보냈는데 6 그 글에 이르기를 이방 중에도 소문이 있고 가스무도 말하기를 너와 유다 사람들이 모반하려 하여 성벽을 건축한다 하나니 네가 그 말과 같이 왕이 되려 하는도다 7 또 네가 선지자를 세워 예루살렘에서 너를 들어 선전하기를 유다에 왕이 있다 하게 하였으니 지금 이 말이 왕에게 들릴지라 그런즉 너는 이제 오라 함께 의논하자 하였기로_느 6:5~7

산발랏이 네 번이나 초청해도 계속 거절을 하니까 다섯 번째는 느헤미야를 비방합니다. 편지의 내용이 다 공개되도록 봉하지 않은 편지를 보내서 "느헤미야가 왕이 되고자 한다"며 역모의 소문을 냅니다. 소위 악성 루머, 가짜 뉴스로 느헤미야를 곤경에 빠뜨린 겁니다.

어지간한 소문은 무시할 수 있지만 느헤미야가 왕이 되려고 한다는 소문은 충분히 오해를 살 만합니다. 유다 족속이고 총독으로 파견되어 성벽 중수를 주도하고 있기에 정말 왕이 되려는 것처럼 보일 수 있습니다.

그러나 아무리 억울한 소문이 돌고 악성 댓글에 시달려도 거기에 맞서 화를 내면 싸움에 지는 겁니다. 나를 해하려고 음모를 꾸미고 야비하게 공격해 올 때 거기에 위축되어서는 안 됩니다. 느헤미야가 아직은 성벽 역사에 전념할 때라고 산발랏의 초청을 거절한 것은 객관적으로 자기 위치를 알아서 거절한 것이지 주눅이 들어서 그런 것이 아닙니다.

자기 위치를 아는 것과 위축되는 것은 전혀 다른 이야기입니다. '너 자신을 알라'고 하면 객관적으로 자신을 봐야 하는데 거기에 열등감과 상처가 개입되기 때문에 주눅이 드는 겁니다. 그래서 조금만 억울한 소리를 들어도 화를 내고 남이 나를 비방하는 것을 견디지 못합니다.

미국의 심리치료사인 비벌리 엔젤(Beverly Engel)이 쓴 『화의 심리학』에는 이웃 남자와 대립하는 로버트의 이야기가 나옵니다.

여름이면 이웃집 마당의 나무가 로버트의 집에 멋진 그늘을 만들어 주곤 했습니다. 그런데 어느 날 이웃 남자가 그 나무를 잘라 버립니다. 그것을 보고 로버트는 이웃 남자가 자기를 괴롭히려고 일부러 나무를 잘랐다고 생각합니다.

그리고 날마다 아내에게 "내가 차를 몰고 들어올 때 그 남자가 경멸하는 눈빛으로 쳐다보는 걸 당신도 봤어야 해. 그 사람은 분명히 나한테 꼬인 게 있어. 내가 뭘 어쨌다고 그러지? 지난 주말에 차고 앞에서 중고 물건을 팔았다고 그렇게 화를 낼 수 있는 거야? 사람들이 그 집 앞에 잠깐 주차했기로서니 그게 그렇게 화낼 일이야?" 하며 화를 쏟아냅니다.

아내가 보기에는 전혀 그렇지 않은데 로버트는 여전히 이웃집 남자가 자기에게 화가 나 있다고 믿습니다. 급기야 더는 참지 못하겠다며 담판을 짓겠다고 찾아가서는 "그런 식으로 나를 경멸하지 말고 남자답게 다 털어놓지 그래?" 하고 화를 냅니다. 이웃 남자는 로버트가 무슨 말을 하는지 도무지 알 수 없어서 기가 막힐 뿐입니다.

비벌리 엔젤은 로버트가 이웃집 남자로부터 자신을 보호하는 것이 아니라 자신의 화로부터 스스로를 보호하는 것이라고 말합니다. 로버트는 종교적 분위기가 강한 가정에서 자라면서 화는 용납할 수 없는 감정이며 사악한 감정이라고 배웠습니다. 어렸을 때 화를 내기만 하면 부모님에게 심한 벌을 받았습니다. 그래서 건강하게 화내는 법을 알지 못하고, 이웃 남자가 자기를 괴롭힌다고 비난함으로써 자신의 화를 정당화하고 죄책감을 회피하려고 한다는 것입니다.

이 책에는 또 다른 예로 쇼핑에 중독된 아니타의 이야기가 나옵니다. 아니타는 쇼핑에 너무 많은 돈을 쓰는 자신에게 화가 납니다. 조심하려 애쓰지만 충동을 조절할 능력이 없는 자신에게 혐오감마저 느끼죠. 그리고 남편이 쇼핑에 돈을 쓴 걸 알고 화를 낼까 봐 남편 몰래 쇼핑백을 감추어 둡니다.

그러던 어느 날 저녁 식사 시간, 아니타가 준비한 요리를 보고 남편이 감탄해서 말합니다. "와, 여보 오늘 웬일이야?" 남편이 한 말은 이게 전부입니다. 그런데 아니타는 "당신 음식 준비하는 데 돈을 너무 많이 썼어"라는 말로 알아듣고는 이렇게 대답합니다.

"내가 자제력도 없고 당신이 열심히 일해서 번 돈을 낭비한다고 생각하겠지만 그렇다고 돈 쓰는 걸 가지고 매번 트집 잡을 필요는 없잖아요. 당신은 내가 싫은 거죠, 그렇죠? 나를 나쁜 여자라고 생각하잖아요, 그렇죠?"

남편은 전혀 그렇게 생각하지 않았습니다. 그것은 아니타가 자신에게 느끼는 감정일 뿐이었죠.

여러분도 이런 경험이 있지 않습니까? 상대방은 아무 뜻도 없이 한 말인데 내 열등감과 죄책감 때문에 더 화를 내고 상대를 무안하게 만든 경험 말입니다.

산발랏과 도비야가 왜 이토록 느헤미야를 괴롭히는 걸까요?

느헤미야로 인해 자신들의 위치가 불안해졌기 때문입니다. 그래서 그 분노와 불안감을 그에게 떠넘기는 것입니다. 느헤미야가 뭘 잘못해서 화를 내는 게 아니라 로버트처럼 그들의 죄책감을 회피하기 위해 느헤미야를 모략하고 해하려는 겁니다. 이것을 분별하지 못하고 느헤미야도 똑같이 화를 낸다면 이미 진 싸움입니다. 화를 내지 말라고 해서 무조건 참으라는 말이 아닙니다. 객관적이고 상식적이지 않은 모략에 휘둘리지 말고 당당하게 맞서라는 것입니다.

비벌리 엔젤은 화에도 건강하고 건설적인 화가 있고, 병적이고 파괴적인 화가 있다고 말합니다. 건강하고 건설적인 화는 상대와 자신을 해치는 무기가 아니라 서로에 대한 이해와 건강한 관계를 촉진하는 도구가 됩니다. 다시 말해, 단순히 논지를 입증하거나 감정을 쏟아내기보다는 문제를 해결하기 위해 화를 내는 것이 건설적인 화입니다.

반면에 병적이고 파괴적인 화는 상대를 위협하거나 혹은 침범함으로써 나 자신을 보호하려는 방어적이고 완고한 시도로 표현됩니다. 누가 봐도 화를 낼 상황이 아닌데 무분별하고 과도하게 화를 내는 것이 병적인 화입니다. 일반적으로 너무 자주 화를 내거나, 화가 너무

맹렬하거나, 너무 오래 화를 내는 사람은 병적인 화를 내는 것이라고 합니다.

화를 건강하게 내려면 일단 화가 제 할 일을 다했을 때 그것을 풀 줄 알아야 합니다. 상대방에게 내가 왜 화가 났는지 문제를 인식시키고 감정과 필요를 전달했다면 이제 화를 풀어야 합니다. 하지만 비벌리 엔젤은 불행하게도 많은 사람이 자기를 화나게 한 상대에게 벌을 주고 싶어서 계속 화를 붙들고 있다고 이야기합니다. 그리고 그것은 화가 난 게 아니라 자기가 화를 내기로 선택한 것이라고 합니다.

산발랏과 도비야가 바로 이런 사람들입니다. 왜 자신들이 느헤미야에게 분을 내는지 정확하게 인식하고 그것을 표현해야 하는데, 그게 안 되니까 느헤미야를 방해하고, 초청을 가장해서 해하려 하고, 악성 루머로 괴롭히기까지 하는 것입니다. 이제는 아예 집착 수준에 이르러서는 느헤미야가 안 걸려드니까 더더욱 화를 냅니다. 자신들의 병적인 화 때문에 스스로 망해 가고 있습니다.

> 8 내가 사람을 보내어 그에게 이르기를 네가 말한 바 이런 일은 없는 일이요 네 마음에서 지어낸 것이라 하였나니 9 이는 그들이 다 우리를 두렵게 하고자 하여 말하기를 그들의 손이 피곤하여 역사를 중지하고 이루지 못하리라 함이라 이제 내 손을 힘있게 하옵소서 하였노라_느 6:8~9

내 속에 두려움이 있으면 근거 없는 소문에 스스로 휘말려 듭니다. 그러다 보면 마음에서 지어 낸 일을 애써 변명하다가 그것이 진짜인 것처럼 자신도 믿어 버리게 되는 겁니다.

그러나 느헤미야는 산발랏의 음모가 자신을 해하려는 것이 아니라 하나님의 역사를 이루지 못하게 하는 사탄의 모략임을 알았습니다. 그는 사람을 두려워하지 않고 오직 하나님을 두려워하기에 이런 일은 없는 것이라고, 그들이 하나님의 역사를 막는 것이라고 실상을 당당히 밝힙니다. 그리고 하나님의 역사가 훼방받지 않도록 "내 손을 힘 있게 하옵소서"라고 기도합니다.

다른 사람들이 나를 오해하게 만들고, 나를 화나게 해서 예수님 믿는 것을 그만두게 하려는 세력이 우리 주변에도 있습니다. "너 여자 만나려고 교회 간다며? 손님 끌려고 교회 다닌다며?" 억울한 소리로 교회를 그만 다니고 싶게 만듭니다. 가정을 중수해 가는데 "부인이 너를 사랑해서 돌아온 것 같아? 다 돈 때문에 다시 합친 거야" 하면서 가정 중수를 그만두고 싶게 만듭니다.

이 말이 분해서 교회를 그만 다니고 가정 회복을 포기한다면 사탄의 음모에 지는 것입니다. 누가 어떤 말을 하든지 그 말을 하는 사람에게 화를 내기보다 그 배후에 있는 사탄의 세력을 볼 수 있어야 합니다. 사람을 두려워하지 말고 하나님의 역사가 중지되는 것을 두려워하며 주님이 내 손을 힘 있게 해 달라고 기도해야 합니다. 당당하게 할 말을 하고, 문제를 해결하기 위한 건강한 화를 내는 것이 음모를 이기는 방법입니다.

† 악성 루머와 거짓말로 나를 모함할 때 어떻게 대처합니까? 사람을 두려워하기보다 하나님의 이름이 훼방받지 않도록 당당히 진실을 밝히며 할 말을 합니까?

† 병적인 화로 분을 내다가 스스로 위축되어 가족도 싫고 교회도 싫다면서 이혼으로, 또 다른 세상 길로 피하려 한 적은 없습니까? 예배와 기도로 내 손을 힘 있게 하며 사탄의 음모를 이기고 있습니까?

원칙에 충실해야 합니다

이 후에 므헤다벨의 손자 들라야의 아들 스마야가 두문불출 하기로 내가 그 집에 가니 그가 이르기를 그들이 너를 죽이러 올 터이니 우리가 하나님의 전으로 가서 외소 안에 머물고 그 문을 닫자 저들이 반드시 밤에 와서 너를 죽이리라 하기로_느 6:10

므헤다벨은 '하나님께서 더 좋게 하신다'는 뜻의 이름입니다. 그 손자 들라야는 '여호와께서 구출하셨다'는 뜻이고, 스마야는 '여호와께서 들으셨다'는 뜻입니다. 자식들의 이름만 봐도 대대로 믿음의 가정인 것을 알 수 있습니다. 게다가 스마야는 느헤미야가 찾아가 볼 정도로 신뢰하는 사람입니다. 그런 사람이 느헤미야더러 성전 외소(성소)에 숨으라고 합니다. "대적이 죽이러 온다" 하며 마치 하나님께 예언을 받은 것처럼 그럴듯하게 말합니다. 여기에 안 넘어갈 사람이 누

248

가 있겠습니까?

열왕기상 13장을 보면 북이스라엘의 여로보암 왕이 하도 악을 행하니까 하나님께서 하나님의 사람을 보내어 경고하십니다. 그러면서 하나님의 사람에게 당부하시기를 "누가 무엇을 준다고 해도 받지 말고 떡도 먹지 말고 물도 마시지 말라"고 하십니다. 이 말씀대로 하나님의 사람이 여로보암 왕이 주는 예물을 멋있게 거절합니다. 그런데 돌아오는 길에 한 노인이 찾아와 '나도 하나님의 선지자'라면서 먹을 것을 권하니까 거기에 그만 넘어갑니다. 그는 노인이 주는 떡과 물을 먹고 결국 죽고 말았습니다.

믿음을 가장해서 오는 음모는 정말 분별하기도 어렵고 이기기도 어렵습니다. 이렇게 힘든 음모에 우리는 어떻게 대처해야 할까요?

> 내가 이르기를 나 같은 자가 어찌 도망하며 나 같은 몸이면 누가 외소에 들어가서 생명을 보존하겠느냐 나는 들어가지 않겠노라 하고_느 6:11

느헤미야는 첫째, "나 같은 자"라고 하면서 예수님을 믿는 사람은 자기만 살려고 도망하지 않는다고 말합니다. 나처럼 예수님을 믿는 사람은 힘들어도 도망가지 않는다고 하면서 믿음의 원칙을 이야기합니다.

둘째, 성전의 외소에는 제사장만 들어갈 수 있기에 "나 같은 몸"은 성소에 들어갈 수 없다고 원칙을 밝힙니다. 웃시야는 유다의 왕인데도 성소에 들어가서 제사를 지냈다가 하나님의 형벌을 받았습니다 (대하 26:14~21). 제사장만 들어갈 수 있다는 원칙을 어겼기 때문입니다.

12 깨달은즉 그는 하나님께서 보내신 바가 아니라 도비야와 산발랏에게 뇌물을 받고 내게 이런 예언을 함이라 13 그들이 뇌물을 준 까닭은 나를 두렵게 하고 이렇게 함으로 범죄하게 하고 악한 말을 지어 나를 비방하려 함이었느니라_느 6:12~13

그렇게 원칙대로 대처했더니 느헤미야에게 깨달음이 왔습니다. 성소에 숨으라고 한 스마야의 권고가 도비야와 산발랏의 음모임을 깨달은 것입니다. 지도자로서 도망을 가고 숨게 만들어서 비방거리로 만들려고 한 것임을 알았습니다.

항상 말씀에 따라 원칙을 지키는 사람에게는 하나님이 어떤 교묘한 음모도 알게 해 주십니다. 오늘 이 말이 들어야 할 말인지 아닌지, 가야 할 곳인지 아닌지 분별하게 해 주십니다. 말씀대로 살기 원하시는 하나님의 원칙을 알면서도 자꾸 뭔가 다른 방법으로 해 보려고 하기 때문에 음모를 분별하지 못하고 비방거리가 되는 것입니다.

내 하나님이여 도비야와 산발랏과 여선지 노아댜와 그 남은 선지자들 곧 나를 두렵게 하고자 한 자들의 소행을 기억하옵소서 하였노라_느 6:14

내 믿음을 핍박하는 사람이 많아도 원수 갚는 것은 하나님께 있습니다. 그러므로 내가 원수 갚으려 하지 말고 하나님께 저들의 소행을 기억해 달라고 기도해야 합니다. 저들을 물리쳐 달라는 것이 아니라, 그 속에 있는 악한 소행을 물리쳐 달라고 기도해야 합니다.

사도 바울도 예수님을 만나기 전 사울일 때는 믿는 자들을 박해하고 스데반을 돌로 쳐 죽이는 악한 소행을 저질렀습니다. 그러나 스데반의 기도를 들으신 하나님께서 사울의 소행을 물리치시고 변하여 바울이 되게 하셨습니다.

악랄한 도비야와 산발랏이라도 하나님은 그들을 바꾸실 수 있습니다. 사람을 미워하지 않고 그 속의 악을 물리치도록 기도하는 것이야말로 음모를 이기는 건강하고 건설적인 화입니다.

이 장의 서두에서 언급했듯이 신앙의 자유를 명목으로 기독교 학교를 고소해서 승소한 학생도 우리가 기도해야 할 대상입니다.

그러면 왜 이런 일이 일어난 것입니까? 기독교가 자기 위치를 모른 채 당당하지도 못하고 원칙을 지키지 않았기 때문입니다. 눈에 보이는 성전 짓기와 성도 수 늘리기에만 급급해서 성도 개개인의 구원에 소홀했기 때문입니다. 세상과 타협하여 자기 위치를 모르고 문짝을 달지 않기 때문에 선교사가 세운 학교에서도 복음을 마음 놓고 전할 수 없게 된 것입니다.

그러므로 이 일은 하나님께서 한국 교회와 믿는 우리를 깨우려고 주신 사건입니다. 그 학생을 비난할 것이 아니라 그의 한계와 감정을 이해하고 그 속에 있는 악한 소행을 물리쳐 달라고 기도해야 합니다. 병적인 화가 아닌 서로가 살아나기 위한 건강하고 건설적인 화로 먼저 나 자신을 보면서 접근할 필요가 있습니다.

교회와 크리스천들이 세상에 감동을 줄 때 하나님의 역사를 막으려는 음모를 이길 수 있습니다. 사랑할 수 없는 사람을 사랑하며, 용서할 수 없는 사람을 용서하며, 남들은 포기하지 못하는 것을 포기하고, 인내하지 못하는 것을 인내하는, 십자가 지는 삶으로 감동을 주는 것이 모든 음모를 이기는 길입니다.

† 내가 신뢰하는 믿음의 지체가 자꾸 도망하고 숨으라고 내게 권유합니까? 더는 참지 말고 이혼하라고, 큐티도, 공동체 모임도 그만두고 돈이나 벌라고 나를 위하는 것처럼 이야기합니까? 믿었던 사람이기에 분별하기가 어렵지만 하나님의 뜻을 먼저 생각함으로 분별하고 있습니까?

† 사람의 말보다 말씀의 원칙을 따르려 할 때 내가 해를 받지 않도록 하나님이 지키시는 것을 경험했습니까?

성벽 중수를 거의 다 마쳐 간다고,
뭔가 된 줄 알고 문짝 다는 일을 무시하면
거기에 사탄의 음모가 틈타게 됩니다.
항상 내 위치를 알고
사소해 보이는 일이라도
문짝을 다는 적용을 해야 합니다.

 말씀으로 기도하기

신앙의 여정을 지나다 보면 방해를 넘어선 음모가 찾아옵니다. 내 속에 있는 악한 소행을 물리치고, 십자가 지는 삶으로 감동을 주며 하나님의 가정, 하나님의 나라를 해치려는 음모를 물리치기 원합니다.

내 위치를 알아야 합니다(느 6:1~4).

내 위치를 알아야 음모를 이길 수 있다고 하십니다. 쾌락과 명예의 오노 평지가 나를 불러도 느헤미야처럼 내 위치를 잘 알아서 "Oh~ No!"를 외치며 거절하는 믿음을 허락해 주옵소서. 학벌과 출세, 음란의 초청에 흔들리는 저와 가족을 지켜 주옵소서.

나 자신을 알되 위축되지 말아야 합니다(느 6:5~9).

자신을 알되 그럼에도 위축되지 않는 당당함을 더하여 주옵소서. 악의적이고 오해를 불러일으키는 소문이 나를 위협해도 하나님께서 진실을 밝히실 것을 믿고 나아갑니다. 당당하게 할 말을 하며 음모를 이길 수 있도록 내 손을 힘 있게 하옵소서.

원칙에 충실해야 합니다(느 6:10~14).

민음과 성경의 원칙에 충실함으로 세상의 음모를 분별하고 물리치기 원합니다. 사랑할 수 없는 사람을 사랑하며, 용서할 수 없는 사람을 용서하며, 십자가 지는 삶으로 감동을 주며 모든 음모를 이겨 나갈 수 있도록 도와주옵소서.

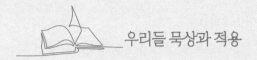

제가 어릴 때 엄마는 아빠의 폭력을 견디지 못하고 아빠와 이혼하셨습니다. 저는 중3 때부터 공부는 뒷전이고 나이트클럽을 전전하다가 당시 고3이던 남자 친구를 만났습니다. 이후 그가 군대에 들어가고 본격적으로 사귀기 시작했습니다. 댄서로 활동하면서 연예계에서 성공하지 못한 저와 달리 남자 친구는 성공 가도를 달렸고, 그럴수록 우리 사랑은 힘들어졌습니다. 그런 가운데 어렵게 결혼을 결정하고 '이제 행복 시작이구나' 할 무렵, 남자 친구가 교통사고로 하반신 불수의 몸이 되었습니다. 저는 그의 곁을 지키기로 다짐하고 결혼했지만, 세상을 원망하면서 원치 않는 삶을 이어 갔습니다. 몸이 온전치 않은 남편을 버린다는 비난이 두려워 차마 이혼도 못 하고 사람들 앞에서는 가식적인 웃음을 보였습니다.

자책과 원망으로 지쳐 가던 어느 날 재혼하신 엄마가 말기 암으로 투병하신다는 청천벽력 같은 소식을 들었습니다. '남편의 대소변을 받아 내며 그래도 살아 보려고 애쓰는 내게 왜 이런 일이 오는지, 다 그만두고 싶다'는 제 속의 음모가 저를 힘들게 했습니다. 그런데 엄마가 암 치료를 받으며 기독교에서 불교로 개종한 것을 회개하시는 역사가 일어났습니다. 그 후 엄마는 7개월의 투병 끝에 천국에 가셨습니다. 그러나 남동생은 엄마의 죽음으로 실의에 빠져 자살을 시도했습니다. 그때 부르짖으며 기도하는 중에 하나님은 방언의 은사를 주셨습니다. 그러면서 저의 증오와 병적인 화의 쓴 뿌리를 보게 하셨습니다. 하나님 앞에 저의 죄를 회개하니 저의 쓴 뿌리가 치유되고 남편과의 막힌 관계가 회복되었습니다.

몇 년 전에 남편은 또다시 큰 교통사고를 당했습니다. 소식을 듣고 기도하는데, 이 일이 하나님이 주시는 구원의 신호임이 깨달아졌습니다. 그러나 이를 모르는 남편은 "에어백 때문에 살았다", "과속을 안 했다"고 자랑만 늘어놓았습니다. 그날 남편과 크게 싸우고 울면서 기도하는데, 성령님이 "네가 하려니 힘든 것이다. 놓아라. 앞으로 내가 할 것이다"라고 말씀해 주셨습니다. 그 말씀을 들으니 남편이 밉기보다는 그가 하나님을 모른다는 사실이 애통하기만 했습니다.

제 힘으로는 할 수 없지만, 말씀을 묵상하고 함께 나누는 공동체를 통해 날마다 내 손을 힘 있게 하시는 하나님을 경험하게 하시니 감사합니다(느 6:9). 이제는 예전에 만나던 사람들에게 쾌락과 명예의 초청이 와도 말씀과 기도로 잘 분별하며 당당하게 "Oh~ No!"를 잘 외치기를 원합니다(느 6:1~4). 꼽박자 사울이던 저를 십자가의 사랑으로 바울 되게 하신 것처럼, 남편도 곧 변화되어 살아 계신 하나님을 간증할 날이 올 것을 믿습니다.

하나님 아버지, 교회에도 가정에도 방해를 넘어선 음모가 있습니다. 영적 성전, 가정의 성전을 지어 갈 때 나를 낙심하게 하고 믿음을 저버리게 하려는 음모가 곳곳에서 일어납니다. 그것이 핍박의 모습이 아닌 타협과 회유의 모습으로 오기에 음모를 이기기가 더 힘든 것을 알았습니다.

음모를 이기기 위해 내가 하나님 앞에 부족한 인생이라는 것, 문짝을 달지 못한 내 위치를 알게 하옵소서. 명예와 쾌락과 권세가 나를 초청해도 가기 좋은 오노 평지라고 얼른 달려가지 않고 하나님의 자녀로서 당당히 거절하게 하옵소서.

하나님 앞에 부족한 인생이지만 사람 앞에서는 하나님의 자녀로서 당당하게 하옵소서. 위축되지 않고 할 말을 하고 화낼 일에 화를 내되, 내 열등감과 정죄감으로 인한 병적인 화가 아니라 문제를 해결하는 건강한 화를 내기 원합니다.

항상 하나님의 원칙을 따르고 말씀대로 살고자 할 때 사람과 사건을 분별하며 음모를 이기게 하실 것을 믿습니다. 사람이 아닌 그의 악한 소행을 보며 애통하게 하시고, 악하고 악한 저를 변화시켜 주신 것처럼 내 가족도 변화시켜 주실 것을 믿고 기도드립니다. 삶에서 지켜야 할 예배와 기도의 원칙, 질서에 순종하는 원칙을 잘 지켜서 믿지 않는 사람들에게 감동을 줌으로써 음모를 이기게 하옵소서. 하나님께서 저의 손을 힘 있게 하시고 모든 그리스도인과 교회의 손을 힘 있게 하심으로 하나님의 역사를 중지하려는 모든 음모가 무너지게 하옵소서. 예수님 이름으로 기도하옵나이다. 아멘.

11

하나님의 역사

느헤미야 6장 15절~7장 4절

_____하나님 아버지,
우리 하나님은 어떤 방해와 음모 속에서도
자신의 역사를 이루십니다.
무너져 가는 가정과 사업 가운데
하나님께서 이루실 역사를 알기 원합니다.
말씀해 주옵소서. 듣겠습니다.

지금은 탈퇴했다는 소식이 들려오지만 미국의 영화배우 톰 크루즈
(Tom Cruise)는 미국의 신흥 종교인 '사이언톨로지(Scientology)교' 신봉자
로 유명했습니다. 한창 종교에 심취해 있을 때는 부족할 것 없는 명성
과 돈을 가진 그가 지구 종말에 대비해서 천만 달러를 들여 지하에 벙
커를 짓는다는 이야기까지 들었습니다. 은하계의 악의 근원인 '제누
(XENU)'가 언젠가 지구를 침략할 것이기 때문에 그때 살아남기 위해
서 최첨단 공기 청정 시스템을 갖춘 시설을 준비한다는 겁니다.

　　나름대로 종말을 예비했는데 이것이 하나님의 역사일까요? 다
른 종교뿐 아니라 예수님의 이름을 표방한 종교 중에도 하나님의 역
사가 아닌 이단의 역사가 있습니다. 정통 교회에서 하는 일이라고 해
도, 예수 잘 믿는 사람이 하는 일이라고 해도 하나님의 역사가 아닌 일
이 있을 수 있습니다.

　　느헤미야와 이스라엘 백성이 하나 되어서 예루살렘 성벽을 완성
했습니다. 그러나 그것 자체가 하나님의 역사는 아닙니다. 하나님은

가시적인 목표를 이루게 하심으로 잠시의 기쁨도 주십니다. 하지만 그것보다 성벽을 짓는 과정에서 내가 하나님의 뜻을 깨닫고 성별되는 것이 하나님의 역사입니다. 다시 말해, 방해와 음모를 이기고 하나님의 영광을 드러내는 것이 하나님의 역사입니다.

우리가 제아무리 공부를 잘하고 일을 잘해도 그렇습니다. 그것이 하나님의 역사가 되기 위해서는 과정이 중요합니다. 비록 우리의 삶이 완벽할 수 없지만 거기에서 어떻게 하나님의 역사를 이루는가가 성공의 척도입니다.

그렇다면 어떻게 해야 내 인생을 통해 하나님의 역사를 이루어 갈 수 있을까요?

하나님의 역사는 '우리' 하나님이 이루십니다

15 성벽 역사가 오십이 일 만인 엘룰월 이십오일에 끝나매 16 우리의 모든 대적과 주위에 있는 이방 족속들이 이를 듣고 다 두려워하여 크게 낙담하였으니 그들이 우리 하나님께서 이 역사를 이루신 것을 앎이니라_느 6:15~16

바벨론 포로로 끌려간 뒤 140년 동안 못 짓고 있던 예루살렘 성벽을 52일 만에 완성했습니다. 집요한 방해와 음모를 이기고 놀라운 역사가 일어난 것입니다.

외도와 부도와 가출로 무너져서 하나님을 믿었더니 한 달 만에 가정이 회복되고, 작정하고 능력의 기도를 드렸더니 한 달 만에 사업이 회복되고 가출했던 자녀가 돌아오기도 합니다. 여성 목회에 대한 편견이 아직 남아 있는 우리나라에서 우리들교회가 이만큼 성장한 것도 참으로 놀라운 역사입니다. 우리들교회가 세워진 목적이 가정을 살리는 것인데, 가정이 회복될 때 교회도 부흥한다는 것을 가시적인 열매로 보여 주신 것 같아 참 감사합니다.

이 모든 역사는 '우리' 하나님이 하셨기 때문에 가능한 일입니다. 내가 아무리 똑똑하고 능력이 있어도 '우리'가 없으면 하나님의 역사를 이룰 수 없습니다. 하나님 안에서 함께하는 우리가 될 때, 나를 괴롭히는 대적도 '우리' 대적이 되어 힘을 합쳐 물리칠 수 있습니다.

그런데 부부간에도 '우리'가 되지 못하는 가정이 많이 있습니다. 서로 사랑한다고 하면서도 한마음이 되지 못하고 한 언어를 쓰지 못해 정작 상대방이 뭘 원하는지도 잘 모릅니다. 영적으로 '우리'가 되지 못한 사랑은 초점이 빗나가서 집착하고 의심하고 서로를 망칠 뿐입니다.

그래서 부부가 하나 되려면 같은 말씀을 듣고 묵상하는 것이 꼭 필요합니다. 주일 설교를 듣고 부부가 서로 나누고, 그 말씀으로 같이 기도할 때 능력이 나타납니다. 매일 같은 말씀으로 큐티를 하면 일주일 내내 서로 대화할 거리가 생깁니다. 자녀와도 대화가 안 통해서 문제가 일어나는데, 온 가족이 큐티를 하면 말씀으로 서로 물어보고 나누면서 말이 통하는 우리가 됩니다. 생각만 해도 짜증 나는 '우리'가 아니라 보고 있어도 보고 싶은 '우리'가 될 때 140년 동안 무너져 있던 성벽이 52일 만에 중수되는 역사가 일어납니다.

　제가 이렇게 공동체를 강조하는데도 아직도 목장에 들어가지 않는 분들은 진짜 강적입니다. 힘든 사람들 이야기도 듣기 싫고 내 이야기도 하기 싫어서 교양 있게 혼자 다니겠다고 하는 분은 신앙이 성장할 수 없습니다. 고난을 피해 갈 수 있는 사람은 아무도 없습니다. 함께하는 우리가 없으면 고난이 찾아올 때 금세 무너져 버립니다. 무너진 것을 중수할 힘도 없어서 대적의 공격에 날마다 쓰러지는 겁니다.

　하나님의 역사는 '우리' 하나님이 이루십니다. 하나님을 사모하는 우리, 말씀대로 살아가고자 하는 강한 우리가 하나님의 역사를 이루어 갑니다.

† 140년 동안 짓지 못했던 예루살렘 성벽이 52일 만에 완성된 것처럼 무너진 가정과 사업과 건강이 회복된 역사가 있습니까?

† 느헤미야 혼자가 아니라 백성이 하나 되어 성벽 중수를 마쳤듯이 내게 일어난 하나님의 역사에 동참하고 증인이 되어 줄 '우리'가 있습니까? 부부가 우리가 되고, 목장이 우리가 될 때 대적도 우리의 대적이 되고 하나님도 우리 하나님이 되는 것을 경험했습니까?

'우리' 안에서도 음모가 일어납니다

우리의 모든 대적과 주위에 있는 이방 족속들이 이를 듣고 다 두려
워하여 크게 낙담하였으니 그들이 우리 하나님께서 이 역사를 이루
신 것을 앎이니라_느 6:16

우리 하나님이 역사를 이루셨다고 기뻐할 때, 대적과 이방인들
은 그 소식을 듣고 두려워하여 낙담합니다. 예수님을 믿고 가정이 회
복됐다고 하는데 두려워하고 낙담하는 사람들이 있습니다. 하나님의
역사로 음란과 중독을 끊고 내 몸의 성전을 회복했다고 할 때 같이 기
뻐하지 않고 낙담하는 사람들이 있습니다. 그들은 왜 두려워하고 낙
담할까요?

그들에게 이스라엘 백성을 무시하는 마음이 있었기 때문입니다.
내가 무시하고 싶은 사람이 하나님을 믿고 잘됐다고 하니까 그것을
쉬 인정하기가 싫은 겁니다.

그런데 대적과 이방인이라고 해서 무슨 원수쯤으로 적용할 필요
가 없는 것이 하나님의 역사를 두려워하고 낙담하는 모습이 우리 가
운데도 있기 때문입니다. 교회 안에서도 내가 무시하는 김 집사가 큐
티를 열심히 하면서 하나님의 역사로 사업이 잘된다고 하면 그것 때
문에 낙담합니다. 학벌이 없어서 은근히 무시하던 이 집사가 하나님
의 역사로 말씀을 잘 깨닫고 직분을 받으면 '나는 직분을 못 받으면 어
쩌지' 하면서 두려워합니다. 가정에서도 그렇습니다. 나보다 늦게 믿

은 동서가 열심히 큐티하고 예배를 드리더니 하나님의 역사로 그 자녀가 대학에 합격했다고 하면 낙담이 됩니다. '그래도 내가 먼저 믿었는데 우리 애는 떨어지면 어쩌지' 하면서 두려워합니다.

여러분은 어떠세요? 나는 그렇지 않다고 고개를 절레절레 흔들고 계신가요? 언제나 가장 무서운 대적은 내 속에 있습니다. 하나님의 역사로, 하나님의 은혜로 잘됐다고 하는데도 같이 기뻐하는 마음이 없다면 다름 아닌 내가 대적이고 이방인입니다. '운이 좋았겠지, 저러다 금세 무너지겠지' 하면서 하나님의 역사로 인정하기 싫은 그 마음이 가장 무서운 대적입니다.

> 17 또한 그 때에 유다의 귀족들이 여러 번 도비야에게 편지하였고 도비야의 편지도 그들에게 이르렀으니 18 도비야는 아라의 아들 스가냐의 사위가 되었고 도비야의 아들 여호하난도 베레갸의 아들 므술람의 딸을 아내로 맞이하였으므로 유다에서 그와 동맹한 자가 많음이라 19 그들이 도비야의 선행을 내 앞에 말하고 또 내 말도 그에게 전하매 도비야가 내게 편지하여 나를 두렵게 하고자 하였느니라_느 6:17~19

도비야는 성벽 중수를 조롱하고 느헤미야를 죽이려고 모함했던 사람입니다. 그런데 그 도비야와 유다 귀족들이 편지를 왕래하면서 동맹을 맺었습니다. 게다가 도비야는 유다 사람 스가냐의 사위까지 되었습니다. 므술람도 도비야의 아들과 자기 딸을 결혼시켜서 대적과 결혼 동맹을 맺었습니다.

도비야와 동맹을 맺은 사람들이 유다의 '귀족들'입니다. 귀족들은 성벽 공사도 분담하지 않았습니다. 그러더니 52일 만에 성벽이 완성됐다고 하니까 도비야와 동맹을 맺고 그를 사위로 맞아들입니다. 그뿐만이 아닙니다. 도비야의 선행을 계속 말하면서 자신들의 행위를 정당화시킵니다. 아마도 도비야가 돈이 있고 권세가 있으니까 구제도 하고 선행도 한 모양입니다. 휴머니즘, 인본주의가 신본주의의 반대인데 귀족들이 하나님의 가치 기준이 없으니까 인간적인 선행을 강조하면서 도비야가 좋은 사람이라고 합리화한 것이죠.

도비야의 장인이 된 스가냐의 아버지 아라는 1차 포로 귀환 때 스룹바벨과 함께 775명을 이끌고 온, 개국공신이라고 할 만한 사람입니다(스 2:5). 도비야와 사돈을 맺은 므술람은 어문과 동문 두 부분을 중수한 신실한 사람입니다(느 3:4, 30).

열심히 성벽을 중수하던 므술람이 왜 이렇게 됐나요? 그동안의 헌신과 봉사가 모두 기복적이었기 때문입니다. 복받기만을 바라고, 내 자식 잘되기만을 바랐기에 권세를 가진 도비야와 사돈을 맺은 겁니다. 대놓고 방해하는 사람보다 돈과 선행을 갖추고 교묘하게 오는 도비야 같은 사람이 무서운 대적입니다. 그것을 분별해야 하는데 돈이 좋고 세상이 좋아서 분별력이 없어졌습니다.

교회 안에도 선행을 행하는 도비야 같은 사람이 있습니다. 이런 사람일수록 권세를 가지고 헌금도 많이 하고 봉사까지 하니 분별하기가 어렵습니다. 하나님의 역사를 위해서 하는지, 자기 유익을 위해서 하는지 분간하기 어려우니까 구원의 확신이 있는지 물어보지도 않고 직분도 주고, 내 자녀와 결혼도 시키는 겁니다. 느헤미야 같은 지도자가 불신결혼은 안 된다고 그리 외쳐도 "그 사람 좋은 사람이야. 착해. 데려다가 예수 믿게 하면 되지" 하면서 오히려 느헤미야를 질책합니다.

여러분, 남의 이야기 할 것이 없습니다. 지위와 돈을 갖춘 사윗감, 며느릿감이 내 자녀와 결혼하겠다며 교회도 나와 줍니다. 구원의 확신도 없고 하나님도 모르지만 선한 얼굴로 교회에 와서 내 아들, 내 딸을 살뜰히 챙겨 줍니다. 이때 사윗감, 며느릿감이 믿음이 생기기 전에는 절대 결혼 못 시킨다고 말할 수 있겠습니까?

결혼하면 교회에 다니겠다고 해서 결혼을 하긴 했는데 그 남편이 너무 돈을 잘 버느라 교회에 나오지를 못합니다. 돈도 잘 벌뿐만 아니라 나에게 너무 잘해 주면서 주말이면 "해외여행 가자, 골프 치러가자"고 유혹합니다. 그런 배우자에게 "나는 해외여행보다 예배가 더즐거워요. 당신이 나를 사랑한다고 하면서 한 믿음이 되지 않는 것이 너무 마음 아파요. 여행은 안 가도 좋으니 같이 예배드리러 가요"라고 말할 자신이 있습니까?

차라리 핍박하고 욕하는 대적은 그 사람 때문에 애통하면서 깨어 있을 수라도 있죠. 그런데 도비야처럼 선한 얼굴로 나를 유혹하는 대적은 정신을 못 차리게 하면서 나와 공동체를 무너뜨립니다. 그래서 가장 힘든 대상이 하나님 없이 나한테 잘해 주는 도비야 배우자, 도비야 부모, 도비야 자녀입니다.

"사람의 원수가 자기 집안 식구리라"(마 10:36) 하신 예수님의 말씀을 기억하십시오. 나를 미워하고 괴롭혀서 원수가 아닙니다. 나한테 너무 잘해 주면서 하나님보다 그 사람을 더 의지하게 만들기 때문에 영적으로 원수가 되는 겁니다. 잘해 주는 그 사람에게 넘어가는 내 마음이 원수이고 대적입니다. 나는 안 넘어간다고 장담하지 마세요. 신실한 집안의 스가냐, 므술람도 넘어갔는데 누구라고 장담할 수 있겠습니까?

여기서는 여자들이 언급되지 않았지만, 저는 도비야의 유혹을 막는 데는 여자들의 역할이 중요하다고 생각합니다. 사탄도 하와를 먼저 꼬여서 아담까지 넘어지게 만들었잖아요. 불신결혼을 해도 엄마가 하나님을 믿으면 아이들이 따라오지만, 엄마가 안 믿으면 자녀들이 믿기가 어렵습니다. 안 믿는 남편보다 훨씬 힘든 것이 안 믿는 아내입니다. 교회를 같이 다녀도 엄마가 은혜를 못 받으면 아이들도 은혜를 못 받고, 엄마가 교회를 비난하면 아이들도 교회에 정착하기가 힘듭니다. 나뿐만 아니라 자녀에게까지 그 영향이 미치기 때문에 불신결혼이 무서운 것입니다.

그리스도와 벨리알은 공존할 수 없습니다(고후 6:15). 세상에서 성공하고 쾌락도 누리고, 그러면서 영적인 축복도 받으면 좋겠지만 그런 것은 없습니다. 육이 무너져야 영이 세워지는 것이 진리이기에 육적으로 잘난 사람일수록 영적으로 세워지기 어렵다는 것을 인정해야 합니다.

그러므로 능력과 선행을 갖추고 교묘하게 다가오는 불신결혼의 유혹에 절대 넘어가면 안 됩니다. 도비야가 나를 행복하게 해 줄 거라고 착각하지 마세요. 좋은 사람이니까 데려다가 믿게 하면 된다고 합리화하지 마세요. 하나님을 부인하는 세상은 악하고 음란한 것밖에 없습니다. 돈을 벌기 위해 악을 행하고, 돈을 벌면 음란으로 가는 것이 세상의 원리입니다. 천사 같은 얼굴로 왔던 배우자가 악과 음란으로 가는 것을 보며 나중에 후회하지 말고 도비야 같은 배우자감, 도비야 같은 사윗감, 며느릿감을 끊어 내야 합니다.

그리고 백성에게 신임을 얻고 있던 스가냐와 므술람이 도비야에게 넘어가서 교묘한 회유와 협박으로 느헤미야를 위협합니다. 그동안의 어떤 방해보다 무서운 위기가 이스라엘 공동체에 찾아왔습니다.

지상에 완전한 공동체는 없습니다. 방해와 핍박을 통해 그나마 온전한 공동체를 이루어 갈 수 있는 것입니다. 성벽이 중수되기 전에는 무너진 환경의 고난이 있으니까 열심히 지었는데 다 지어 가니까 유혹이 찾아옵니다. 이처럼 무조건 편한 환경에서는 하나님만 바라보기가 어렵습니다. 힘들 때보다 평안할 때 오히려 영혼 구원에 집중하기가 더 어렵습니다.

예수 그리스도를 영접함으로 우리 안에 무형의 성전이 지어졌지만, 그것을 담을 유형의 성전도 필요합니다. 유형의 성전인 교회 건물을 건축하는 데에도 온갖 방해와 시험이 많이 있습니다. 그럴 때 도비야 같은 사람이 돈으로 도와주면서 선행을 하면 그 도움을 거절하기가 쉽겠습니까? 어떻게든 그와 동맹을 맺고 싶을 것입니다. 그래서 교회 건축을 해 보면 사역자의 믿음, 성도의 믿음이 드러납니다. 하나님의 역사로 건축을 하는지, 인간의 역사로 하는지 도비야의 유혹을 겪으면서 딱 드러나는 겁니다.

교회가 유형의 성전을 잘 지으려면 무형의 성전인 성도들이 늘 깨어 있어야 합니다. 목사인 제가 먼저 깨어서 영혼 구원을 위한 사명을 잊지 않아야 교묘한 도비야의 유혹을 잘 물리칠 수 있습니다. 부족해도 언제나 하나님의 말씀을 묵상하고 그 말씀대로 살고자 할 때 하나님께서 도비야를 분별하게 하시고 물리치게 하실 줄 믿습니다.

† 내 옆의 지체가 회복되고 하나님의 역사가 이루어질 때 함께 기뻐합니까? 출신과 학벌로 무시했던 사람이 하나님의 역사로 변화되고 교회에서 인정받을 때 온전히 기뻐할 수 있습니까? 비교와 시기로 낙담하고 두려워하는 모습이 하나님의 역사를 대적하는 것임을 알고 있습니까?
† 지위와 선행을 갖춘 도비야가 좋아서 구원의 확신이 없는 사람에게 직분을 주고 타협합니까? 믿음이 없어도 나를 행복하게 해 줄 도비야가 있다고 착각하고 불신결혼과 이혼으로 가정을 위험하게 한 적은 없습니까?

하나님의 역사에는 일꾼이 중요합니다

성벽이 건축되매 문짝을 달고 문지기와 노래하는 자들과 레위 사람들을 세운 후에_느 7:1

도비야와 동맹한 사람들로 인해 공동체에 위기가 왔을 때 느헤미야는 성전에 문짝을 달았습니다. 성벽이 완성되었어도 문짝이 없으면 그 역할을 다할 수 없기 때문입니다. 교회와 가정이 회복되었어도 문짝을 잘 달지 않으면 틈이 생깁니다. 이혼하려던 부부가 관계를 회복했으면 '그다음에' 말씀의 문짝, 기도의 문짝을 잘 달아야 합니다.

문짝을 단 후에는 그 문을 지킬 문지기를 세웁니다. 그다음으로는 노래하는 자와 레위 사람들, 예배를 섬길 일꾼들을 세웁니다. 개인도 가정도 교회도 마찬가지입니다. 먼저 예배가 회복되어야 하나님 나라의 역사가 이루어집니다. 예루살렘 성전은 예배를 위해 세워진 곳이며, 성벽 중수의 목적도 예배를 위함입니다. 그러므로 예배의 회복이 가장 우선되어야 합니다.

> 내 아우 하나니와 영문의 관원 하나냐가 함께 예루살렘을 다스리게 하였는데 하나냐는 충성스러운 사람이요 하나님을 경외함이 무리 중에서 뛰어난 자라_느 7:2

느헤미야는 하나니와 하나냐를 세워서 예루살렘을 다스리게 합니다. 다스리는 자의 자격이 무엇입니까? "충성스러우며 하나님을 경외함이 무리 중에서 뛰어난 자"입니다.

하나니는 수산 궁에 있던 느헤미야를 찾아와서 예루살렘이 허물어졌다고 알려 주며 성벽 중수에 도전을 준 사람입니다(느 1:1~3). 그는 목숨을 걸고 와서 고향 형제를 도와야 한다고 했습니다. 느헤미야의 아우라고 그를 세운 것이 아닙니다. 이런 헌신을 보고 세운 것입니다. 다시 말해, 그는 족벌이나 세습으로 세워진 사람이 아니었습니다. 이 일에 걸맞은 자격을 갖춘 사람이었습니다. 그런데 자격도 안 되고 하나님을 경외하지 않는 사람을 일꾼으로 세우려고 하기 때문에 세습에 대해 말이 많은 것입니다.

하나냐는 망대를 지키던 관원인데, "하나님을 경외함이 무리 중에서 뛰어난 자"라고 합니다. 대단한 신분은 아니지만 성벽을 중수하면서 의외의 인물이 드러났습니다. 신앙 연륜이 오래됐다고, 직분이 있다고 하나님을 경외함이 뛰어난 것이 아닙니다. 무너진 성벽을 중수하는 과정에서 각자의 믿음이 드러나고 새로운 일꾼들이 얼마든지 세워질 수 있습니다.

그렇다면 충성된 일꾼이란 어떤 사람입니까?

산발랏과 도비야가 성벽 중수를 방해하고 위협할 때 느헤미야는 그들을 두려워하지 말고 하나님을 경외하라고 가르쳤습니다. 이 가르침을 잘 듣는 사람이 충성된 사람입니다. 힘든 사건이 왔을 때 사람을 두려워하는가, 하나님을 두려워하는가가 충성의 잣대입니다.

하나님의 가치관으로 인도하는 지도자 느헤미야의 말을 잘 듣는 사람은 당연히 하나님의 말씀도 잘 듣게 마련입니다. 하나님을 경외함으로 지도자를 존경하고 백성을 사랑하는 것이 충성된 일꾼의 모습입니다. 교회는 이런 일꾼을 직분자로 세워야 합니다.

교회마다 직분자 때문에 몸살을 앓고 있는 경우가 많습니다. 저 역시 모태신앙인으로 자라면서 믿음과는 거리가 먼 장로님, 권사님들을 본 적이 있습니다. 그렇다고 직분을 아예 안 세우고 "모두가 형제요, 자매이고 평신도"라고 하는 것도 좋은 것은 아닙니다. 교회가 한 몸의 조직이기에 질서와 균형을 갖추기 위해서는 성경에 기록된 직분을 세워야 합니다.

한국 교회에 하나니와 하나냐 같은 일꾼들이 세워지고 큐티하는 교회들 역시 잘 세워져 가기를 바랍니다.

> 3 내가 그들에게 이르기를 해가 높이 뜨기 전에는 예루살렘 성문을 열지 말고 아직 파수할 때에 곧 문을 닫고 빗장을 지르며 또 예루살렘 주민이 각각 자기가 지키는 곳에서 파수하되 자기 집 맞은편을 지키게 하라 하였노니 4 그 성읍은 광대하고 그 주민은 적으며 가옥은 미처 건축하지 못하였음이니라_느 7:3~4

성벽 중수를 52일 만에 완수했어도 느헤미야는 지금이 위기의 때인 줄 알고 있습니다. '평안하다, 평안하다' 할 때일수록 위험하기에 이때를 비상사태로 인식합니다. 그래서 해가 뜨기 전에는 문을 열지 말고 파수를 마치기 전, 해가 지기 전에 문을 닫으라고 합니다. 그동안 성전을 짓느라고 집을 돌보지 못한 사람들에게 자기 집을 지키라고 합니다.

'성읍은 광대하고 주민은 적어서' 백성이 가옥도 건축하지 못했습니다. 백성이 자기 집보다 성전을 짓는 일에 먼저 헌신했기 때문입니다. 경제적으로 어렵고 내 집이 없어도 주의 일에 먼저 헌신할 때 하나님께서 가옥도 주시고 필요한 것을 모두 채워 주실 줄 믿습니다.

그리고 그보다 중요한 일은 광대한 성읍에 먼저 주민을 채우는 일입니다. 교회가 곳곳에 세워지고 건물이 광대해도 아직도 그리스도 밖에 있는 사람들이 많습니다. 그들을 하나님의 백성으로 채워 넣으려면 일꾼을 잘 세워야 합니다.

다른 조건 볼 것 없이 하나님을 경외함이 뛰어난 사람을 배우자로, 교회 일꾼으로, 나라의 지도자로 세우면 새 예루살렘 성에 주민들이 넘치게 될 줄 믿습니다.

† 성벽이 중수되고 평안할 때가 영적으로는 가장 위험하다는 것을 알고 있습니까? 문제가 해결되어 편안할 때도 지속적으로 큐티의 문짝을 달고 예배의 문지기를 세우고 있습니까? 예배의 회복이 살길이기에 가정예배, 공동체 모임, 공예배에 사모함으로 참여합니까?

† 충성되고 자격을 갖춘 사람을 교회와 직장의 일꾼으로 추천합니까? 외적인 조건보다 하나님을 경외함이 뛰어난 사람을 세우고, 나도 그런 일꾼으로 칭찬받고 있습니까?

† 성읍은 광대하고 주민은 적기에, 아직 교회와 그리스도 밖에 있는 사람들이 많기에, 하나님의 성전을 채울 사람들을 찾아다니며 부지런히 복음을 전합니까?

예루살렘 성벽이 완성되고, 교회 건물을 완성했어도 그것 자체가 하나님의 역사는 아닙니다. 하나님께서 주신 가시적인 목표도 중요하지만 그 과정에서 성별을 이루는 것이 주의 역사임을 알기 원합니다.

하나님의 역사는 '우리' 하나님이 이루십니다(느 6:15~16).

내 가정, 내 교회가 하나님의 역사에 동참하는 '우리'가 되게 하옵소서. 하나님을 사모하는 우리, 말씀대로 살아가고자 하는 우리를 사용하여 주옵소서. 무너진 내 인생, 내 가정도 중수되기를 원합니다. 우리 하나님이 역사하셔서 고쳐 주시고 살려 주옵소서.

'우리' 안에서도 음모가 일어납니다(느 6:16~19).

예수를 믿어도 날마다 내 안에 대적의 음모가 일어납니다. 도비야의 선행과 능력에 속아서 불신결혼, 불신 동맹을 합니다. 돈과 권세 앞에만 서면 분별력을 잃는 우리를 불쌍히 여겨 주옵소서. 평안의 때일수록 더욱 깨어서 교묘한 도비야의 유혹을 잘 물리칠 수 있도록 분별력을 더하여 주옵소서.

하나님의 역사에는 일꾼이 중요합니다(느 7:1~4).

경제적으로 어렵고 내 집이 없어도 하나님 일에 먼저 헌신할 때 하나님께서 집도 주시고 필요한 것을 채워 주실 줄 믿습니다. 평안의 때일수록 큐티의 문짝을 달고, 예배의 자리를 잘 지키며 하나님을 경외함이 뛰어난 사람이 되기로 결단하게 하옵소서. 그리스도 밖에 있는 사람들을 하나님의 백성으로 채워 넣는 일꾼으로 우리를 불러 주옵소서. 사용하여 주옵소서.

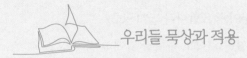

저는 어려서부터 외할머니, 엄마와 함께 교회를 다녔고, 청년 때는 성
가대 봉사도 했습니다. 하지만 가치관이 세상과 구별되지 않아 불신
결혼을 했습니다. 남편은 저에게 자상할 뿐만 아니라, 아이들에게는
좋은 아빠요, 부모님께는 효자였습니다. 남편이 회사에서 승승장구
하고, 자녀들도 공부를 잘해 주니 저는 우리 가정이 천국이나 마찬가
지라고 자부하며 살았습니다.

그런데 두 아들이 고1, 고2가 되던 어느 날, 남편의 차 안에서 한
여자와 그녀의 아이 사진을 보게 되었습니다. 알고 보니 남편은 10년
동안 두 집 살림을 하며 그 여자와의 사이에서 6개월 된 딸까지 두고
있었습니다. 성벽 중수가 다 된 줄 알고 '평안하다, 평안하다'고 외치
던 중 죽을 것 같은 사건을 만난 것입니다. 그러나 당시 저에게는 믿음
의 공동체도, 기도해 줄 '우리'도 없었기에 저는 남편이 당장 돌아오는
것에만 목숨을 걸었습니다. 남편을 되돌려 주시기 전까지는 먹지도
마시지도 않겠다면서 하나님께 떼를 쓰며 기도했지만, 남편은 돌아
오지 않았습니다.

이 사건은 도비야처럼 능력과 자상함을 갖춘 남편을 만나 행복

하기만을 바란 제 불신결혼의 결과였습니다(느 6:18). 그런데도 제가 미처 깨닫지 못하니 하나님은 자식을 통해 저의 죄를 보여 주셨습니다. 어느 날부터 큰아들이 술을 마시기 시작하더니, 술에 취해 남편과 싸워서 머리가 터지고 온 집안이 아수라장이 되는 나날이 계속됐습니다. 그런데 구속사의 말씀을 들으면서 비로소 남편과 시댁을 이해하지 못하고 은근히 무시해 온 저의 죄가 깨달아졌습니다. 큰아들이 술을 먹는 것도 남편 때문이 아니라 아들을 야망과 욕심으로 들들 볶은 제 죄라는 걸 알았습니다. 그런 가운데 부족한 제가 목자로 세워져 교회의 일꾼이 되었습니다(느 7:1). 하나님은 남편의 외도와 아들의 술 중독이라는 저의 고난을 약재료로 사용하게 하셔서 같은 어려움을 겪는 지체들과 함께 울고 웃어 주는 '우리'가 되게 하셨습니다.

그런데 큰아들의 취업 때문에 호적등본을 떼었다가 남편이 밖에서 낳은 딸이 자녀로 등재된 사실을 알게 되었습니다. 같은 말씀을 듣고 서로 나누는 우리가 되었기에 아들들에게도 이 아이가 아빠의 딸이고 너희의 동생이라고 말해 줄 수 있었습니다. 예전 같으면 혈기를 부리며 원망했을 텐데 저의 죄를 깨닫고 말씀의 은혜를 누리니 요동하지 않고 평안할 수 있었습니다. 남편의 구원도 가정 중수도 하나님의 역사이기에 우리 하나님께서 시작도 끝도 이루어 가실 줄 믿습니다(느 6:16).

하나님 아버지, 인생의 시기마다 역사를 이루어 주셔서 여기까지 왔습니다. 그 역사를 함께 기뻐하고 증거할 믿음의 우리 가족, 우리 교회 공동체가 있게 하시니 감사합니다. 그러나 아직도 제가 아닌 다른 사람에게 하나님의 역사가 나타날 때 온전히 기뻐하지 않는 교만이 있습니다. 하나님의 역사임을 알면서도 비교와 시기심으로 두려워하고 낙담하는 것을 불쌍히 여겨 주옵소서. 참으로 하나님의 나라가 흥왕해지는 일에 온전히 기뻐하며 동참하게 하옵소서.

유다의 귀족들이 도비야와 결혼 동맹을 맺고는 느헤미야를 위협하고 자기들을 합리화하는 모습을 보았습니다. 주님, 저도 그 환경이라면 장담할 수 없는 인생입니다. 도비야처럼 능력 있고 선행까지 갖춘 사람이 배우자감으로 등장할 때 거절할 자신이 없습니다. 그러므로 날마다 저의 부족함을 보며 깨어 있게 하옵소서. 어떤 것보다 하나님을 경외함이 뛰어난 자를 볼 수 있는 눈을 주옵소서. 하나님의 가정에 하나니와 하나냐 같은 배우자, 사위, 며느리를 택하기 원합니다.

우리의 교회에도 충성되고 하나님을 경외하는 일꾼들이 세워지게 하옵소서. 목사로서, 목자로서, 성도로서 무리 중에 하나님을 경외함이 뛰어나다는 칭찬을 받기 원합니다. 평안하다고, 이 정도면 부흥이 됐다고 자만하지 말고 내가 먼저 충성된 일꾼이 되어 순종과 인내의 본을 보이기 원합니다. 우리의 가정과 교회가 하나님의 것이기에 하나님의 역사인 가정 중수와 영혼 구원의 사명을 잘 감당하게 하옵소서. 예수님 이름으로 기도하옵나이다. 아멘.

PART

가정은
하나님 나라의
모형이다

12

내 마음을 감동하사

느헤미야 7장 5~38절

_____하나님 아버지,
내 마음을 감동하사 해야 할 일을 하고,
가야 할 곳에 가기 원합니다.
오늘도 말씀으로 저의 마음과 삶을 감동시켜 주옵소서.
말씀해 주옵소서. 듣겠습니다.

『육일약국 갑시다』의 저자 김성오 씨는 마산 변두리에서 4.5평의 작은 약국을 운영하다가 지금은 재계가 주목하는 인터넷 교육업계의 CEO가 됐습니다. 그가 말하는 성공 비결은 모든 일에 성경을 원칙으로 두는 것, 그리고 고객을 감동시키는 '감동 경영'입니다.

김성오 씨는 약국 개업 후 손님이 너무 없었는데, 한 번 찾아온 손님의 이름을 수없이 반복해서 외웠다고 합니다. 그리고 몇 달 후에 그 손님이 찾아왔을 때 이름을 기억해 주면 그 손님이 그렇게 감동하더랍니다. 그는 동네 손님들의 이름을 일일이 다 외우고, 약국 전화 좀 쓰자고 하면 전화도 내어 주고, 길을 물으면 직접 바래다주는 감동 경영으로 성공한 그리스도인이 되었습니다.

무슨 일이든 성공하려면 사람의 마음을 얻어야 합니다. 그러나 누군가의 마음을 얻고 감동시키는 일은 결코 쉽지 않습니다. 먼저 하나님께서 내 마음을 감동시켜 주셔야 합니다. 내가 하나님의 감동을 받아야 다른 사람의 마음을 얻을 수 있습니다.

그렇다면 하나님의 감동이 임한 사람에게는 어떤 변화가 일어날까요?

하나님의 감동으로 내 할 일을 찾습니다

내 하나님이 내 마음을 감동하사 귀족들과 민장들과 백성을 모아 그 계보대로 등록하게 하시므로 내가 처음으로 돌아온 자의 계보를 얻었는데 거기에 기록된 것을 보면_느 7:5

본문에 나오는 "감동"의 뜻은 하나님의 지혜와 총명이 나에게 임했다는 말입니다. 초자연적인 하나님의 인격이 내 인격을 덮었다는 뜻입니다. 하나님의 인격이 내 인격을 덮어야 가족이나 다른 사람을 감동시킬 수 있습니다. 누군가를 사랑하는 것도, 존경하는 것도 하나님의 인격이 나를 덮을 때 할 수 있습니다.

하나님께서 느헤미야의 마음을 감동하사 백성을 계보대로 등록하게 하십니다. 앞 절에서 예루살렘 성읍은 광대한데 주민은 적어서 거할 사람이 없다고 했습니다.

그런데 느헤미야가 하나님의 감동으로 창조적인 지혜와 총명을 얻게 되자, 성벽 중수에 참여한 사람들 외에 "처음으로 돌아온 자", 즉 바벨론 포로에서 놓여 1차로 귀환한 사람들이 기억났습니다. 그들을 계수해서 성에 거주하게 하면 되는데, 이제까지는 생각하지 못하다가 하나님의 감동으로 지혜가 생긴 것입니다.

그런데 왜 1차로 돌아온 자만 계수했을까요?

2차, 3차 귀환자들은 그 수도 많지 않고, 근래에 돌아와서 성벽 중수에 참여했기 때문입니다. 1차로 돌아온 사람들은 오래전에 돌아왔지만, 성벽 중수에도 참여하지 않고, 소위 아웃사이더로 있었습니다. 그렇게 잊힐 뻔한 1차 귀환자들을 계보대로 등록한 것은 느헤미야가 앞서 행한 믿음의 선배, 믿음의 조상을 기억했기 때문입니다.

> 옛적에 바벨론 왕 느부갓네살에게 사로잡혀 갔던 자들 중에서 놓임을 받고 예루살렘과 유다에 돌아와 각기 자기들의 성읍에 이른 자들 곧_느 7:6

애굽에서 노예 생활을 하던 이스라엘 백성은 하나님의 은혜로 출애굽하고 약속의 땅 가나안에 들어갔습니다. 그러나 그들은 가나안 땅에서 우상을 숭배했고, 그로 인해 바벨론 느부갓네살 왕에게 사로잡혀 포로로 가게 되었습니다.

그럼에도 하나님은 그들을 사랑하시기에 70년 후면 돌아온다고 예레미야 선지자를 통해 약속해 주셨습니다(렘 29:10). 그리고 그 약속대로 1차 포로 귀환이 이루어졌습니다.

느헤미야와 동시대 선지자인 에스라가 기록한 에스라서 1장 1절에서 3절까지를 보면 다음과 같이 1차 포로 귀환이 자세히 기록돼 있습니다.

"바사 왕 고레스 원년에 여호와께서 예레미야의 입을 통하여 하신 말씀을 이루게 하시려고 바사 왕 고레스의 마음을 감동시키시매 그가 온 나라에 공포도 하고 조서도 내려 이르되 바사 왕 고레스는 말하노니 하늘의 하나님 여호와께서 세상 모든 나라를 내게 주셨고 나에게 명령하사 유다 예루살렘에 성전을 건축하라 하셨나니 이스라엘의 하나님은 참 신이시라 너희 중에 그의 백성 된 자는 다 유다 예루살렘으로 올라가서 이스라엘의 하나님 여호와의 성전을 건축하라 그는 예루살렘에 계신 하나님이시라."

하나님께서 예레미야의 입을 통하여 하신 말씀을 이루게 하시려고 강대국 고레스 왕의 마음을 감동시키셨다는 겁니다. 그래서 이방 나라의 왕 고레스가 "너희는 가서 여호와의 성전을 건축하라" 하며 이스라엘 백성을 돌려보냈습니다.

여러분, 우리가 인생을 사는 목적이 무엇입니까? 여호와의 성전을 건축하기 위함입니다. 결혼도, 공부도, 직업도 하나님의 나라를 건설하기 위해 하는 것입니다. 이 목적을 깨닫기 위해 이스라엘에게는 70년의 포로 생활이 필요했습니다. 69년 11개월 29일도 안 되고 하나님께서 명하신 70년이 딱 차야 그 목적을 깨닫고 돌아온다는 겁니다. 이처럼 하나님은 여호와의 성전을 건축하는 목적을 이루고자 고레스의 마음도 감동시키시고, 그 역사를 이루어 가십니다.

그런데 여기서 우리가 한 가지 생각해 봐야 할 것이 있습니다. 하나님께서 그 약속을 이루셔서 포로 생활이 끝났는데, 이때 예루살렘으로 돌아온 수가 42,360명이라는 겁니다(느 7:66; 스 2:64). 출애굽할 때 이스라엘 백성의 수가 200만 명입니다. 그로부터 오랜 시간이 지났는데 출애굽으로 구원받은 수에 비하면 예루살렘으로 귀환한 자의 수가 턱없이 적습니다.

이스라엘 열두 지파 중에서 유다와 베냐민 지파만 대부분 돌아왔고(스 1:5) 요셉과 나머지 지파는 거의 돌아오지 않았습니다. 왜 돌아오지 않았습니까? 바벨론에서 포로로 살아도 거기서 잘 먹고 잘살고 있으니까 안 돌아온 겁니다. 그러니 예레미야의 입을 통하여 하신 말씀, "70년이 차면 돌아오게 하리라"는 하나님의 말씀에도 감동이 되지 않았습니다. 이렇듯 이 땅에서 잘사는 사람에게는 하나님의 말씀인 복음이 '굿 뉴스'가 되지 못합니다.

그러니까 1차 귀환한 자들은 엄청난 신앙고백으로 돌아왔다고 할 수 있습니다. 하지만 믿음으로 돌아왔어도 자기들의 성읍인 예루살렘은 무너지고 허물어져 있습니다. 이스라엘은 여전히 이방의 침략 대상이고, 예루살렘은 이미 사마리아 등 각국에서 노리는 각축장이 되어 있었습니다. 무엇보다 그들은 포로로 살다가 돌아왔기에 예루살렘 성전을 지킬 힘이 없었습니다. 상황이 이렇다 보니 그들은 어느새 흩어져 버렸습니다.

그런데 하나님께서 느헤미야에게 지혜와 총명을 더하여 주심으로 그렇게 100년이 지나가면서 잊힌 사람들을 느헤미야가 기억해 낸 겁니다. 그들이 성벽 중수에 참여하지 않고 흩어져 살았어도 예루살렘 성에 거주할 자격이 있다는 것을 느헤미야가 깨닫게 된 것입니다.

내가 아무 힘도 없고 대단한 헌신을 못해도 그렇습니다. 믿음의 결단으로 세상을 끊고 돌아온 자는 하나님께서 반드시 기억하십니다. 환경이 안 돼서 공동체에 못 들어가고 흩어져 있어도 하나님께서 기억하시면 마지막 본성에 거하는 자의 명단에 올라갑니다.

느헤미야가 1차 포로 귀환자들의 믿음을 알아본 것처럼 하나님의 감동이 내 마음에 임하면 내게도 하나님의 관점으로 상대를 이해하고 용납하는 감동이 일어납니다. 내 기준으로 판단하지 않고 상대방이 그럴 수밖에 없었음을 이해하고 받아들이게 되는 겁니다. 그러면 닫혔던 마음이 저절로 열립니다.

저는 4대째 모태신앙인입니다. 그런데도 선조 중에 목사님이나 장로님도 안 계시고, 특별히 내세울 만한 믿음의 간증도 없다고 생각했습니다. 그러나 그분들이 저를 낳아 주신 것만으로도 무조건 존경해야 한다는 것을 알았습니다. 부모님이 저를 낳아 주셨기에 제가 태어나서 예수님을 믿고 천국을 소망하는 자가 됐습니다. 친정어머니가 돌아가실 때까지 무명으로 헌금을 하고 직분도 없이 교회 화장실 청소를 하셨어도, 그런 믿음의 어머니가 계셨기에 그 기도와 수고로 오늘날의 제가 있는 것입니다.

내 부모가 믿음의 부모가 아니라고 해도, 술 마시고 싸우고 가난한 부모라고 해도 그렇습니다. 나를 낳아 주신 부모님은 무조건 인정하고 섬겨야 합니다. 성령의 감동하심이 나를 덮으면 이 땅에 원망할 부모는 없다는 것을 깨닫게 됩니다. 오히려 부모가 나를 힘들게 해서 내가 예수님을 믿게 되었다면 그분들이야말로 최고의 부모입니다.

† 하나님의 감동으로 복음을 전하고 구원받는 사람을 채울 지혜가 생겼습니까?

† 내가 기억해야 할 믿음의 조상, 믿음의 선배는 누구인가요? 술과 폭력과 무능력으로 힘들게 한 부모라도 그 부모님이 있어서 내가 태어나고 예수님을 믿게 된 것을 인정합니까?

하나님의 감동으로 함께 갈 사람을 분별합니다

스룹바벨과 예수아와 느헤미야와 아사랴와 라아먀와 나하마니와 모르드개와 빌산과 미스베렛과 비그왜와 느훔과 바아나와 함께 나온 이스라엘 백성의 명수가 이러하니라_느 7:7

1차 포로 귀환을 주도한 열두 지도자의 이름이 등장합니다. 내가 누구와 함께 갈지를 결정하는 것은 중요합니다. 지도자를 잘 선택해야 하는 이유가 여기에 있습니다.

스룹바벨은 유다 왕 여호야긴의 손자로 유다의 마지막 왕족이고 예수님의 조상입니다. 강대국 바사의 왕 고레스에 비하면 포로 민족의 일개 족장에 불과합니다. 그러나 세상 왕보다 예수님을 믿는 스룹바벨이 최고입니다. 예수아는 대제사장입니다. 느헤미야는 지도자 느헤미야와 동명이인으로 '여호와께서 위로하셨다'는 뜻입니다. 아사랴는 '여호와께서 돕는 자', 라아먀는 '여호와께서 격동하셨다', 나

하마니는 '여호와께서 위로하셨다', 비그왜는 '행복하게 하심'이라는 뜻입니다.

하나님이 나를 감동하시면 내가 어떤 지도자를 따라야 할지 분별하게 됩니다. 유다와 베냐민을 제외한 열 지파는 바사의 고레스 왕을 따르겠다고 남았습니다. 돈과 권력이 최고인 줄 알고 남은 겁니다. 하지만 이 열두 지도자는 세상 지위를 초개처럼 여기고 백성을 이끌고 나왔습니다.

우리는 육적인 출신과 배경이 아니라 믿음의 배경을 보고 사람을 선택해야 합니다. 나라의 지도자, 공동체의 지도자를 뽑을 때도 어떤 사람이 하나님께 쓰임받을지 분별하는 믿음의 눈이 필요합니다.

8 바로스 자손이 이천백칠십이 명이요 9 스바댜 자손이 삼백칠십이 명이요 10 아라 자손이 육백오십이 명이요 11 바핫모압 자손 곧 예수아와 요압 자손이 이천팔백십팔 명이요 12 엘람 자손이 천이백오십사 명이요 13 삿두 자손이 팔백사십오 명이요 14 삭개 자손이 칠백육십 명이요 15 빈누이 자손이 육백사십팔 명이요 16 브배 자손이 육백이십팔 명이요 17 아스갓 자손이 이천삼백이십이 명이요 18 아도니감 자손이 육백육십칠 명이요 19 비그왜 자손이 이천육십칠 명이요 20 아딘 자손이 육백오십오 명이요 21 아델 자손 곧 히스기야 자손이 구십팔 명이요 22 하숨 자손이 삼백이십팔 명이요 23 베새 자손이 삼백이십사 명이요 24 하립 자손이 백십이 명이요_느 7:8~24

일반적으로 이스라엘 백성을 계수할 때는 지파에 따라 기록합니다. 그러나 유다와 베냐민 지파만 예루살렘으로 돌아왔기 때문에 여기에서는 지파가 아닌 사람 이름과 지역별로 기록했습니다.

누구와 함께 갈지를 결정할 때 육신의 가문보다 믿음의 계보를 지킨 한 사람을 선택해야 합니다. 여기에 기록된 사람은 어떤 지파, 어느 가문인지 알 수 없습니다. 읽기에도 숨이 찬 이름들인데 찬찬히 봐도 유명한 이름은 눈에 띄지 않습니다. 그러나 포로 생활 중에도 믿음을 잃지 않고 돌아와서 모두 믿음의 계보에 올라가는 주인공들이 되었습니다.

여러분, 성경의 한 절이 너무 중요한데, 긴 분량을 할애해서 이 이름들이 일일이 기록된 이유가 무엇입니까? 세상적으로 자랑할 것이 없어도 누가 봐도 믿음의 사람이라고 인정받았기에 그 이름이 당당히 올라간 것입니다. 비록 유명하지도 않고, 사람들은 잊어도 하나님은 결코 그 이름을 잊지 않고 천국 입성자의 명단에 올려 주십니다.

그 이름들을 자세히 살펴보면, 9절의 스바댜는 '여호와께서 심판하셨다'는 뜻입니다. 10절의 아라는 '여행자'라는 뜻인데 포로 중에 떠돌아다니며 살았어도 652명이나 데리고 왔습니다. 집이나 재산이 없어도 믿음의 가문을 세우고 번창하게 만든 것이죠. 11절의 바핫모압은 '모압의 통치자'라는 뜻입니다. 아마도 그는 과거 모압 지방에서 관리 생활을 했던 것 같습니다. 포로 신분이어도 공부를 열심히 했는지 통치자라는 지위를 갖게 됐습니다. 환경이 힘들어도 내 할 일에 최선을 다하면 하나님께서 이름을 높여 주시고 가시적인 영광도 보여 주십니다. 이어서 엘람은 '높은 지대', 삿두는 '사랑스럽다', 삭개는 '여호와께서 기억하셨다', 빈누이는 '건축하다', 브배는 '아버지같이 자비롭다', 아스갓은 '하나님은 강하시다', 아도니감은 '주께서 높이셨다', 아딘은 '여호와께서 영화롭게 하신다', 하숨은 '부유하다', 하립은 열매 맺는 계절 '가을'이라는 뜻입니다.

어떻습니까? 모두가 포로 신분에는 어울리지 않게 행복하고 좋은 의미의 이름들입니다. 내가 가난에 갇히고, 질병에 갇혀서 포로처럼 살아도 하나님을 믿는 자는 행복한 삶을 살아갈 수 있습니다. 하나님께서 나를 높이시고, 사랑스럽게 하시고, 기억하시고, 건축하시고, 자비롭게 하시고, 강하게 하시고, 영화롭게 하시고, 부유하게 하시고, 열매를 맺게 하십니다.

생각해 보세요. 하나님의 약속을 믿는 믿음이 없었다면 포로 신분으로 자녀를 낳으면서 어떻게 이런 이름을 지을 수 있었겠습니까? 그들은 하나님께서 반드시 귀환하게 하실 것을 믿고 소망하며 신앙고백으로 자녀들의 이름을 지었습니다. 그리고 그 이름을 가진 자들이 수천, 수백 명씩을 이끌고 예루살렘 본성, 자기들의 성읍으로 돌아온 것입니다.

믿음의 사람은 긍정의 사람입니다. 무조건 '잘될 거야. 나에게 나쁜 일은 생기지 않을 거야' 하는 무한 긍정을 말하는 게 아닙니다. 힘든 사건이 연이어 일어나고, 포로처럼 갇혀 있어도 하나님을 신뢰함으로 힘이 나는 사람이 긍정의 사람입니다. '하나님이 나를 사랑하시니까 고난은 나에게 안 주실 거야'가 아니라 어떤 환경도 하나님이 주시는 것임을 믿고 감사함으로 받는 것이 진짜 '긍정의 힘'입니다.

오늘 나의 겉모습이 형편없고 노예 같을 수도 있습니다. 거처도 의지할 곳도 없이 오늘은 이곳 내일은 저곳 나그네처럼 떠돌 수 있습니다. 그러할지라도 그 속에서 나를 인도하시는 예수님을 볼 수 있어야 합니다.

우리가 배우자, 학교, 직장을 선택할 때도 그렇습니다. 화려하고 인격적인 고레스 왕이 아니라 예수님의 조상이 된 스룹바벨을 선택해야 합니다. 유명하지 않아도 각자의 자리에서 믿음을 지키며 살아가는 사람, 예수 씨를 가진 사람과 함께 가야 합니다.

† 강대국 바사 왕보다 예수님의 조상이 될 스룹바벨을 분별하고 따르는 믿음이 있습니까? 유명하지 않은 사람이라도 고난 속에서 믿음을 지킨 간증을 들으며 그들을 높이고 인정합니까?

† 본문에 나오는 이름들은 포로 생활에는 어울리지 않게 행복한 뜻을 가지고 있습니다. 무조건 잘된다는 무한 긍정이 아니라 고난 중에도 하나님이 함께하신다는 긍정의 힘으로 감사와 평안을 누리고 있습니까?

† 내 삶이 노예 같고 버림받은 자 같아도 여호와께서 내 이름을 기억하사 천국에 입성하는 자로 기록하실 것을 믿습니까?

내 삶의 현장이 찬란한 믿음의 장소가 됩니다

7장 8절부터 24절까지는 사람에 따라서 기록하고, 25절부터 38절까지는 어디 사람인지 지역으로 분류해서 기록합니다. 내가 누구와 함께 가는지도 중요하지만, 어디에서 사는지도 중요하기 때문입니다.

유다와 베냐민 지파만 돌아왔다고 했는데 25절부터 나오는 성읍은 거의 베냐민 지파에 속한 곳입니다. 베냐민 지파는 이스라엘의 열두 지파 중에서 가장 미약한 지파입니다. 사사기 19장, 20장을 보면 베냐민 지파에 속한 기브아 사람들이 레위 사람의 첩을 능욕해서 이스라엘과 베냐민 지파 사이에 싸움이 일어났습니다. 그때 베냐민 지파가 거의 멸족을 당했습니다. 그래서 다시 일어서지 못할 줄 알았는데 예루살렘 입성자 명단에 이렇게 많은 이름을 올려놓았습니다. 이 베냐민 지파에서 유명한 사도 바울이 태어났습니다.

우리 집안에 비극적인 살인의 역사가 있어도 그렇습니다. 하나님께서 나와 함께하시면 그것은 더 이상 저주가 아닙니다. 조상 탓, 부모 탓하지 않고, 내가 예수님을 믿고 믿음으로 살아가면 우리 집안도 하나님이 귀히 쓰시는 사도 바울의 집안이 될 수 있습니다.

기브온 사람이 구십오 명이요_느 7:25

기브온은 이스라엘에 속한 가문이 아니라 지역의 이름입니다. 앞에서도 설명한 것처럼, 기브온 사람들은 이방인으로서 여호수아를

속이고 이스라엘에 들어왔습니다. 그 결과 이스라엘 백성의 종이 되어 여호와의 제단을 위해 나무를 패며 물을 긷는 종으로 살았습니다 (수 9:3~27). 비록 종으로 살아도 믿음의 공동체를 떠나지 않았기에 다른 설명 없이 '기브온 사람'이라고만 해도 그 믿음이 증명되었습니다.

베들레헴과 느도바 사람이 백팔십팔 명이요_느 7:26

베들레헴은 다윗의 고향이고 장차 예수께서 나실 곳입니다. 그러니 아직은 드러나지 않았어도 우리 집안이 믿음으로 유명해질 것을 믿고 기도하며 가기를 바랍니다.

제가 예전에 살던 아파트는 지은 지 수십 년은 되어 허물어지기 직전이었습니다. 그곳에서 남편의 장례를 치르며 구원 간증을 전했고, 십여 개가 넘는 큐티 모임을 인도했으며, 우리들교회 개척 예배까지 드렸습니다. 휘문 채플을 예배 처소로 쓰기 전까지 몇 달 동안 저희 집에서 예배와 기도회로 모였습니다. 저와 자녀들에게는 믿음의 유적지라고 할 만한 곳입니다. 단독 주택이었으면 남겨 두어 기념이 됐을 텐데, 지금은 재개발로 허물어져서 아쉽습니다.

여러분에게도 그런 믿음의 장소가 각자에게 있기를 바랍니다. 세상에서 자랑하는 기념의 장소보다는 "여기가 할머니, 할아버지가 큐티하고 기도했던 곳이다", "이 길이 엄마가 거닐면서 기도했던 곳이다" 하며 믿음을 기념하는 가정이 되기를 바랍니다.

아나돗 사람이 백이십팔 명이요_느 7:27

아나돗은 우상숭배가 성행하던 곳인데 이제는 하나님의 성읍, 예루살렘에 들어간 믿음의 성읍이 됐습니다.

28 벧아스마윗 사람이 사십이 명이요 29 기럇여아림과 그비라와 브에롯 사람이 칠백사십삼 명이요 30 라마와 게바 사람이 육백이십일 명이요 31 믹마스 사람이 백이십이 명이요 32 벧엘과 아이 사람이 백이십삼 명이요 33 기타 느보 사람이 오십이 명이요 34 기타 엘람 자손이 천이백오십사 명이요 35 하림 자손이 삼백이십 명이요 36 여리고 자손이 삼백사십오 명이요_느 7:28~36

벧아스마윗은 '강한 죽음의 집'이라는 뜻입니다. 라마는 사무엘 선지자의 탄생지이고, 믹마스는 '감추어졌다'는 뜻입니다. 벧엘은 '하나님의 집', 아이는 '무더기, 폐허'라는 뜻입니다. 하림은 '봉헌된', 여리고는 '향기롭다'는 뜻입니다.

여리고 성은 가나안 정복 전쟁 때 무너지고 여호수아가 다시는 건축하지 말라고 했던 성읍입니다(수 6:26). 그 명령을 어기고 벧엘 사람 히엘이 여리고 성을 재건했는데(왕상 16:34), 바벨론에 의해 완전히 폐허가 됐습니다. 그런 역사가 있어도 여리고 사람들은 예루살렘으로 돌아왔고 성벽 중수에도 동참했습니다. 후에 이곳은 예수님이 맹인들의 눈을 뜨게 하신 역사적인 장소가 됐습니다(마 20:29~34).

37 로드와 하딧과 오노 자손이 칠백이십일 명이요 38 스나아 자손
이 삼천구백삼십 명이었느니라_느 7:37~38

하딧은 '날카롭다'는 뜻이고 오노는 '힘이 세다'는 뜻입니다. 그
리고 스나아는 '가시가 많다'는 뜻입니다. 그런데 앞서 28절의 벧아
스마웻부터 38절의 스나아까지 대부분의 이름이 부정적인 뜻입니다.
그러나 죽을 것 같고, 감추어지고, 폐허가 되고, 날카롭고, 가시가 많
아도 하나님이 감동하시면 여리고처럼 향기로운 믿음의 성읍이 될
것입니다. 특별히 어느 곳이 믿음의 장소라서 꼭 거기에서 살아야 한
다는 게 아닙니다. 어디에 있든지 내가 사는 곳이 믿음의 성읍이 되기
를 기도하고, 내가 찾아가는 곳마다 믿음의 장소가 되기를 기도해야
합니다.

이 장의 서두에 소개한 육일약국의 김성오 씨는 자신의 약국을
택시 포인트로 만들었다고 합니다. 마산 변두리의 4.5평짜리 약국을
누가 알겠습니까? 그래도 택시만 타면 "기사님, 육일약국 갑시다!"라
고 이야기했다는 겁니다. 육일약국을 모르는 기사님이 거기가 어디
냐고 물으면 길을 가르쳐 줘 가면서 일부러 택시를 타고 다녔답니다.
그렇게 3년을 한 결과, 마산과 창원에서 한 달 이상 택시 운전을 했다
면 '육일약국 모르면 간첩'이라는 소리까지 듣게 됐습니다.

약국을 찾는 고객의 이름을 일일이 외우고, 주변 주민들을 섬기
는 감동 경영으로 약국은 개업 12년 만에 200배의 매출로 성장했습니
다. 김성오 씨는 그 비결이 성경에서 나왔다고 이야기합니다. 자신은

자본도 없고 천재적인 재능도 없지만, 성경대로 원칙을 지켰더니 성공했다는 겁니다.

그는 가난한 목사의 아들로 태어나 무일푼으로 약국을 시작했지만, 부자가 되려고 남을 속이거나 자신을 과장하는 삶을 살지 않았습니다. 어려서부터 부모님께 엄격한 신앙 교육을 받았기 때문입니다. 부모님의 신앙교육과 성경이 그의 사업 자산이 된 것입니다. 그래서 그는 늘 "성경대로 살고 성경대로 사업하고 성경대로 인간관계를 가지면 반드시 성공한다", "성경이 우리 삶을 인도하는 등대다"라고 간증합니다.

김성오 씨가 변두리 약국을 유명한 장소로 만든 것처럼, 나의 열악한 환경도 하나님의 감동으로 덮일 때 모두에게 기념되는 믿음의 장소가 될 것입니다. 기브온처럼 출신이 형편없고 여리고처럼 폐허의 역사를 가졌어도 거기에서 다른 사람을 감동시키며 하나님의 인도를 받으면, 어떤 환경도 찬란한 믿음의 장소로 하나님이 기념해 주십니다.

그리고 이 모든 목적은 여호와의 성전을 건축하는 것입니다. 무형과 유형의 성전을 잘 지어 가며 하나님의 나라를 확장시키라고 하나님이 나를 감동시키신 겁니다. 때로는 하나님이 바사 왕 고레스처럼 권세 잡은 자를 감동시키셔서 길을 열어 주시고, 필요를 채워 주실 때도 있습니다.

하나님의 감동으로 내가 할 일을 발견하고, 누구와 함께 가야 할지, 어디에 머물러야 할지를 깨닫기 바랍니다. 그래서 어떤 환경에서

300

도 빛을 비추는 우리 모두가 되기를 축원합니다.

† 여러분의 가정은 어떻습니까? 베냐민 지파처럼 살인의 사연을 가진 가정입니까? 여리고처럼 폐허가 되고 가난에 찌든 가정입니까?

† 내 수치와 아픔의 장소도 하나님이 내 마음을 감동하실 때 믿음의 장소가 될 것을 믿습니까? 내가 속한 가정과 직장과 사회가 믿음의 성읍이 되도록 다른 사람에게 감동을 주고 있습니까?

하나님의 감동이 없으면 누구도 사랑할 수 없고 어떤 일도 성공할 수 없습니다. 하나님의 감동이 내 삶에 임해야 합니다. 하나님의 지혜와 총명, 초자연적인 하나님의 인격으로 내 인격을 덮어 주옵소서.

하나님의 감동으로 내 할 일을 찾습니다(느 7:5~6).

하나님이 내 마음을 감동하심으로 내 할 일을 찾기 원합니다. 하나님의 성전에 구원받은 자들을 채우기 위해 구체적으로 해야 할 일을 알도록 날마다 하나님의 감동을 더하여 주옵소서.

하나님의 감동으로 함께 갈 사람을 분별합니다(느 7:7~24).

하나님의 감동으로 누구와 함께 갈지를 알게 되었습니다. 외모가 화려해도 믿음이 없는 사람은 함께 갈 사람이 아님을 알았습니다. 믿음의 사람과 함께 가기를 기도합니다. 각자의 자리에서 믿음을 지키며 살아가는 동역자, 예수 씨를 가진 배우자를 허락해 주옵소서.

내 삶의 현장이 찬란한 믿음의 장소가 됩니다(느 7:25~38).

하나님의 감동이 내 마음에 임하면 내 삶의 현장이 찬란한 믿음의 장소가 됨을 알았습니다. 어떤 사연과 상처가 있어도 하나님을 사모하는 환경이 최고인 것을 믿습니다. 내 가정과 직장이 믿음의 성읍이 되도록 다른 사람에게 감동을 주는 인생이 되기 원합니다. 어떤 환경에서도 빛을 비추는 우리가 되도록 날마다 성령의 감동을 더하여 주옵소서.

 우리들 묵상과 적용

저는 신앙생활을 한 지 1년 반이 채 되지 않아 예비목자 훈련을 받았습니다. 처음엔 왜 나 같은 초짜에게 교회에서 목자 훈련을 받게 하는지 이해가 안 되고 어리둥절했습니다. 그런 데다 훈련을 받는 중에 힘든 일이 연이어 터졌습니다. 특히나 그 당시 저는 대기업을 그만두고 다른 일을 하려다 여러 가지 우여곡절을 겪고, 취업할 곳을 알아보던 중이었습니다. 그런데 큰 기업은 큰 기업대로 공백이 크다며 저를 떨어뜨리고, 작은 기업은 작은 기업대로 대기업 경력을 가진 경력사원은 부담스럽다며 저를 받아 주지 않았습니다. 그 과정에서 자존심이 상하는 일도 많았습니다. 그뿐만 아니라 은퇴하신 아버지 사업과 관련하여 민사소송도 진행하고 있었는데, 거기서도 패소했습니다. 그러니 '신앙생활을 시작하고 왜 이리 되는 일이 없냐?'는 말이 저도 모르게 튀어나왔습니다.

이후 훈련 과제를 위해 여호수아 6장의 여리고 성 말씀을 묵상하면서도 '맨날 똑같이 뺑뺑이만 돌리면서 성을 주시긴 하는 거야?' 하며 의심했습니다. 그러다가 막상 여리고 성이 무너지는 장면을 보고는 '그냥 소리 한번 지르면 될 것을 하나님은 왜 이렇게 뺑뺑이를 돌리시나?'라고 생각했습니다. 그렇게 투덜거리며 훈련을 받고 있던 어느 날, 주차된 차를 옮겨 달라는 전화를 받았습니다. 제 차 때문이 아니라 옆에 세운 다른 차 때문에 생긴 상황이었지만, 얼른 달려 나가 "죄송합니다. 빨리 빼 드리겠습니다" 하며 차에 올랐습니다. 그런데 그 순간 차를 옮겨 달라고 한 분이 비꼬는 투로 기분 나쁘게 말을 했습니다. 애써 참으며 죄송하다고 했지만, 속으로는 한참을 씩씩거렸습니다. 그러다 문득 하나님께서 왜 여리고 성 주위를 뺑뺑 돌게 하셨는지 깨달아졌습니다.

저는 그동안 교회에서 각종 훈련을 받으며 제가 많이 변한 줄 알았습니다. 그러나 정작 하나님의 인격이 저의 인격을 덮는 성령의 감동은 없었습니다. 그저 교회에서 배운 대로 겉으로만 적용했을 뿐이었습니다. 그런데 이 일로 이스라엘 백성이 엿새 동안 여리고 성 주변을 '뺑뺑이'를 돈 것처럼 저도 반복적인 큐티와 양육으로 성숙해져 가야 함을 알게 되었습니다.

이제는 사소한 말 한마디, 표정 하나에도 하나님의 감동을 나타내는 사람이 되고 싶습니다. 하나님께서 저의 마음을 감동하사, 때마다 시마다 어떤 말을 하고, 무엇을 하고, 누구와 함께하고, 어디에 가야 할지 알게 하시길 원합니다(느 7:5~6). 그래서 다른 사람을 감동시키는 믿음의 삶을 살기를 기도합니다.

하나님 아버지, 하나님이 주시는 감동은 하나님의 인격이 나의 인격을 덮는 것이라고 하십니다. 하나님께서 내 마음을 감동하사 지혜와 총명을 주셔서 내가 할 일을 깨닫게 하옵소서. 느헤미야가 창조적인 지혜로 1차 포로 귀환자들을 기억한 것처럼, 저도 하나님의 감동으로 믿음의 선배와 조상을 기억하고 감사하기 원합니다.

믿음의 부모든 나를 힘들게 한 부모든, 그 부모가 있어서 제가 태어나고 예수님을 믿게 되었습니다. 그렇기에 부모님은 무조건 존경해야 할 대상임을 알고 나의 부모님과 나를 인도해 준 믿음의 선배에게 감사하기 원합니다.

결혼과 사업과 인간관계에서 누구와 함께 가는가가 참으로 중요한 문제인 것을 알았습니다. 사역에도 누구를 따르고 누구와 함께 갈지 잘 분별해야 하는데, 그럴 때 돈과 권세로 나를 도와주는 사람이 아니라 믿음의 사람을 택하게 하옵소서. 겉모습이 형편없어도 그 안에 예수 씨를 보고 배우자를 택하고 함께 갈 사람을 택하기 원합니다.

음행과 살인의 역사를 가진 베냐민 지파의 성읍이 예루살렘 입성 명단에 찬란하게 올라갔습니다. 수치의 성읍, 황폐하고 무너진 성읍이라도 믿음의 사람들이 있어 믿음의 성읍이 되었습니다. 하나님의 감동으로 내가 어디에서 살아야 할지 잘 분별하게 하시고, 어떤 환경에 있어도 나로 인해 그곳이 믿음의 성읍이 되는 축복을 내려 주옵소서. 하나님의 감동으로 나의 가정과 직장과 교회가 믿음의 성읍이 되게 하옵소서. 하나님의 감동이 아닌 내 감동에 젖어 주님을 슬프게 하지 않도록 은혜를 내려 주옵소서. 예수님 이름으로 기도하옵나이다. 아멘.

13

집으로!
하나님의 성읍으로!

느헤미야 7장 39~73절

_____ 하나님 아버지,
우리가 어디에 있든지 하나님의 집으로
돌아오기 원하시는 주님의 사랑을 알기 원합니다.
'천부여 의지 없어서 손들고 옵니다' 고백하며
나와 우리 가정을 부르시는 하나님의 음성을 듣고 돌아오게 하옵소서.
말씀해 주옵소서. 듣겠습니다.

언제나 다정해 보이던 한 연예인 부부가 결혼 26년 만에 이혼을 했습니다. 두 사람은 최고의 궁합을 자랑하여 26년간 큰 문제없이 살아왔습니다. 그러나 이제는 서로 자유롭고 싶다고, 또 다른 행복을 찾아 이혼을 선택했습니다. 결혼의 목적, 인생의 목적을 몰랐기에 결국 자신들이 꿈꾸는 집을 이루지 못하고 마음대로 집을 떠나 버린 것입니다.

하지만 결혼의 목적은 행복이 아닌 거룩입니다. 우리 인생의 목적도 거룩입니다. 개인의 행복이 아니라 하나님이 원하시는 거룩을 목적으로 삼을 때 행복은 저절로 따라옵니다. 행복을 찾으면 불행해지지만 거룩을 구하면 행복해집니다. 그러므로 집을 떠나면 안 됩니다. '자기들의 성읍'으로 돌아와야 합니다. 그런데 지금 여러분은 어디로 가고 있습니까? 어디에 거주하고 있습니까?

집으로 돌아오기 힘든 사람들이 있습니다

39 제사장들은 예수아의 집 여다야 자손이 구백칠십삼 명이요 40 임멜 자손이 천오십이 명이요 41 바스훌 자손이 천이백사십칠 명이요 42 하림 자손이 천십칠 명이었느니라_느 7:39~42

제사장 중에서는 4,289명이 돌아왔습니다. 1차 귀환자 42,360명 중에 4,289명이니 총 인원의 10분의 1정도입니다. 그 숫자가 대단한 것 같지만 제사장이라는 신분을 생각하면 그리 많은 수가 아닙니다. 가문으로 분류하면 제사장 24반열 중에 네 가문만 돌아왔습니다.

이스라엘이 망하고 포로로 갈 때 허다한 제사장들이 죽임을 당했습니다. 그러나 하나님의 말씀을 대언한 예레미야와 총독의 이야기를 듣고 포로로 갔던 제사장들은 하나님께서 신실하게 보호하셔서 다시 돌아올 수 있었습니다.

레위 사람들은 호드야 자손 곧 예수아와 갓미엘 자손이 칠십사 명이요_느 7:43

레위 가문에서는 호드야 자손과 예수아, 갓미엘 세 가문만 왔습니다. 레위는 제사장을 도와 성전에서 섬기는 사람들인데, 74명만 돌아왔습니다. 제사장 수인 4,289명에 비해 너무 적은 수입니다. 왜 그런 걸까요?

제사장은 성전의 지도자로 의복을 입고 나름대로 폼 나는 직분입니다. 하지만 레위는 수종을 드는 자로 성전 기물을 관리하고, 제물로 바친 동물의 피를 씻어 내는 등, 제사장보다 폼이 좀 나지 않는 일을 했습니다. 그러니 그 일을 하지 않아도 되는 바벨론에 그대로 남고 싶었을 겁니다. 열두 지파 중에 택함을 받아서 하나님의 성전을 섬기는 것이 엄청난 영광인데, 강대국 바벨론에서 세상의 맛을 보니까 직무를 잊어버린 것입니다. 그러니까 이때 돌아온 74명은 대단한 믿음의 소유자라고 할 수 있습니다. 우리가 직분을 너무 탐해서도 안 되지만, 하찮게 여겨서도 안 됩니다. 성도가 각자 자기의 직분을 성직으로 여겨야 가정과 교회에 부흥이 일어납니다.

44 노래하는 자들은 아삽 자손이 백사십팔 명이요 45 문지기들은 살룸 자손과 아델 자손과 달문 자손과 악굽 자손과 하디다 자손과 소배 자손이 모두 백삼십팔 명이었느니라_느 7:44~45

노래하는 자들은 포로로 가기 전보다 반만 돌아왔습니다(대상 25:7). 그리고 45절에 138명이 돌아온 문지기는 성전의 출입문과 곳간을 지키는 자입니다. 그러다 보니 볼 것, 못 볼 것을 많이 보게 됩니다. 유혹이 많습니다. 그래서 그들의 이름을 보면 아델은 '귀머거리'라는 뜻이고 달문은 '압제자', 악굽은 '교활하다', 하디다는 '탐색자'라는 뜻입니다. 성전 문을 지키다 보니 들어도 못 들은 척해야 할 일이 많습니다. 지위를 가지면 교활하게 탐색하다가 사람들을 압제하고 착취하는 것이 우리 인생입니다.

39절에서 45절까지 기록된 하나님의 성전을 섬기는 제사장과 레위, 노래하는 자와 문지기들은 이스라엘의 지도자 계급이라 할 수 있습니다. 그런데 이들이 자기들의 성읍으로 들어가는 데는 심각한 장애 요인이 있었습니다. 어떤 문제가 있었을까요?

에스라서 10장 18절에 그 대답이 나와 있습니다.

"제사장의 무리 중에 이방 여인을 아내로 맞이한 자는 예수아 자손 중 요사닥의 아들과 그의 형제 마아세야와 엘리에셀과 야립과 그달랴라"라고 기록되어 있습니다.

스룹바벨 총독과 대제사장 예수아라는 대단한 지도자를 따라서 예루살렘으로 돌아왔는데, 다른 사람도 아닌 제사장들이 이방 여인과 불신결혼을 한 것입니다. 제사장의 무리라고 했으니 레위 사람, 노래하는 자, 문지기가 다 포함되어 있습니다.

이들이 1차 귀환했을 당시 예루살렘은 성벽이 무너져서 외적의 침입에 무방비 상태였습니다. 그래서 외적의 침략을 피하느라 여기저기로 흩어지더니 결국 모압, 암몬, 가나안의 여인들과 혼인을 하고 말았습니다. 조강지처도 있었을 텐데 제사장 가문이 다 불신결혼을 하고 여자 문제에 얽힌 겁니다. 그것이 죄인 줄도 모르고 있다가 2차 포로 귀환 때 백성을 이끌고 온 에스라가 그들을 촉구하여 이방 여인들을 돌려보내게 합니다. 그래서 에스라서 10장 11절과 12절을 보면 "이제 너희 조상들의 하나님 앞에서 죄를 자복하고 그의 뜻대로 행하여 그 지방 사람들과 이방 여인을 끊어 버리라 하니 모든 회중이 큰 소리로 대답하여 이르되 당신의 말씀대로 우리가 마땅히 행할 것이니이다"라고 합니다. 제사장들이 뒤늦게라도 에스라의 말을 듣고 돌이킨 것입니다.

그러니 여러분, 장담할 인생이 없습니다. 영적인 지도자인 제사장들에게도 여자 문제, 불신결혼 문제가 일어났습니다. 제가 불신결혼을 해서는 안 된다고 날마다 외치는데 성경에서도 이렇게 분명히 말씀하고 있습니다.

가나안 정복 전쟁을 마친 여호수아도 "너희가 만일 돌아서서…… 이 민족들을 가까이 하여 더불어 혼인하며 서로 왕래하면…… 그들이 너희에게 올무가 되며 덫이 되며…… 너희가 마침내 너희의 하나님 여호와께서 너희에게 주신 이 아름다운 땅에서 멸하리라"(수 23:12~13) 하며 불신결혼을 막는 설교로 여호수아서를 마무리합니다.

에스라서의 마지막 장도 제사장의 불신결혼을 끊어 내고, 불신결혼한 제사장들의 이름을 기록하는 것으로 마무리합니다(스 10장). 느헤미야도 "너희가 이방 여인을 아내로 맞아 이 모든 큰 악을 행하여 우리 하나님께 범죄하는 것을 우리가 어찌 용납하겠느냐"(느 13:27)라는 설교로 마무리합니다.

우리가 집으로, 자기들의 성읍으로 돌아가는 데 심각한 장애가 되는 것이 바로 불신결혼입니다. 세상 가치관으로 타협한 불신결혼은 개인의 믿음에만 영향을 끼치는 게 아닙니다. 한 믿음, 한 언어가 통하지 않기에 가정을 흔들리게 하고 나아가서 하나님의 공동체인 교회를 흔들리게 합니다. 내가 불신결혼을 해서 자녀도 믿음으로 양육할 수 없게 되면 자손 대대로 본성인 천국에 가는 길을 막는 겁니다.

† 제사장과 레위, 문지기 등 성전의 직분자들이 적은 수만 돌아왔습니다. 나는 하나님의 성도라는 직분을 귀하게 여깁니까? 어디를 가든 직분에 맞는 삶을 살고 있습니까? "네가 그러면서 믿는 사람이냐? 그러면서 집사냐? 장로냐? 목사냐?" 하는 소리를 듣습니까? 교회와 예배를 우습게 여기다가 직분도 내려놓고 가정을 영적 위험에 빠뜨린 적은 없습니까?
† 세상 가치관과 타협하는 불신결혼이 자손 대대로 천국 가는 길을 막는 심각한 장애물인 것을 알고 있습니까?

집으로 쉽게 돌아오는 사람들도 있습니다

46 느디님 사람들은 시하 자손과 하수바 자손과 답바옷 자손과 47 게로스 자손과 시아 자손과 바돈 자손과 48 르바나 자손과 하가바 자손과 살매 자손과 49 하난 자손과 깃델 자손과 가할 자손과 50 르아야 자손과 르신 자손과 느고다 자손과 51 갓삼 자손과 웃사 자손과 바세아 자손과 52 베새 자손과 므우님 자손과 느비스심 자손과 53 박북 자손과 하그바 자손과 할훌 자손과 54 바슬릿 자손과 므히다 자손과 하르사 자손과 55 바르고스 자손과 시스라 자손과 데마 자손과 56 느시야 자손과 하디바 자손이었느니라_느 7:46~56

앞서 제사장의 명단은 39절에서 42절까지 네 절에 걸쳐 기록되었습니다. 그런데 이방에서 들어와 성전에서 나무를 패고 물을 긷는 종으로 살았던 느디님 사람들의 명단은 무려 열한 절에 걸쳐 기록됩니다.

제사장은 네 가문만 돌아왔는데, 느디님 가문은 적어도 서른두 가문이 돌아왔습니다. 그런데 같은 계보를 기록한 에스라서 2장을 보면 악굽, 하갑, 아스나 자손까지 총 서른다섯 가문이 1차 포로 귀환 때 돌아온 것으로 기록되어 있습니다. 이스라엘 전체로 봐도 열일곱 가문인데 이방 출신의 비천한 느디님 가문이 서른다섯이나 기록되어 있음을 주목해 봐야 합니다.

이 땅에서 종으로 살아도 천국 본성에 들어가는 자가 최고 아닙니까! 하나님께서 비천한 느디님을 이렇게 찬란하게 높이십니다. 여기에만 기록된 것이 아니라 에스라서에도, 역대상에도 "본성으로 돌아와 하나님의 기업에 거한 자"(대상 9:2, 개역한글판)라고 자랑스레 올라가 있습니다.

느디님 사람도 제사장과 레위처럼 성전을 섬겼습니다. 하지만 전쟁의 전리품으로 취해진 이방인이기에 가장 낮은 위치에서 호칭이나 직분도 없이 허드렛일을 하며 섬겼습니다. 그런 느디님 사람이기에 누구보다 하나님을 사모하고 자기들의 성읍으로 돌아오는 자가 되었습니다.

43절에서 보았듯이 직분이 높은 레위 사람은 자기 직무를 잊어버리고 고작 74명만 돌아왔습니다. 그런데 느디님 사람은 어떻게 이리도 많이 돌아왔을까요? 그들은 전리품으로 살아남은 인생이기에 죽을 수밖에 없는 자신들을 구원하신 하나님의 은혜에 감사했습니다. 그래서 어떤 궂은일을 해도 하나님께 쓰임받는 것만으로도 영광이라고 생각한 것입니다.

> 57 솔로몬의 신하의 자손은 소대 자손과 소베렛 자손과 브리다 자손과 58 야알라 자손과 다르곤 자손과 깃델 자손과 59 스바댜 자손과 핫딜 자손과 보게렛하스바임 자손과 아몬 자손이니 60 모든 느디님 사람과 솔로몬의 신하의 자손이 삼백구십이 명이었느니라
> _느 7:57~60

느디님 다음으로 주목해야 할 사람들이 솔로몬의 신하의 자손입니다. '솔로몬의 자손'이 아니고 "솔로몬의 신하의 자손"입니다. 이 사람들은 솔로몬 왕 때 전쟁 포로로 잡혀 와서 노예 생활을 하던 이방인입니다. 하나님께서 솔로몬에게 부귀영화를 주셨지만, 이방인을 노예로 부리라고는 하지 않으셨습니다.

그런데도 노예로 잡혀 와서 힘들게 살아온 이들이 이제 예루살렘 본성, 자기들의 성읍에 입성하게 됐습니다. 솔로몬의 신하의 자손은 제사장, 레위보다 많은 열 개의 가문이 돌아왔습니다.

더욱 기가 막힌 것은 솔로몬의 자손이라고 기록된 이름은 없는데 솔로몬 신하의 자손들은 그 이름이 올라갔다는 점입니다. 대단한 왕 솔로몬의 이름이 노예들 때문에 언급되었습니다.

우리가 집으로, 자기들의 성읍으로 돌아와서 하나님 나라 생명책에 오르기 위해서는 인내가 필요합니다. 느디님과 솔로몬의 신하들처럼 낮은 자리에서 묵묵히 인내하며 섬길 때 아직 돌아오지 않은 배우자와 가족을 하나님의 집으로 인도할 수 있습니다. 가족이 병에 걸려 누워 있어도, 술을 마시고 때려도, 바람을 피워도, 느디님처럼 호칭도 직분도 없이 "야! 너!" 소리를 들으며 내가 무시당해도, 주님을 사랑함으로 인내하며 기다릴 때 나뿐만 아니라 우리 집안 모두가 하나님의 집으로 입성할 것입니다.

이 땅에서의 고단한 환경이 하나님 나라를 더욱 사모하게 합니다. 바벨론에서 잘 먹고 잘살던 사람들은 허벅지를 꼬집어 가며 힘들게 자기들의 성읍으로 돌아오는데, 이 땅에서 느디님으로 사는 사람은 저절로 하나님 나라를 사모하며 자기들의 성읍으로 돌아옵니다. 멸시와 천대 속에서 십자가의 구원을 이루신 예수님처럼, 무시받는 느디님과 솔로몬의 신하의 자손들이 제사장들보다 쉽게 자기들의 성읍, 본성으로 돌아옵니다.

† 나는 육적으로나 영적으로나 자랑할 것 없는 느디님 같은 신분입니까? 그것 때문에 하나님을 원망하며 교회를 떠나고, 부모님을 원망하며 가정을 떠났습니까? 반대로 그것 때문에 하나님을 더욱 사모하며 힘든 환경에서도 천국을 누립니까?

† 주님을 사랑함으로 인내하며 기다릴 때 그 누구보다 찬란한 이름으로 생명책에 내 이름을 하나님이 올려 주실 것을 믿습니까?

집으로 돌아오기가 진짜 어려운 사람들이 있습니다

61 델멜라와 델하르사와 그룹과 앗돈과 임멜로부터 올라온 자가 있
으나 그들의 종족이나 계보가 이스라엘에 속하였는지는 증거할 수
없으니 62 그들은 들라야 자손과 도비야 자손과 느고다 자손이라
모두가 육백사십이 명이요_느 7:61~62

종족과 계보가 확실하지 않아서 이스라엘에 속했는지 알 수 없
는 642명의 사람들이 기록돼 있습니다. 그런데 그 이름들을 보면 '여
호와께서 자유롭게 하셨다'는 뜻의 들라야, '여호와는 선하시다'는 뜻
의 도비야, '구별된 사람'을 뜻하는 느고다입니다. 이름만 보면 하나님
을 믿는 사람들 같은데 그럼에도 뭔가 확실치가 않습니다.

평생 교회에 다녀도 이렇게 확실하지 않은 사람들도 있습니다.
구원의 확신이 있는 것도 같고 없는 것도 같고, 믿는 것도 같고 안 믿
는 것도 같고, 핍박은 안 하는데 사모하는 것도 아니고, 이런 사람들이
천국에 입성하기가 진짜 어려운 사람들입니다.

63 제사장 중에는 호바야 자손과 학고스 자손과 바르실래 자손이니
바르실래는 길르앗 사람 바르실래의 딸 중의 하나로 아내를 삼고
바르실래의 이름으로 불린 자라 64 이 사람들은 계보 중에서 자기
이름을 찾아도 찾지 못하였으므로 그들을 부정하게 여겨 제사장의
직분을 행하지 못하게 하고_느 7:63~64

바르실래는 다윗의 아들 압살롬이 다윗을 반역했을 때 신실하게 다윗을 도운 사람입니다. 그는 죽기 전까지 다윗을 공궤했습니다(삼하 19:31~39). 그러니까 바르실래 하면 나름 명성이 있는 집안입니다. 그런데 여기에 나오는 바르실래는 그 유명한 바르실래 집안에 사위로 들어와서 바르실래의 이름으로 불린 자입니다. 바르실래의 명성을 보고 그 집안의 사위가 되어서 그 이름은 바르실래로 불렸지만, 제사장 중에 계보가 확실치 않은 사람이 됐습니다. 그야말로 '무늬만 바르실래'라는 겁니다. 그래서 이 바르실래의 자손들은 이스라엘이 완전히 멸망한 줄 알고 제사장의 계보도 그냥 버린 것 같습니다. 이름은 좋아도 제사장이라는 사명을 우습게 알고 버렸기 때문에 제사장 직분을 수행할 수 없는 겁니다.

제가 목사 직분을 하찮게 여기고 일주일 내내 성경도 안 보고 마음대로 시간을 보낸다면 어찌 되겠습니까? 직분을 빼앗길 수밖에 없을 것입니다. 그뿐만 아니라 내 자녀들도 축복을 받을 수 없습니다. 가정의 제사장으로, 목자로 세워진 여러분도 마찬가지입니다. 영적 지도자의 직분을 하찮게 여기면서 큐티도 안 하고 예배도 빠지고, 술도 못 끊고 음란도 못 끊는다면 직분을 빼앗기고 자녀들까지 축복을 못 받게 될 것입니다. 믿음이 확실하지 않은 부모 때문에 자손들이 고생하는 겁니다.

그저 사람이 좋아서 그 뒤를 따르면 믿음을 유지하기 어렵습니다. 바르실래의 신실함과 그 사명을 따라야 하는데 '그 이름만 가져오니까' 유지가 안 되는 것입니다. 물론 이 사람들이 확실하지 않아도 자기들의 성읍으로 입성을 하긴 했습니다. 우리는 모두 하나님이 주신 사명 때문에 이 땅에 태어나서 사명 때문에 살다가 사명 때문에 죽는 인생입니다. 그런데 그 사명을 버리고 사람과 명성만 따르게 되면, 확실하지 않은 믿음 때문에 하나님의 집으로, 자기들의 성읍으로 들어가기가 참으로 어려워집니다.

> 총독이 그들에게 명령하여 우림과 둠밈을 가진 제사장이 일어나기 전에는 지성물을 먹지 말라 하였느니라_느 7:65

제사장 중에 확실하지 않은 사람들은 하나님의 판결인 우림과 둠밈을 가진 제사장이 일어나기 전에는 지성물을 먹지 말라고 합니다. 누가 증명해 주기 전에는 제사장 일을 할 수 없다는 뜻입니다.

성도는 자기가 하나님께 속했음을 증명할 수 있어야 합니다. 예수님을 믿는다고 하면서 "왜 믿느냐?"는 물음에 대답을 제대로 하지 못한다면 확실하지 않은 사람입니다. 믿음은 하나님의 선물이지만 그것을 증거하는 것은 내 몫입니다. 그래서 내 삶에서 믿음의 증거가 나타나야 합니다. 보이지 않는 하나님의 형상, 보이지 않는 하나님 나라가 나를 통해 증명되기 때문입니다.

교회에서 직분을 임명하는 책임은 담임목사에게 있습니다. 개척한 지 얼마 안 되었을 때, 생각보다 많은 수의 성도가 모이다 보니 저도 확실하지 않은 사람에게 직분을 준 일이 있었습니다. 세례도 받고 큐티도 하고 예배도 열심히 드리는데 구원의 확신이 있는지 알 수 없는 사람이 있을 수 있습니다. 저도 그런 사람에게 직분을 주고 나서 노심초사하며 지켜보았습니다. 그런데 얼마 안 가서 그가 믿음이 있는지 없는지가 다 드러나더군요. 공동체 안에서의 전도의 열매, 양육의 열매가 그 믿음을 증명해 주기 때문입니다.

종족도 계보도 확실하지 않은 사람이 모두 642명입니다. 교회 안에는 자기들의 성읍으로 들어가기 힘든 사람도 있고 쉬운 사람도 있고, 이렇게 확실하지 않은 사람도 있습니다. 그래도 이들이 공동체에서 쫓겨나지는 않았습니다. 이래도 저래도 섞여서 같이 가다 보니 제사장 일은 못 해도 자기들의 성읍에 입성하는 자가 됐습니다.

제 남편은 장로님 집안의 아들이었습니다. 하지만 정작 본인은 하나님과의 만남이 없고 주일도 안 지키며 교회 공동체에도 들어가지 않았습니다. 제가 교회에 가는 것도 싫어하고 성경 보는 것도 싫어했습니다. 그러면서 한편으로는 저를 통해 헌금도 하고 영아원을 도왔습니다.

남편은 누구보다 성실하고 의로운 사람이었습니다. 인간적으로는 저보다 훨씬 나았기에 그 남편이 예수님을 믿기가 어려웠습니다. 그의 구원을 위해 남편이 앉으라고 하면 앉고, 서라고 하면 서고 말할 수 없는 인내로 순종했지만, 돌아올 기미는 보이지 않았습니다. 그러다 남편의 영혼이 너무나 안타까워서 제 생명을 거둬 가셔서라도 남편을 구원시켜 달라고 눈물로 기도하게 되었습니다.

그러던 어느 날, 남편이 급성 간암으로 하루아침에 쓰러지는 사건이 왔습니다. 생사를 다투는 화급한 상황에서 그토록 완강하던 남편이 자신의 죄를 회개했습니다. "오늘 천국 문 앞에 서 계십니다. 그 문으로 어떻게 들어가시겠습니까?"라는 목사님의 질문에 남편은 "예수 이름으로요"라고 정확히 대답했습니다. 산부인과 의사로서 낙태수술을 행한 죄, 그동안의 모든 죄를 회개하며 예수 그리스도를 영접하고 평안한 모습으로 천국에 갔습니다. 하나님은 장로님 아들이어도 평생 구원이 확실하지 않던 남편을 하나님의 집으로 입성하게 하셨습니다.

† 종족과 계보가 확실하지 않은 사람들, 믿음이 확실하지 않은 사람이 제일 어려운 사람입니다. 주일예배만 겨우 드리고 구원에 관심도 없으면서 누가 전도하려고 하면 "나는 교회 다닌다"고 펄쩍 뛰며 거절하지는 않습니까? 교인, 집사로 이름만 올리고 직분을 행하지 않으면서 '죽어서 천국에만 가면 되지'라고 생각합니까?

힘들어도, 어려워도 하나님께서 인도하십니다

66 온 회중의 합계는 사만 이천삼백육십 명이요 67 그 외에 노비가 칠천삼백삼십칠 명이요 그들에게 노래하는 남녀가 이백사십오 명이 있었고_느 7:66~67

1차 포로 귀환자 42,360명 외에 노비 7,337명이 돌아왔습니다.

노비는 회중에도 들어가지 못하고 따로 계수되지만, 그 숫자가 회중의 6분의 1에 해당합니다. 복음에는 차별이 없습니다. 노비나 노래하는 남녀나 천국에 가면 신분도 빈부의 차이도 없습니다. 차별 없이 들어가는 것이 하나님 나라입니다.

> 68 말이 칠백삼십육 마리요 노새가 이백사십오 마리요 69 낙타가 사백삼십오 마리요 나귀가 육천칠백이십 마리였느니라_느 7:68~69

70년 동안 포로 생활을 하다가 돌아온 자들이 어마어마한 재물을 가지고 왔습니다. 그중에 말이 736마리, 노새가 245마리, 낙타가 435마리, 나귀가 6,720마리입니다. 말과 노새, 낙타, 나귀가 다 비슷한 역할을 하는데 그중에 나귀는 가장 쓸모없게 여기는 짐승입니다.

그런데 가장 많은 수를 가지고 돌아왔습니다. 나귀는 성경에도 149번이나 등장합니다. 예수님도 예루살렘에 입성하실 때 어린 나귀를 타고 들어가셨습니다(마 21장). 그야말로 짐승계의 느디님이라고 할 수 있습니다.

볼품없어도 부리기에 편하고 쉬운 것이 나귀의 특징입니다. 가라고 하면 가고, 오라면 오고 무슨 일을 맡겨도 편한 사람이 나귀와 같은 사람입니다. 우리도 이런 나귀와 같이 하나님께서 마음 놓고 쓰실 수 있고, 사람에게도 언제나 자기 등을 내어 줄 수 있는 편한 사람이 되기를 바랍니다.

70 어떤 족장들은 역사를 위하여 보조하였고 총독은 금 천 드라크마와 대접 오십과 제사장의 의복 오백삼십 벌을 보물 곳간에 드렸고 71 또 어떤 족장들은 금 이만 드라크마와 은 이천이백 마네를 역사 곳간에 드렸고 72 그 나머지 백성은 금 이만 드라크마와 은 이천 마네와 제사장의 의복 육십칠 벌을 드렸느니라_느 7:70~72

족장과 총독들, 백성이 즐거이 예물을 드립니다. 하나님이 기뻐하시는 성전은 성도들의 기쁨으로 지어집니다. 17세기 영국 국교회의 박해를 피해 미국으로 건너간 청교도들이 제일 먼저 한 일이 교회를 세운 것입니다. 믿음을 지키고자 일엽편주(一葉片舟)에 몸을 싣고 온 그들은 황량한 신대륙에 하나님의 교회를 지었습니다. 그런 헌신이 있었기에 하나님께서 물질의 축복, 환경의 축복을 그들에게 허락해 주셨습니다.

하나님은 하나님의 성전을 짓고 중수하는 사람을 결코 잊지 않으십니다. 내가 무너진 성전을 중수하기로 마음만 먹어도 족장과 총독들을 통해 넘치도록 필요를 채워 주십니다.

여러분, 나 자신이 바로 하나님의 성전입니다. 우리의 가정이 하나님의 성전입니다. 그러니 이제부터 무너진 나와 가정을 중수하기로 결단하십시오. 우선 결단만 해도 하나님께서 나와 내 가정을 책임지십니다. "가난이 싫어서 이혼했는데 다시 합친다고 무슨 수가 생기느냐"고 할 수 있습니다. "배우자가 먼저 배신했는데 내가 무슨 힘으로 가정을 지키겠느냐"고 할 수도 있습니다. 그러나 하나님 때문에,

하나님의 성전인 가정을 중수하겠다고 마음만 먹으면 모든 필요를 하나님께서 채워 주십니다. 옆에서 나를 도와주는 족장과 총독들을 반드시 허락해 주십니다.

그리고 그 일을 돕기 위해 교회가 세워졌습니다. 가정이 무너지면 교회도 무너집니다. 교회 건물을 짓는 것이 성전 건축이 아니고 가정을 중수하는 것이 성전 건축입니다. 교회가 가정을 살리고 회복시키는 사역을 감당할 때 교회에 필요한 모든 것을 하나님께서 채우실 것입니다. 그 역사를 우리들교회가 경험하고 있습니다.

혼자 힘으로는 무너진 성벽을 지을 수 없습니다. 능력의 기도를 드리는 느헤미야에게도 이스라엘 공동체가 함께했기에 52일 만에 성벽을 완성할 수 있었습니다. 먹고살 것이 없어서 가정이 깨어지는 게 아닙니다. 배우자의 외도와 폭력 때문에 이혼을 하는 게 아닙니다. 가정에서 상처받고 몸부림치는 한 사람을 도와주는 공동체가 없기 때문입니다. 도와주는 손길이 없어서 가정이 무너지고 개인이 무너지는 것입니다.

족장이 금 이만을 내고 나머지 백성도 금 이만을 냈습니다. 내가 도와줄 것이 없다고 할 사람은 아무도 없습니다. 꼭 물질로 도우라는 말이 아닙니다. 내 시간과 수고를 들여 누군가를 찾아가서 복음을 전하고, 몸과 마음으로 섬기면서 도울 수 있습니다.

내가 가정을 중수하려고 결단할 때 나를 도와줄 족장과 총독이 있다는 것을 믿으시길 바랍니다. 그리고 내가 족장과 총독이 되어 가정의 회복을 위해 헌신하기로 결단하십시오. 어떤 입장에 있든지 내가 마음만 먹으면 하나님께서 나를 책임지고 이끌어 주십니다.

> 이와 같이 제사장들과 레위 사람들과 문지기들과 노래하는 자들과 백성 몇 명과 느디님 사람들과 온 이스라엘 자손이 다 자기들의 성읍에 거주하였느니라_느 7:73

"이와 같이" 자기들의 성읍에 입성한 사람의 이름을 자세히 기록하고 있습니다. 그런데 여러분, 돌아온 사람의 합계가 42,360명인데 그냥 총수만 언급하면 지면도 줄이고 읽기도 편하지 않겠습니까? 그런데도 사람의 이름을 일일이 기록하게 하신 이유가 무엇인가요? 하나님께서 사람을 귀히 여기시기 때문입니다. 나라와 민족, 각각의 공동체도 귀히 여기시지만 구성원 한 사람, 한 사람을 너무나 소중히 여기시기 때문입니다.

그리스도 예수를 주로 고백하는 한 사람, 한 사람이 다 성전을 지을 수 있고 성전을 지을 자격이 있습니다. 자기들의 성읍에 입성한 42,360명 중에는 별별 사람도 다 있었을 겁니다. 제사장, 레위, 이방 출신의 노예, 부자인 총독, 가난한 백성, 회중에도 들어가지 못한 노비와 노래하는 남녀도 있습니다.

특별히 41절에 언급된 제사장 가문 중에서 바스훌이란 이름은 선지자 예레미야를 죽이려고 했던 사람입니다. 그는 예레미야가 하나님의 말씀을 받아 바벨론 포로로 갈 것을 예언했더니, 예레미야를 죽이자고 모의해서 구덩이에 던졌습니다. 간신히 살아난 예레미야가 바스홀은 바벨론에 가서 죽을 것이라는 예언을 했습니다(렘 20:1~6). 그런데 그 바스홀의 자손이 제사장 네 가문 중에서 한 가문으로 예루살렘에 당당히 돌아왔습니다.

하나님의 사람을 핍박하고 죽이려고 했어도 하나님은 그 자손을 받아 주셨습니다. 하나님은 내가 어떤 죄를 지었어도 나를 받아 주십니다. 하나님을 대적하고 믿는 사람들을 핍박했어도, 간음과 살인의 죄를 지었어도 오늘 주께 돌아와서 회개할 때 한량없는 은혜로 받아 주십니다.

우리가 아직 죄인 되었을 때에, 하나님께서는 죄인들을 위해 독생자 예수님을 보내시어 죽게 하셨습니다(롬 5:8). 죽기까지 나를 사랑하시는 그 사랑에 응답하여 이제 집으로 돌아오십시오. 하나님께서 허락하신 가정으로 돌아오십시오. 하나님의 집인 교회로, 하나님의 성읍으로 돌아오십시오.

가정은 영혼 구원의 사명을 감당하라고 묶어 주신 하나님의 공동체입니다. 그것이 힘들다고 또 다른 행복을 찾아 외도로, 이혼으로, 가출로 내 집을 떠나 돌아다니면 상하고 찢겨 더 비참해질 뿐입니다. 이제 집으로 돌아오십시오. 나에게 어떤 죄와 실수가 있어도 '천부여 의지 없어서' 손 들고 나아올 때 하나님 나라 본성에 입성하는 자로 생명책에 기록될 것입니다.

하나님이 사람을 귀히 여기시고 성경 한 절, 한 절마다 이름을 기록하신 것처럼, 주님이 내 이름을 기억하고 부르십니다. 내가 너를 사랑한다고, 너를 기다린다고, 어서 돌아오라고 내 이름을 부르십니다.

† 본문에 기록된 많은 사람 중에 나는 어떤 사람입니까? 차별이 없는 복음에 의해 노비와 노래하는 남녀도 입성한 것처럼 차별 없이 나를 구원해 주신 하나님의 은혜에 감격합니까? 나를 구원해 주신 것만으로도 감사해서 하나님께서 편히 쓰시는 나귀로 즐거이 헌신합니까?

† 하나님의 성전인 가정과 교회와 공동체를 위해 내가 드려야 할 예물은 무엇입니까? 시간과 수고의 예물, 기도와 헌금의 예물을 드리며 영혼 구원과 가정 회복을 돕고 있습니까?

† 이혼과 가난과 배신으로 깨어진 가정을 중수하는 것이 막막해서 마음 먹기도 힘이 듭니까? 내가 중수하기로 마음만 먹으면 하나님께서 책임지십니다. 돌아오라고, 내 이름을 부르시는 하나님의 음성을 들으십시오.

† 내가 돌아오라고 청할 사람은 누구입니까? 기억나는 사람들의 이름을 부르며 집으로, 교회로 돌아오라고 기도하고 초청하십시오.

가정은 영혼 구원의 사명을 감당하라고 묶어 주신
하나님의 공동체입니다.
그것이 힘들다고 또 다른 행복을 찾아
외도로, 이혼으로, 가출로
내 집을 떠나 돌아다니면
상하고 찢겨 더 비참해질 뿐입니다.

하나님이 짝지어 주신 한 몸인 부부를 떠나는 것은 하나님의 성전을 떠나는 것임을 알기 원합니다. 인생의 목적도, 결혼의 목적도 행복이 아닌 거룩입니다. 그 목적을 알고 하나님의 집으로 돌아오게 하옵소서.

집으로 돌아오기 힘든 사람들이 있습니다(느 7:39~45).

제사장과 레위, 문지기 등 성전의 직분자들이 적은 수만 자기들의 성읍으로 돌아왔다고 합니다. 하나님의 성도라는 신분, 교회의 직분을 하찮게 여겨서 직분도 빼앗기고 자녀를 영적 위험에 빠뜨리는 일이 없도록 지켜 주옵소서.

집으로 쉽게 돌아오는 사람들도 있습니다(느 7:46~60).

비천한 느디님 사람들이 쉽게 자기들의 성읍으로 돌아온 것을 봅니다. 이들처럼 육적으로나 영적으로 자랑할 것이 없어도, 주님을 사랑함으로 인내하며 하나님 나라 입성을 잘 기다리기 원합니다. 어떤 궂은일을 해도 하나님께 쓰임받는 것만으로도 영광이라 생각하며 하나님의 집으로 입성할 수 있도록 그 길을 인도하여 주옵소서.

집으로 돌아오기가 진짜 어려운 사람들이 있습니다(느 7:61~65).

민음이 확실하지 않은 사람은 하나님의 집으로 들어가기가 진짜 어렵다고 합니다. 그러나 종족과 계보가 확실하지 않아도, 제사장 일은 못 해도 믿음의 공동체에 잘 붙어 감으로 자기들의 성읍에 입성한 642명을 보았습니다. 이들처럼 믿음이 부족해도 공동체에 잘 붙어 가기로 결단하오니 하나님 나라로 입성할 수 있도록 도와주옵소서. 내 삶으로 확실한 믿음을 증거하며 가족과 이웃을 하나님의 집으로 인도할 수 있는 큰 믿음도 허락해 주옵소서.

힘들어도, 어려워도 하나님께서 인도하십니다(느 7:66~73).

자기들의 성읍으로 돌아오기 힘든 사람, 어려운 사람도 하나님께서 책임지고 돌아오게 한다고 하십니다. 내가 가정을 중수하고, 하나님의 성전을 중수하기로 마음만 먹어도 하나님이 필요한 것들을 채우시고 인도하시는 것을 믿습니다. 나를 불러 주신 하나님이 나의 가족도 불러 주시고 돌아오게 하실 것을 믿습니다.

저는 초등학교 때부터 어머니 손에 이끌려 교회에 다니다가 외국으로 유학을 가면서 교회로부터 멀어졌습니다. 그리고 그곳에서 신앙이 없는 아내를 만나 불신결혼을 했습니다. 이후 급작스레 아버지가 암 선고로 받으시면서 아내와 함께 한국으로 돌아왔습니다. 그런데 아버지의 병간호 때문에 본가에서 더부살이를 시작하면서, 드라마에서나 보던 고부갈등이 시작됐습니다. 평생 아버지에 대한 불만으로 살아오신 어머니는 병상에 계신 아버지에게 히스테리를 부리셨고, 아내는 아내대로 우울증을 겪었습니다. 저는 이런 가족의 아픔을 그저 제 인생의 장애물로 여겼기에, 아버지가 돌아가시자마자 아내와 함께 외국으로 돌아갔습니다.

하지만 결혼 초에 겪었던 아내와의 갈등이 갈수록 불거지면서 부부간에 심한 말다툼이 오가니 저는 결혼을 후회할 정도로 힘들었습니다. 그러다 바벨론 포로 생활을 마치고 돌아온 제사장들이 이방 여자를 맞이해 신앙의 위기를 맞은 것처럼, 저도 제 본분을 잊고 말았습니다(느 7:63~64). 성도로서 직분을 하찮게 여기고 직장에서 여사원과 바람을 피운 것입니다. 그러자 아내는 저와 이혼하겠다며 한국으로 돌아갔습니다.

소식을 들으신 어머니는 모든 것이 자신의 잘못이라며 아내 앞에서 회개하셨고, 아내는 교회 공동체의 사랑과 중보기도에 힘입어 이혼을 철회했습니다. 저는 한국으로 돌아와 아내와 함께 공동체에 속해 말씀을 들었지만, 설교 말씀에서 바람피운 남편 이야기가 나올 때마다 수치심에 고개를 떨구었습니다. 그러다 "남편들아 아내 사랑하기를 그리스도께서 교회를 사랑하시고 그 교회를 위하여 자신을 주심 같이 하라"(엡 5:25) 하신 에베소서 설교 말씀을 들었습니다. 그 말씀을 듣고 비로소 저의 모습을 돌아보게 되었습니다. '나는 아내를 사랑하지 못했는데, 죄지은 나를 인내하며 살아 주겠다는 아내가 얼마나 고마운 사람인가' 깨달아진 것입니다.

이후 하나님은 회개의 은혜와 함께 제게 교회를 섬기고 싶은 마음을 주셨습니다. 그래서 교회에서 분리수거와 청소를 하겠다고 자원했습니다. 가장으로서, 남편으로서 씻을 수 없는 죄를 지었기에 모두가 더럽게 여기는 쓰레기 청소가 제게 딱 맞는 일이라 여겨졌기 때문입니다. 성전에서 나무를 패며 물 긷는 느디님 사람들이 성경에 무려 열한 절에 걸쳐 이름이 올라간 것처럼(느 7:46~56), 언제나 마음 놓고 부릴 수 있는 나귀 같은 사람이 되어 하나님을 섬기고, 교회를 섬기는 일꾼이 되고 싶습니다. 부족한 저와 우리 가정을 하나님의 성전으로 지어 주시고 하나님의 집으로 돌아오게 하신 주님, 감사합니다.

하나님 아버지, 하나님의 성읍, 예루살렘에 입성하는 계보를 두렵고 떨림으로 묵상합니다. 이 땅에서 어떤 모습으로 살아도, 어떤 무시와 조롱을 당해도 마지막에 천국에 입성하는 자가 최고인 것을 믿습니다. 그 명단에 저의 이름이 있기 원하고, 우리 가족의 이름이 있기 원합니다. 한 사람이라도 더 올라가서 하나님의 나라가 흥왕하기를 원하오니 은혜를 내려 주옵소서.

이 땅에 태어난 우리는 사명 때문에 살다가 사명 때문에 가는 인생인데, 영혼 구원의 사명을 하찮게 여기지 않도록 깨우쳐 주옵소서. 제사장 직분을 가졌어도 하나님의 집에 들어오기 힘든 사람이 있음을 알았습니다. 참으로 우리가 성도로서, 집사로서, 권사로서, 장로로서, 목사로서 그렇게 될까 봐 두렵습니다. 어떤 경우에도 하나님의 자녀 된 신분을 잊지 않고 하나님이 주신 사명을 감당하게 인도하옵소서.

그러기 위해 느디님처럼 비천한 마음이 저희에게 있기를 원합니다. 죽을 수밖에 없는 나를 살려 주셨는데, 영원한 생명으로 구원해 주셨는데 우리가 무슨 할 말이 있겠습니까. 살려 주신 그 은혜만으로도 감사하여 다른 사람의 구원을 위해 헌신하고 인내할 때 나와 내 가족 모두가 천국에 입성하게 될 줄 믿습니다. 우리 가정을 하나님의 생명 책에 찬란히 이름이 올라가는 믿음의 가문으로 세워 주옵소서.

내 구원이 확실하다면 내 가족의 구원 때문에 어찌 애통하지 않을 수 있겠습니까. 함께 교회를 다녀도 구원의 확신이 없는 배우자와 자녀를 보며 창자가 끊어지는 주님의 긍휼로 애통하게 하옵소서. 아직도 세상과 타협하는 것이 많아서 확실하지 않은 믿음으로 살아가는 저와 가족을 불쌍히 여겨 주시고, 확실한 하나님의 자녀로 생명의 열매를 맺으며 이 땅에서도 천국을 누리게 하옵소서.

주님, 무너진 사람, 무너진 가정을 보며 막막하고 힘이 들어도 내가 중수하기로 마음만 먹으면 하나님께서 살리시고 회복시키실 것을 믿습니다. 그러므로 이혼을 철회하고 가정을 중수하기로 결단하기 원합니다. 불신결혼을 철회하고 믿음의 가정을 중수하기로 결단하기 원합니다. 낙태와 중독과 배신을 철회하고 하나님의 성전인 내 몸을 지키며 가정을 지키기로 결단하기 원합니다.

우리가 마음만 먹어도 곳곳에서 돕는 손길을 허락해 주실 것을 믿사오니, 믿음의 공동체에서 힘을 얻게 하옵소서. 또한 우리도 돕는 자가 되어 영혼 구원과 가정 중수의 사명에 아낌없이 쓰임받게 하옵소서. 그리하여 집을 떠나고 교회를 떠났던 사람들이 이제 모두 집으로, 자기들의 성읍으로 돌아와 거주하게 하옵소서. 모두 하나님의 생명책에 오르도록 은혜 위에 은혜를 내려 주옵소서. 예수님 이름으로 기도하옵나이다. 아멘.

가정아 살아나라

초판 발행일 | 2009년 5월 11일
개정증보 1쇄 발행일 | 2024년 4월 30일

지은이 | 김양재

발행인 | 김양재
편집인 | 송민창
편집장 | 김윤현
편집 | 정지현, 정연욱, 진민지, 고윤희, 이은영
디자인 | 이수라
지도 일러스트 | 정주원

발행한 곳 | 큐티엠
주소 | 경기도 성남시 분당구 판교공원로2길 22, 4층 큐티엠 (우)13477
편집 문의 | 070-4635-5318   **구입 문의** | 031-707-8781
팩스 | 031-8016-3193
홈페이지 | www.qtm.or.kr   **이메일** | books@qtm.or.kr
인쇄 | ㈜신성토탈시스템
총판 | ㈔사랑플러스 02-3489-4300

ISBN | 979-11-92205-82-3
세트 ISBN | 979-11-92205-81-6

큐티엠(QTM, Question Thinking Movement)은 '날마다 큐티'하는 말씀묵상 운동을 통해
영혼을 구원하고, 가정을 중수하고, 교회를 새롭게 하는 일에 헌신합니다.